互联网时代市场营销新理论新实务

新媒体营销

New Media Marketing

刘娜 著

西安电子科技大学出版社

内 容 简 介

　　本书构建了完整的新媒体营销管理框架。全书共八章：第 1 章是全书导论，第 2 章介绍了何为新媒体营销，第 3 章研究了新媒体传播机理及影响，第 4 章研究了新媒体时代的消费行为，第 5 章研究了新媒体时代的营销工具，第 6 章研究了新媒体营销的方法体系，第 7 章研究了新媒体营销的运营策略，第 8 章研究了新媒体时代的隐私保护。

　　本书适合作为本科院校管理专业、MBA/EMBA 相关专业的教材、教辅，以及本科院校公选课教材，也可供对新媒体营销有兴趣的其他读者学习使用。

图书在版编目（CIP）数据

新媒体营销 / 刘娜著. —西安：西安电子科技大学出版社，2021.1(2024.2 重印)

　ISBN 978–7–5606–5968–8

　Ⅰ. ①新… Ⅱ. ①刘… Ⅲ. ①网络营销 Ⅳ. ①F713.365.2

中国版本图书馆 CIP 数据核字(2020)第 272826 号

策　　划　李惠萍
责任编辑　李惠萍
出版发行　西安电子科技大学出版社（西安市太白南路 2 号）
电　　话　(029)88202421　88201467　　邮　　编　710071
网　　址　www.xduph.com　　　　电子邮箱　xdupfxb001@163.com
经　　销　新华书店
印刷单位　陕西天意印务有限责任公司
版　　次　2021 年 1 月第 1 版　2024 年 2 月第 4 次印刷
开　　本　787 毫米×960 毫米　1/16　印张 16
字　　数　278 千字
定　　价　38.00 元
ISBN 978 – 7 – 5606 – 5968 – 8 / F

XDUP 6270001-4

＊＊如有印装问题可调换＊＊＊

前　言

近年来，随着互联网技术和移动通信技术的飞速发展，具有独特优势的新媒体相继诞生，社会信息传播逐渐从大众传媒时代迈向新媒体时代。伴随着传媒技术的更新换代，人们的消费形态也相应升级，这也使得人们的消费需求愈发个性化。新媒体在营销方面的种种优势使其备受青睐，众多企业纷纷开拓新媒体渠道开展营销活动。面对这一新兴的营销模式，如何全面深入地理解新媒体营销，进而系统地开展新媒体营销活动以提升企业竞争力成为当代企业家们关注的重点。

本书在其他相关学者研究的基础上，结合新媒体营销的特点，构建了完整的新媒体营销管理框架。笔者从营销传播机理、消费行为变化、营销传播工具、营销传播方法、企业运营策略以及隐私保护等方面对新媒体营销进行了全面研究，提出了 SPREAD(Stimulus, Program, Relation, Experience, Action, Deliver)营销传播模型及机理，认为新媒体和智能化的快速发展会使消费和营销从传统的品类和品牌选择，进入更为复杂的方案式消费和营销；厘清了新媒体时代的营销工具和营销方法，基于功能视角将新媒体营销传播工具进行分类整理，并提出了基于价值管理循环开展新媒体营销的方法体系；明确了新媒体营销的企业运营流程，构建了基于 APDC(Analyse, Plan, Do, Check)管理循环的新媒体营销运营策略流程，提出了新媒体环境下基于价值管理的 4M(Module, Monetization, Method, Medium)营销组合，并对新媒体情境下的隐私保护进行了深入分析与阐述。本书是新媒体理论研究的丰富和发展，期望能给正在进行新媒体营销尝试的企业以更为清晰的认知和实践指导，能为高校新媒体营销课程提供详实、系统、新颖、理论与实践紧密结合的新教材。

新媒体的快速发展和人工智能技术的普遍应用，使得各行业企业的商业生态环境发生了巨大变化，各教育和培训机构也应势而动，围绕新媒体领域的理论和实践设置了相关课程和研究项目。本书是在吉林大学新媒体理论及实践项目下开展的营销领域的前沿研究，获得了吉林大学校领导和管理学院各级领导的大力支持，也收到多位同行的意见建议，在此表示感谢！期望我国的新媒体实践在各行各业有志之士的共同努力下，如夏花般绚丽绽放，成为推动我国新时代社会主义经济建设高质量快速发展的加速器，也祝愿我们的祖国早日突围，成为世界技术强国，实现民族复兴，实现中国梦。

刘 娜
2020 年 11 月于吉林大学

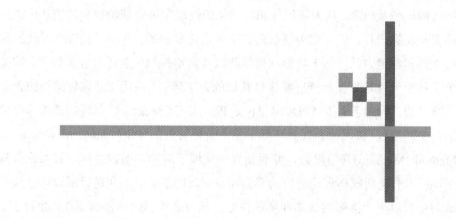

目　　录

第1章 导 论

1.1 新媒体营销的缘起

1967 年，美国哥伦比亚广播公司(CBS)的戈尔德马克(P. Goldmark)第一次提出了 New Media 的概念，"新媒体"就是由英文"New Media"翻译而来的。此后，"New Media"一词逐渐走进大众视野，日渐成为全世界营销领域学者们研究讨论的焦点。近年来，数字技术、移动通信技术、云计算、大数据等新媒体技术的更新与完善以及手机、平板电脑、笔记本电脑等移动终端设备的不断迭代升级，使得依托网络技术的微信、微博、短视频、网络直播等新媒体如雨后春笋般相继出现，新媒体时代已经悄然来临。

新媒体的出现颠覆了传统的信息传播模式，打破了信息传受双方之间的界限，使得人们获取信息更加自由、方便、快捷。与此同时，经济水平的提升以及消费形态的升级使得人们的生活方式正在经历着前所未有的变化，网民规模日益扩大，移动终端设备备受追捧，消费需求愈发个性化、多样化，使得新媒体的应用范围愈加宽泛。新媒体时代的到来为企业的营销实践带来了无限商机，依托新媒体平台的营销模式——"新媒体营销"也应运而生。

现如今，新媒体营销已经凭借其独特的优势逐渐替代了传统营销模式，成为各个企业开展营销实践的"新宠儿"。在"流量经济"时代，新媒体打破了时空的界限，强化了"万物皆媒"的理念，使得企业开展营销活动不再像传统营销模式那样受限于渠道和区域，企业营销活动争夺的焦点转变为"流量"和

"入口"，越来越多的企业纷纷开拓新媒体营销渠道，以此获得更多的曝光机会，同时通过开展新媒体营销增强企业核心竞争力，扩大品牌影响力。根据《中国新媒体行业市场前瞻与投资规划分析报告》统计数据显示，2019年中国新媒体行业市场规模突破9000亿元，达到了9055亿元左右，呈现逐年高速增长态势；我国新媒体行业将迎来高速发展时期，未来的新媒体市场消费势必成为最具消费活力的领域。

然而，随着互联网经济的持续发展，市场准入门槛不断降低，市场竞争日趋激烈。此外，网络技术的革新不断改变和重塑着媒介形态与营销形态，新媒体营销的生态环境正在经历着巨大的改变，传播环境、用户需求和营销环境都在发生颠覆式的变革。在此背景下，在营销理念的转变、营销战略的转移、营销策略的制定及营销方法的选择等各个方面，企业都迫切需要寻求新的突破以求在激烈的市场竞争中占据有利的市场份额与地位，而将新媒体融入到营销过程中，拓宽了企业的营销渠道，给企业带来了前所未有的发展机遇，但也使其面临着全新的挑战。对于企业而言，如何跟上时代的步伐，在激烈的竞争中通过开展合理有效的新媒体营销树立正确的产品或品牌定位，制定合理有效的营销策略，与消费者建立并维持良好的关系，塑造正面积极的品牌形象，占据有利的市场地位，从而取得长远的发展，这些都是企业管理者必须关注与思考的问题。

综合上述问题，本书结合当前的新媒体情境开展了理论分析与实践思考，系统地阐述了新媒体营销生态环境的变化以及企业的应对策略，既有利于新媒体与新媒体营销理论研究的丰富和发展，也能够有效推进各领域企业新媒体营销的应用与实践，具有重要的理论意义和实践意义。

一方面，新媒体营销的应用实践在近些年才出现，因而国内学界对新媒体营销的研究时间相对较短，新媒体营销仍然属于新兴的研究领域。尽管近些年新媒体营销领域的研究规模呈现逐年增加的趋势，研究角度在不断拓展与深入，学术关注度也在逐渐提高，但是通过对现有研究的整理与分析发现，目前学者们在开展新媒体营销的研究时所参考的理论主要集中于传统的市场营销理论，如STP理论、4P(Product, Price, Promotion, Place)理论、4C(Customer, Cost，Convenience，Communication)理论等。但是相比于传统营销环境，新媒体情境下的营销环境发生了一定的变化，基于传统的市场营销理论来分析新媒体营销显然存在一定的局限性，难以为新媒体营销的深入研究提供扎实的理论基础。此外，目前有关新媒体营销的研究多集中于营销策略上，多数仍然局限于传统营销策略模式，且相对来说较为笼统，没有形成完整的运营策略体系，无法真正契合"万物皆媒"的时代环境。

新媒体营销作为市场营销在移动互联网时代的新兴表现形式，其理论研究也应符合时代的发展趋势。当今世界已经进入由价值驱动的"营销 4.0"时代，营销战略思想已经从品牌管理逐渐向价值管理转移。本书以此为基础，从价值管理的视角出发，对新媒体营销的相关方面进行分析与研究，提出了新媒体营销传播模型、新媒体消费者决策模型、新媒体营销 4M(Module，Monetization，Method，Medium)组合策略等，丰富和完善了新媒体营销的相关理论，为未来新媒体营销的研究奠定了一定的理论基础，具有重要的理论意义。

另一方面，新媒体时代的到来，使得企业的市场营销活动有了更多的发展空间。首先，网络技术、数字技术等新媒体技术的日新月异促使媒体形态纷纷走向数字化、智能化，为企业开展精准的个性化营销活动提供了强有力的技术支持，同时也要求企业迅速了解和掌握与新媒体有关的新技术，把握新媒体的发展趋势，充分利用新媒体来增强企业自身的营销水平。其次，传播模式的演进实现了信息的双向传播，强交互性使得消费者在营销过程中的主动性增强，依托网络平台形成了强大的社会化关系网络，社交媒体逐渐兴起，"社群经济"成为当前主流的经济形态，这就要求企业开展新媒体营销必须关注"社群"的力量，重视群众的互动与反馈。再次，进入 21 世纪以来，市场竞争日趋激烈，消费者注意力成为稀缺资源，企业间的竞争渐渐演变为争夺注意力的竞争，营销的掌控权逐渐转移到消费者身上。人们的生活水平日益提升，消费形态逐渐升级，消费需求呈现出碎片化、个性化、复杂化、多元化的特点，人们追求方便快捷、休闲娱乐的生活方式，更加关注消费过程中的享受与体验，这就要求企业在开展营销实践时秉承"用户至上"的理念，一切以消费者为中心，最大程度地提升顾客满意度、忠诚度，塑造良好的品牌形象。

基于上述背景，本书研究了新媒体情境下的营销传播机理、消费行为、营销工具与方法，从 APDC(注：APDC 是 PDCA 的变形，是为了强调制定计划前进行分析的重要性)管理循环的视角出发提出了新媒体营销的运营策略流程，为企业开展新媒体营销实践提供指导，旨在帮助企业提升竞争优势，占据有利的市场地位，以期为企业未来的可持续发展提供重要的参考。因此本书内容具有重要的实践意义。

1.2　本书的主要内容

近年来，各类新媒体相继出现，以移动互联网技术、移动通信技术、大数据技术等为代表的新媒体技术不断更新，人们的消费方式与观念持续升级，消费需求愈发个性化，使得新媒体营销以其独特的优势逐渐受到消费者与企业的青睐，越来越多的企业纷纷开拓新媒体渠道开展营销活动。然而，面对这一新兴的营销模式，如何全面深入地理解新媒体营销，进而系统地开展新媒体营销活动以提升企业竞争力成为当代企业家们关注的重点。本书即针对这一现实问题从多个角度、多个方面对新媒体营销开展一系列探究。

在对新媒体与新媒体营销的相关理论研究进行整理与归纳的基础上，笔者基于新媒体情境，围绕着新媒体营销展开了一系列探究，构建了一个完整的新媒体营销管理框架，从营销传播机理、消费行为变化、营销传播工具、营销传播方法、营销运营策略、营销过程的隐私保护等多个方面围绕新媒体营销展开深入研究，以期能够丰富和完善新媒体营销的相关理论研究，并为企业开展新媒体营销实践提供行之有效的指导。本书正文共分为八个部分(即八章)，各部分的主要内容如下：

第1章，**导论**。该部分引入了本书所要论述的核心——新媒体营销，对本书的主要内容进行简要介绍并对本书整体的逻辑思路框架进行阐述，以帮助读者快速对本书的主体脉络有一个清晰的把握。

第2章，**揭开新媒体营销的面纱**。该部分从新媒体和营销两个角度出发，对新媒体以及营销管理的产生与发展进行阐述，在此基础上对新媒体营销的概念进行全面深入的理解，为之后的研究奠定理论基础。

第3章，**新媒体传播机理及影响**。该部分将研究重点放在新媒体的传播模式上，首先分析了新媒体时代下信息传播要素中各个维度的变化，其次整理归纳了各类营销传播模型(模式)，提出了适用于新媒体情境的 SPREAD 模型及传播机理；最后从媒介、经济、社会和政治四个方面阐述了新媒体的出现对其产生的影响。

第4章，**新媒体时代的消费行为**。该部分的研究核心是新媒体时代下的消费行为，详细分析了新媒体情境下消费者行为与消费者决策的变化，列举了几种当前主要的经济形态对消费者行为所产生的影响。

第5章，**新媒体时代的营销工具**。该部分的研究聚焦于新媒体营销工具，基于功能视角将目前企业在营销实践中所应用到的营销工具整合归纳成一个生态体系，并针对其中几种主流的新媒体营销工具的应用进行了深入分析。

第6章，**新媒体营销的方法体系**。该部分主要针对开展新媒体营销所运用的营销方法进行阐述，提出了 APDC 价值管理循环策略，从价值识别、价值定位、价值提供和价值提升四个环节对新媒体营销方法进行了整合分析。

第 7 章，**新媒体营销的运营策略**。该部分构建了基于价值管理的新媒体 4M 营销组合，厘清了新媒体营销中具体的运营流程，分别从营销分析、营销设计、营销执行和营销创新四个阶段提出了企业在开展新媒体营销实践时所应采取的具体营销策略。

第 8 章，**新媒体时代的隐私保护**。该部分从隐私与隐私权出发，对新媒体时代的隐私权、隐私侵权行为进行了阐述，梳理了当前国内外隐私保护问题的现状，分析了当前隐私权保护所面临的困境并提出了对策建议。

1.3　本书的逻辑框架

进入到 21 世纪以来，营销管理的格局实现了又一历史性飞跃——从价值驱动导向转变为数据导向，标志着人类社会进入"营销 4.0"时代，依托新兴互联网技术而兴起的新媒体逐渐走进人们的视野，致使新媒体营销也应运而生。因此，在新媒体时代如何对新媒体营销展开深入、全面、透彻的探究，形成一套完整、具体、有效的营销管理理论体系以指导应用实践，无论是对学术领域还是对企业本身都具有重要的意义。此种背景下，本书将围绕着"新媒体营销"展开一系列探析，从内到外、由表及里地逐渐深入探究新媒体营销的内涵与外延以及如何行之有效地开展新媒体营销，整体的逻辑框架大致可以分为三个阶段，如图 1.1 所示。

一、理解内部本质

众所周知，对于任何事物而言，外部因素的影响往往会促使其内部要素发生相应的变化，营销管理也不例外。新媒体时代，在一系列外部因素发生变化的情形下，营销管理的演进过程也发生了相应的改变，而新媒体营销的本质说到底还是"营销"，因此要想深入透彻地理解与把握新媒体营销的本质与内涵，就需要从营销管理的角度出发探析新媒体时代下营销管理理论的发展与格局的变迁。营销理论的逐渐完善、营销战略的日渐更迭、营销视角的日益变化以及营销导向的不断升级从各个方面体现着新媒体视域下营销管理的演进历程，了解营销格局的变迁能够帮助我们宏观地理解新媒体营销在营销管理领域的背景，进而从技术升级、关系重构的内部视角出发理解新媒体营销的具体本质与内涵。

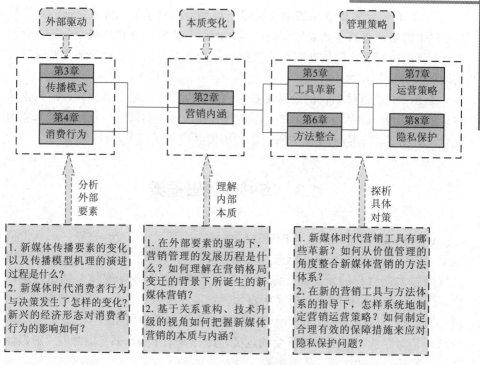

图 1.1　本书的逻辑框架

二、分析外部要素

更好地深入探析新媒体营销的具体内涵与本质，离不开对外部因素的分析。一方面，新媒体颠覆了传统的信息传播模式，使得信息传播过程的各要素均产生了新的变化，传播模型与机理也在不断演进。另一方面，近些年来随着新媒体的广泛应用，产生了许多适用于新时期的社会经济形态，在这些经济形态的影响下，人们的消费行为表现出新的特征，决策过程也发生了变化。对于营销领域而言，营销传播模式的升级以及消费行为的变化作为外部要素，都会对新时代营销决策与战略的制定产生相应的影响，进而驱动营销管理的革新与演进。因而本书将从这两个方面入手，通过分析新媒体情境下营销传播模式以及消费行为的具体变化来帮助读者理解新媒体营销的本质与内涵。

三、探析具体对策

在对新媒体营销的本质内涵与外部因素有了清晰的了解之后，进入本书最为关键的一个阶段——管理策略阶段，即基于前文的分析构建出一套新媒体营销的体系框架。相比于传统营销，新媒体时代的营销无论是在外部环境还是在内在本质上都发生了一定的变化，因而在开展新媒体营销时要求企业结合行业背景从营销工具的选择、营销方法的运用等方面综合考虑，调整具体可行的运营策略。与传统媒体时代不同的是，依托数字技术的新媒体赋予了营销工具以"无限可能"，营销工具不再仅仅局限于传统的媒体形式，而是借助新媒体技术进行了革新，同时也产生了全新的营销工具，致使新媒体营销工具的体系愈发庞大、愈发多元化。此外，新媒体时代的营销方法体系也得益于技术的支持与环境的支撑逐渐扩大完善。因此，本书将分别对新媒体时代的营销工具与营销方法进行梳理，分析营销工具的革新并从价值管理的角度整合营销方法，在新的营销工具与方法体系的指导下，基于 APDC 管理循环的视角针对新媒体营销实践提出一套完整的、有针对性的运营策略体系，构建一个完整的新媒体营销体系框架。此外，营销的顺利开展离不开一系列可靠的保障措施，对于目前新媒体营销所面临的严峻考验——隐私权保护问题，本书将对其进行深入的探析，从而为新媒体营销的顺利开展提出行之有效的保障措施，为其"保驾护航"。

第2章　揭开新媒体营销的面纱

随着移动互联网技术的发展及消费形态的升级，新媒体平台逐渐受到人们的关注与青睐，新媒体正在凭借其独特的优势吸引着营销者的目光，越来越多的企业开始借助新媒体平台开展营销活动。

虽然许多企业已积极地投入到新媒体营销中，但与之也伴随着一系列营销问题：什么是新媒体？什么是新媒体营销？怎样开展新媒体营销？通俗地讲，新媒体营销可以理解为借助新媒体而进行的营销，想要进一步深入理解新媒体营销，需要从新媒体和营销两方面来入手。本章分别介绍新媒体的产生及发展、营销管理的前世今生，并以此为基础尝试对新媒体营销进行深入理解与分析，以求让读者能够对新媒体营销有一个全面的了解。

学习目标

➢ 了解新媒体的产生与发展。
➢ 掌握营销管理相关理论的变迁。
➢ 深入理解新媒体营销。

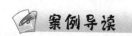 案例导读

疫情时期我国的新媒体营销实践

中国互联网络信息中心(CNNIC)发布的第 46 次《中国互联网络发展状况

8

统计报告》显示，截至 2020 年 6 月，我国网民规模已达 9.40 亿人，互联网普及率达到 67.0%，其中，手机网民规模达到 9.32 亿人，网民使用手机上网的比率达到 99.2%。此外，我国即时通信用户规模达到 9.31 亿人，占网民整体的 99.0%，手机即时通信用户规模达 9.30 亿人，占手机网民的 99.8%。由此可见，随着移动互联网技术与移动通信技术等新媒体技术的发展，越来越多的人纷纷借助移动端设备进行"网上冲浪"，各类新媒体逐渐走进千家万户；新媒体的出现也为促进消费、提振经济提供了媒介基础。

作为 2020 年上半年发展势头最为迅猛的互联网应用之一，电商直播逐渐成为经济增长的新发力点。网络直播用户规模持续增长，"直播带货"的态势持续发热，各路明星、网红纷纷加入"直播带货"的行列，演员刘涛直播 3 小时卖货 1.48 亿元，汪涵的直播首秀 4 小时成交额突破 1.56 亿元……此外，由于受到新冠疫情影响，许多地方的农产品大量滞销，各个平台纷纷开展"直播助农"活动，借助明星效应为贫困地区的农产品打开销路，帮助农民增收脱贫。2020 年 4 月 20 日，习近平同志在陕西省柞水县金米村调研脱贫攻坚情况时，鼓励当地电商直播工作人员："电商在推销农副产品方面大有可为"。政府大力扶持电商直播的发展，大量电商、短视频、搜索引擎等互联网平台加速布局电商直播领域，短时间内聚集了大量人才、资金和媒体资源，极大地推动了电商直播的发展成熟，不少企业纷纷"试水"电商直播，借助网络直播的力量开展各种各样的营销活动，实现经营目标。电商直播作为新媒体情境下的典型代表，为市场的爆发性增长奠定了基础。因此，对于企业来说，如何在形势大好的新媒体背景下，充分了解新媒体的相关理论，对新媒体营销形式有一个深入全面的认识，从而通过新媒体渠道实现数字化转型，借助新媒体的独特优势开展营销活动，以此提升综合竞争力，已成为企业营销人员及企业相关管理人员所关注的重点问题和面临的新的挑战与机遇。

(资料来源：笔者参考相关资料整理而成。)

2.1 新媒体的产生及发展

新媒体是基于"媒体"发展而来的，因而对"新媒体"开展研究离不开对"媒体"的深入理解。在各种内外部因素的推动下，媒体在表现形式、传播形态等方面不断发展，逐渐衍生出"新"媒体，也即新媒体产生于媒体的不断发展之中。

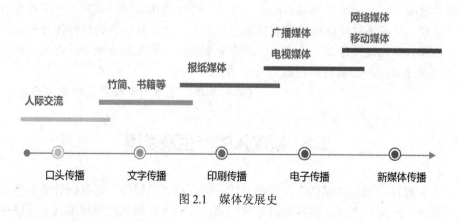

2.1.1 媒体的发展史

"媒体"是一种以传播信息为目的，不同事物间产生联系为效果，借助种种技术手段、实现方法，并具有一定的复杂内部结构的机构的具体表现形式。从狭义上来讲，"媒体"是指用于存储和传递信息的中介物；从广义上来讲，"媒体"是指实现信息从信息源传递到信息接受者的一切技术手段。因而媒体有两层含义，第一层是指具体的表现形式，即承载信息的具体物体和介质，如竹简、书籍、电磁波等；第二层是指为了保证信息正常传递而人为设置的平台或者机构，如出版社、报社机构、网络平台等，二者合一才能被称之为媒体。例如"电视媒体"不仅仅是指电视，而是指电视和相应的卫星传输机构以及广播机构。因此，普遍意义上的媒体是指既有物理设备又有人员架构的组织。

国内外学者们在对媒体发展史进行分析与归纳时大都从媒介和传播两个角度展开。从媒介的角度来看，媒体的演进经历了从口头传播、文字传播到印刷传播，再到电子传播，以及后来的新媒体传播，如图2.1所示。现如今我们所提到的"五大媒体"代表了媒体发展所经历的五个阶段，从最初借助印刷术而兴起的报刊媒体，到得益于无线电技术而产生的广播媒体，以及随着电子技术的进一步升级，电视媒体应运而生。随后，伴随着第三次科技革命的发生，依托互联网技术而形成的网络媒体出现在人类视野中。近些年，移动互联网技术和移动通信技术飞速发展，以手机为代表的移动智能终端逐渐吸引了人们的目光，移动媒体应运而生并迅速发展。

图 2.1　媒体发展史

一、口头传播时期

口头传播又被称为语言传播、口语传播，其表现形式为语言和声音，空气是口头传播的媒介。在文字出现之前，人类的传播主要靠声音、表情和手势等，口语是人类最基本、最常用、最灵活的传播手段，因而口头传播是最原始、最古老、最普遍的一种传播方式，但其存在一定的局限性：

(1) **传播距离短**。口头传播的方式受限于空间，因此无法进行远距离和延时性的传播，只能面对面交流与传播。

(2) **记录性差**。口头传播无法保存传播信息，难以实现信息的多次循环利用。

(3) **传播范围窄**。信息传播的深度与广度往往受到参与群体的制约。

(4) **容易出错**。传播过程中容易出现口误，造成信息失真，使传播效果存在偏差。

二、文字传播时期

随着农耕文明的出现，人类发明了文字，文字的出现也标志着人类传播历史上第一次媒介形态的变化。人们可以将物体作为介质，将信息写在上面，这便克服了口头传播的转瞬即逝性，由此打破了时空的限制。文字传播具有延时性、可保留性等特点，使其在时间和空间上都优于口头传播，人们在信息交流上更加自由，人类文化的传承不再依赖神话或传说，而是有了确切可靠的资料和文献依据，进入文字传播时期。

最初，人们在泥土、壁画、贝壳上使用符号或图画等早期文字用于储存和传递信息，但是这种方式存在局限性。随着社会的进步，人类发明了体系更为完整的文字，且随着生产力的发展，书写文字的材料逐渐改进，由最初的泥土、岩壁到兽皮、兽骨、竹简，再到后来的纸张，其进步可谓巨大。但是，这一时期印刷术还未出现，都是用手和笔之类的工具进行书写记录，因而准确地说，这一阶段属于手抄文字传播时期。手抄文字传播逐渐改变了人类原始的传播方式，加速了社会文化进程和社会发展进程，但是手抄文字传播也存在局限性与不足之处，如传播速度慢、耗费时间久、信息容量小等。

三、印刷传播时期

第二次媒介形态大变化的标志是印刷术的出现，印刷术的出现也标志着印刷媒介时期的到来。由于手抄文字传播自身的局限性，人们开始进一步改善传播媒介。中国造纸术和印刷术的发明推动了世界文明和人类信息传播的发展。印刷术的发明，标志着人类已经掌握了复制文字信息的技术原理，有了对信息进行批量生产的观念，促进了近代新闻报业的产生，带来了文化迅速传播的繁荣时代，为大众传播时代的到来奠定了基础。

这一时期最具代表性的传播媒体是报纸。报纸具备传播速度快、传播效果好、时效性强、受众多、成本相对较低、传递信息丰富、拥有社会公信力的特点。中国最早的官方报纸是《邸报》，由官府主办，是封建王朝的机关报，传播对象是各地的郡守官员。西方最早的报纸是《每日纪闻》，在白色木板上记录古罗马每天的大事要闻，告示罗马市民，并由书记员抄写多份传送到各省加以张贴。早期的报纸被局限在封建统治与斗争的需要之中，距离民众比较遥远，倾向于小众化、贵族化。而后西方资产阶级在革命斗争中看到了报纸的优势，致力于将其作为信息传播工具向群众推广，使其大众化、平民化，媒体的形态逐渐走向了大众传播时代。

四、电子传播时期

第三次媒介形态大变化的标志是电子技术的产生。电子技术的产生标志着电子传播时期的到来，实现了声音和图像的远距离传播。这一时期最具代表性的媒体是广播、电视，广播、电视的发明是媒体走向大众传播时代的里程碑，媒体从少数知识分子的思想武器逐渐转变为普通民众了解世界、感知社会的重要途径。无线电技术、信息传输技术的发展使得信息不再以单一的文字形式存在，而是通过广播媒体利用声音进行信息传递，而后成像技术的出现，使得电视媒体登上历史舞台，从视觉和听觉等多种方式进行信息的传播。

五、新媒体传播时期

第四次媒介形态大变化的标志是互联网的出现，网络技术、数字技术的发展颠覆了人们对媒介形态的认知，相比于报纸、电视、广播等传统媒体，依托全新的网络技术和数字技术而兴起的新媒体更加注重用户需求，致力于满足消费者个性化、复杂化的各方面需要，这一时期最具代表性的媒体当属网络媒体和移动媒体。借助新媒体进行传播具有之前的传播方式所不可比拟的传播优势：

(1) **互动性强**。信息传受双方界限被打破，人人都可参与。

(2) **信息丰富**。借助网络传递内容更为丰富的信息。

(3) **多元化**。信息传递方式多元化。

(4) **方便快捷**。信息传递具备方便性和快捷性。

2.1.2 新媒体的产生

新媒体是一个随时间推进的、相对的概念，并非一个科学的概念。从时间维度看，新媒体的"新"与"旧"是相对且不断变化的，相对于报纸，电视是新媒体；相对于电视，网络是新媒体。因此，仅仅从时间角度认为"新出现的媒体就是新媒体"这一观点是不全面的，例如车体广告，虽然是新的媒体形态，但其传播方式仍然是单向的、非数字化的，因而不能将其视为新媒体。因此，目前学者们在对新媒体的概念进行定义时，均持有不同的观点。

一、新媒体的定义

"新媒体"一词由英文"New Media"翻译而来的，最早是由美国人 P. 戈尔德马克于 1967 年提出来的。随后，美国传播政策总统特别委员会主席 E.罗斯托(E. Rostow)在 1969 年向当时的美国总统尼克松提交的报告书中多处使用"New Media"。此后，"New Media"一词就开始在美国社会流行，并逐步流传到全世界，"新媒体"也逐渐成为全世界的热门话题。关于新媒体的定义，国内外学者们目前还没有形成统一的意见。

美国《连线》杂志将新媒体定义为"所有人对所有人的传播"。早期，联合国教科文组织给新媒体下的定义是"新媒体就是网络媒体，是以数字技术为基础、以网络为载体进行信息传播的媒介"。近些年随着移动互联网技术和移动通信技术的发展，以智能移动终端为载体的移动媒体出现，使得仅仅将网络媒体等同于新媒体的观点变得片面，因而之后学者们在对新媒体的含义进行解读时逐渐扩大了范围。

蒋宏、徐剑认为新媒体是指 20 世纪后期在世界科学技术发生巨大进步的背景下，在社会信息传播领域里出现的、建立在数字技术基础上的、能使传播信息大大扩展、传播速度大大加快、传播方式大大丰富的，与传统媒体迥然相异的新型媒体。周丽玲将新媒体定义为：建立在数字技术和互联网基础之上的媒体形式，较以往的媒体具有全新的传受关系和全新的技术手段。秋叶认为新媒体是一种利用数字技术、网络技术，通过互联网、宽带局域网、无线通信网等渠道，以及计算机、手机、电视等数字或智能终端，向用户提供信息和服务的新的媒体形态。刘行芳在其书中指出，新媒体是相对于传统媒体而言的，继报刊、广播、电视等传统媒体以后发展起来的新的媒体形态，是利用数字技术、网络技术，通过互联网、无线通信网、通信卫星等渠道，以及电脑、手机、数字电视机等终端，向用户提供公共信息和娱乐服务的传播形态。

部分学者在对新媒体进行定义时，认为应有广义和狭义之分。学者宫承波认为，广义上的新媒体是指利用数字技术、网络技术和移动通信技术，通过互联网、宽带局域网、无线通信网和卫星等渠道，以电视、电脑、手机等为主要输出终端，向用户提供视频、音频、语音数据服务、连线游戏、远程教育等集成信息和娱乐服务的所有新的传播手段或传播形式的总称，包括新兴媒体和新型媒体。万寅佳也认为新媒体有狭义与广义之分，狭义上指区别于传统媒体的新型媒体，主要包括被称为第四媒体的互联网和第五媒体的移动网络。广义上指依托于互联网、移动通信、数字技术等新电子信息技术而兴起的媒介形式。

通过对学者们有关新媒体的定义进行分析整理，本书认为对于新媒体的定义需要从广义和狭义两个方面着手。狭义上的新媒体是指由于技术革新(数字技术、网络技术等)而产生的新兴媒体，如移动手机等。广义上的新媒体既包含由于技术进步而产生的新兴媒体，也包含以前已经存在，但随着科技水平和生活方式的改变，将数字化技术与传统媒体结合而产生的新型媒体，如网络电视、网络广播、电子阅读器等都是将电视、广播、报刊等传统媒体与新技术结合而诞生的新型媒体。

因此，本书将新媒体定义为"利用网络技术、数字技术等技术手段，通过互联网、宽带局域网、无线通信网等渠道，借助计算机、手机、数字电视等输出终端，向用户提供信息和服务的媒介形态"。

二、概念辨析

对于新媒体这一概念的理解可以从以下五个维度展开。

1. 技术手段

新媒体依托数字技术、网络技术、移动通信技术等当下先进的技术对信息进行加工处理。技术是媒介产生和发展的根本动力之一，数字技术实现了信息的数字化，使信息交互成为了可能，因而数字技术是新媒体的技术基石；网络技术实现了互联互通，使信息传递与共享成为可能；移动通信技术实现了即时在线传播，使随时随地传递信息成为可能。此外，近些年来物联网、大数据、云计算、VR/AR等技术的发展也为新媒体技术的不断优化提供了可能。

2. 输出终端

新媒体以计算机、移动手机、电视等作为主要输出终端将信息呈现给用户。随着网络技术和移动通信技术的发展，输出终端逐渐由传统的电视、广播、报纸等转变为PC端和移动端，以计算机、移动手机和网络电视为终端的新媒体传递信息内容丰富、传递范围广，使得人们日常使用更便利，获取信息更便捷。

3. 传播特点

从传播主体与受众上看，新媒体呈现去中心化的特征，传播者和受众之间的界限变得模糊，每个用户既可以是信息的传播者，也可以是接收者，没有中心和边缘之分。

从传播内容上看，新媒体将所传递信息的内容融合在文字、图片、音频、视频等多种形式的载体上，使得传播形式更具多样化。

从传播渠道上看，新媒体通过互联网、宽带局域网、无线通信网、卫星等渠道进行信息的传递，不再局限于传统媒体单一的单向传播模式，而是融合了人际传播、大众传播的模式，既是"人际化的大众传播"，也是"大众化的人际传播"，实现了传播模式的双向化、多样化。

从传播效果上看，新媒体相比于传统媒体，其信息到达率高，信息传递更为高效，且易形成蝴蝶效应。

4. 用户需求

新媒体致力于向消费者提供多种多样的服务，满足消费者的个性化需求。随着消费经济水平的提升与消费形态的升级，人们的需求愈发复杂化、个性化、多样化，而新媒体能够凭借其独特的优势通过互动反馈、数据分析等为消费者提供更具个性化的服务以满足其需求。

5. 社会影响

从社会层面理解，新媒体的重心在于思考新媒体对人与人、人与社会的关系带来的影响。"从社会层面来看，新媒体是人、媒体技术与社会等多种因素在互动进程中产生的一种新型综合媒体。它的产生、社会化应用以及社会影响都是多种因素共同作用的结果，本质上是人的创造和人性的展现"。新媒体的逐渐普及和不断发展预示着人类社会从大众社会向网络社会迈进。

三、新媒体的特征

随着互联网技术的飞速发展以及消费形态的不断升级，新媒体以其独特的优势逐渐渗透到人们生活的方方面面，营造了一个与众不同的新媒体环境。新媒体具有互动性、数字化、超时空、个性化、超文本和信息化等六个基本特征。

1. 互动性

互动性是新媒体的本质特征，新媒体借助数字技术通过双向传输实现了信息的多样化传播。信息发送者和接收者之间的信息交流是双向的，且都拥有控制权。互动性是对传统单向式传播的升级，改变了传统媒体"点对点""点对面"固定的单向传输方式，从根本上改变了信息传播的模式以及传受双方之间的关系。新媒体具有人际传播和大众传播的双重性质，在信息传播过程中，传受双方的界限被打破，参与者之间的互动性大大增强，打开了"重回村落化"的通道，信息传播者和接收者之间各自作为主体，身份是互相转换的，信息反馈是在传受双方之间即时进行的，二者之间形成良性互动，信息接收者主动参与并献策、信息传播者欣然接受并重视反馈意见与建议，循环往复、相辅相成。也就是说，在新媒体传播中，处处是边缘、无处是中心。

2. 数字化

新媒体最大的特征之一就是依托数字化的传播方式，判断一个媒体的"新"或"旧"，其基本特征就是看其是否数字化。在网络环境下，数据的输入、输出、存储、运算均以数字方式进行，信息的生产方式数字化，以比特的方式来呈现文字、图片、视频、音频等信息。新媒体采用数字化的传播手段，将采集到的信息转换成二进制编码，信息本身的传播范围、传播速度、传播质量得到了极大的提升，而且信息的复制、转换、传输更加容易。基于此种传播手段，新媒体能够蕴含大量信息，而用户可以随时随地获取所需信息。

3. 超时空

相较于传统媒体所受的时间和空间限制，数字技术和通信技术的发展使得信息生产量增加、传送速度加快，打破了信息传播中地理区域的限制，突破了时间的约束，具备超时空的特点。

一方面，纵观媒体的发展历程，"新媒体"的出现往往伴随着信息传播地理范围的扩大，如报纸媒体的出现拓宽了口头、文字传播的范围；广播、电视等媒体的出现，使得信息可以借助电波送达地球上的任何角落。但是传统媒体主要依靠地面的信息传递系统，因而部分信息被限制在国家、地区的范围内，并未真正实现全球化传播，而网络技术、数字技术的发展使得新媒体真正打破了地理区域的限制，进一步扩大了信息的传播范围，在地球的任何角落都可以接收到新媒体传播的信息。

另一方面，相较于传统媒体传递信息的延时性，新媒体大大加快了信息传播的速度，使得信息能够随时更新、即时传递，消除了信息交流双方的时间延迟与间隔。如 2020 年高考期间，贵州安顺公交车坠江事件，作为新媒体之一的新浪微博在播报信息时反应最快、传递信息最丰富、现场感最强烈。

4. 个性化

在"体验式经济"时代，人们的需求愈发多样化、个性化、复杂化，新媒体融合了传统媒体的优点，以互联网为基础，提供点对点的信息传播服务，为用户提供各种各样的个性化服务。一方面，数据支持下的算法通过内容习惯推荐、协同过滤推荐或其他推荐方式来判断用户的使用习惯、偏好、特点等特征，从而为其提供个性化服务。另一方面，用户对信息也有选择和控制权，可以选择、搜索自己感兴趣的内容，例如用户可以在搜索引擎上选择自己感兴趣的信息，也可以在微信、微博等新媒体上订阅自己感兴趣的内容或频道。

5．超文本

超文本是指将信息组织到用户可以选择的关联中，是一类非线性存储、组织、管理和浏览信息的计算机技术，其信息呈现方式数字化，信息与信息之间关系的建立和表示通过超链接实现。不同于传统媒体的文本处理方式，新媒体是超文本的传播方式，纸媒以字符为基本要素，广播以电波信号为基本要素，电视以音视频流为基本要素，而新媒体以由文本、图像、声音、视频等构成的组合体为基本要素，我们称之为节点。因此，新媒体和传统媒体并不是一个维度的事物。

6．信息化

在信息大爆炸的今天，媒体对社会的发展起到了重要的作用，海量的信息是互联网时代下媒体传播的特征之一，传统媒体受到各方面的限制使其传播内容具有有限性(报纸受制于版面、电视受制于频道、广播受制于频率等)，而依托网络技术的新媒体具有信息资源的无限丰富性。

2.1.3　新媒体的发展

一、发展历程

根据新媒体受众群体的变化，我们可以将新媒体的发展历程大致划分为精英媒体阶段、大众媒体阶段和个人媒体阶段。

1．精英媒体阶段

在新媒体诞生的早期阶段，接触到新媒体的用户数量还比较少，且多为具备一定文化素养的专业人士或者处于一定社会阶层的精英人士，这类群体大都将新媒体作为传播工具传递特定领域的信息。

2．大众媒体阶段

随着新媒体技术的不断革新演变，传播成本下降，新媒体凭借其低成本、高效率等独特的优势逐渐走进了大众视野，以网络媒体、移动媒体为代表的主流新媒体开始面向大众，改变了人们的生活方式，逐渐成为了一种大众媒体。

3. 个人媒体阶段

新媒体发展到一定阶段，进入到"万物皆媒"时代，自媒体浪潮开始兴起，人人都是媒体。每个人的影响力已经彻底不再局限于其社交圈，而是通过网络无限扩大，通过各种平台或者载体，个人也拥有了信息发布和内容生产的权利。

二、发展趋势

随着新媒体技术的不断升级与革新，新媒体呈现出自然化、智能化、社交化和跨媒介融合的发展趋势。

1. 自然化

"自然"是指人类自身所具备(无需借助外物)的合乎人类自身发展规律的感知形态和感知模式，如"只听不看""停下来看""边走边看""边走边说""边走边听""看一看、尝一尝""摸一摸、闻一闻"等，而"自然化"是指新媒体的发展符合且遵循人类自然感知形态和感知模式的过程。

媒介的发展历史共经历了三个自然化时期。第一，媒介的自然形态时期，以口头语言媒介和实物媒介为典型代表，特点是不依赖其他媒介，保持自然感知形态和遵循自然感知模式。第二，媒介形态的第一次自然化阶段，以印刷术和电子技术为代表催生的报纸、杂志、广播和电视，分别成功地复制了人类停下来看、只听不看和看到多彩世界这几个基本的自然感知形态和感知模式。第三，媒介形态的第二次自然化阶段，以互联网和移动互联网为代表，相比于前一阶段，其灵活性更大、难度更大，因此，下一阶段媒介的自然化发展趋势必然会遵循以下两个方向：

第一，进一步复制可以触摸、可以闻嗅甚至可以品尝的感知形态，从而达到完整且精确地复制人类的自然感知形态和感知模式的高级水平。目前数字技术只能部分地对涉及嗅觉、触觉、味觉的感知形态进行模仿，尚未达到全面地成功复制的水平，因而下一阶段发展的趋势就是尽可能借助数字技术、移动互联网技术、VR/AR技术等高度还原人类感知形态和感知模式。

第二，改变人类的某些感知形态和感知模式，促进新媒体的自然化升级。随着媒介的演进，新的媒介形态既有可能是复制人类原有的感知形态和模式，也有可能创造出新的感知模式，只要新出现的感知方式不做作、不多余、不构成累赘和负担，能为大多数人所接受，那就属于自然化的升级。例如，谷歌眼镜的"眨眼拍照"功能，用户只需眨一眨眼睛，就可拍摄照片，免去了使用拍照按钮或语音命令进行拍照的繁琐过程，便利性得到大幅提高。此外，还有眼动跟踪、手势翻页、语音搜索等，这些虽然不是自然感知形态和感知模式，但其便利了人类的生活。

2. 智能化

随着大数据、物联网、传感器等先进技术的发展，智能化逐渐渗透到人们生活的方方面面，如智能家居、智能医疗等。新媒体的智能化发展可以分为计算智能、感知智能和认知智能三个基本阶段：计算智能阶段的媒体能够进行存储计算，感知智能阶段的媒体可以能听会说、能看会认，认知智能阶段的媒体就朝着能理解会思考的方向发展，目前新媒体的发展正朝着第三个阶段迈进。新媒体的智能化趋势主要体现在生产、预测、传播三个方面。

(1) **生产**。新媒体内容生产的智能化主要体现在机器写作，基本模式是"人工模板"＋"自动化数据填充"，即先由人工编写制定基本模板，再结合实际情况借助机器学习，通过人工智能技术完成新媒体内容的编写。

(2) **预测**。新媒体智能化预测指在用户行为发生之前，新媒体能够借助相应的技术手段提前预判并进行个性化推荐。现如今，机器学习和人工智能技术正炙手可热，其能够对大量数据进行识别分析，学习用户的习惯、识别用户的行为，从而帮助企业更为精确地预测用户行为，展开更具针对性的营销对策。

(3) **传播**。在"信息大爆炸"的今天，对于媒体而言，如何获取并向用户传播匹配的信息至关重要，这就需要依靠相应的技术实现信息传播的智能化、精准化。智能化媒体的突出优势就是能够通过大数据分析用户的精细化需要，并通过技术逻辑将用户的需要与媒体的内容生产建立起对应关系，实现精准传播。

3. 社交化

随着微博、微信等社交媒体的广泛应用，人际传播与大众传播融合在了一起。每个人都能够生产信息，通过社交媒体发布信息，并且通过转发、评论等进行信息的传递。社交媒体传播的信息逐渐成为人们获取信息的重要渠道。与此同时，电商领域诞生了"社交电商"的新形式，企业在开展营销时一方面可以借助社交媒体通过"社交圈"传递营销信息，另一方面也可以利用亲友之间的信任度降低消费者对产品质量的担忧。自 2019 年起，社交电商行业的发展势头强劲，2020 年的市场规模会进一步扩大，利用社交媒体购物的形式也会进一步发展。

4. 跨媒介融合

新媒体时代，多种新媒体工具蓬勃发展，各自发挥媒介的特性，从不同角度、以不同形式全面而各具特色地传递信息。随着技术的进步，媒介不再像从前那样分工明显，跨媒介融合的趋势越来越显著，新媒体传播渠道与接收终端向多元化、复合化方向延伸发展。现如今，微博、微信等媒体形式实现了新媒体中的人际传播，论坛、社区实现了群体传播的功能，内部网、局域网具有组织传播的功能，各种新闻门户网站、综合型网站、数据库、视频中心主要实现大众传播的功能。多种多样的新媒体传播形式并未各自割裂开来，而是相互联系形成巨大的网络，产生新媒介自身的复合、信息的共享与互动。

新媒体的传输设备同样体现出复合多元的特征。手机、平板电脑等移动设备在推进新媒体传播时空无限性的同时，与传统的电视、广播等媒体上的影音内容以及报刊、杂志上的文字内容相融合，形成信息的汇通；电脑等新媒体设备与传统媒体特色相结合，催生了网络电台、网络电视台等多类传播渠道，实现了互惠发展、信息联动、优势互补、资源共享，革新了内容的生产和消费方式，推动着新媒体时代信息的海量化、多样化以及大众生活的便捷化。

2.2　营销管理的前世今生

2.2.1　营销与营销管理

早期美国市场营销协会(AMA)在 1960 年将"营销"定义为：引导产品和劳务从生产者到达消费者所进行的商务活动，这一定义的局限性在于仅仅将营销局限在流通领域，将其看作沟通生产环节与消费环节的商业活动过程。

随着经济的发展以及对营销理解的逐渐深入，英国市场营销协会将营销与生产经营决策联系起来，认为企业要生存、发展和盈利就必须有意识地根据消费者的需要来安排生产。日本学者也进一步将营销的外延扩大，认为营销是在满足消费者利益的基础上，适应市场的需要而提供商品和服务的整个活动。这一时期学者们对于营销的认识超出了流通领域，将"营销"与"推销"区分开来，但仍然将营销的概念局限在"企业"级上，还没有认识到营销对于社会经济发展的重要性。

菲利普·科特勒则基于价值视角进一步扩展了营销概念的外延，认为营销是个人和集体通过创造并同他人交换产品和价值以满足需求和欲望的一种社会和管理过程。此外，1985年，美国市场营销协会(AMA)对营销的概念进行修改与完善，将其定义为：对思想、产品、劳务进行设计、定价、促销及分销的计划和实施的过程，从而产生了满足个人和组织目标的交换。这一时期对营销的理解更为深入，把营销主体从企业扩展到社会，强调了营销的核心功能——交换，指出营销是一个过程而不是一个阶段或环节。

2004年美国市场营销协会(AMA)再一次对营销的定义进行修订，认为营销既是一种组织职能，也是为了组织自身利益及利益相关者的利益而创造、传播、传递客户价值、管理客户关系的一系列过程。这一定义进一步明确了顾客在营销过程中的地位，强调互动沟通，承认了顾客价值。

通过以上分析可知，对于"营销"这一概念最简洁的定义就是"有利可图地满足需求"，即营销的目标是满足各方需要，营销是在各方自愿交换的过程中进行的，且最终成果是交换能够尽可能满足各方的需要，营销的核心是使参与营销的各方都能取得令自己满意的结果。

美国市场营销学会(AMA)将营销管理定义为："组织基于内部资源和外部环境的考虑，确定市场目标，筹划、实施和评估实现目标的各种活动的动态过程，以不断适应内外部环境的变化。"菲利普·科特勒则认为营销管理是指"选择目标市场，并通过创造、传播和传递卓越的顾客价值来获得、保持和增加顾客的一门科学和艺术"，这一解释得到了多数学者们的认同。

总的来说，营销管理是企业经营管理的重要组成部分，是为了满足顾客需求和实现经营目标，创造、建立并保持与目标市场之间互利交换关系而进行的分析、设计、执行与控制等一系列过程。营销管理是一个过程，其本质是需求管理，目的是平衡所有利益相关者的利益，核心是识别和满足目标顾客的需求，通过影响顾客需求的时机、水平以及构成，取得顾客满意，从而达到企业的经营目标。

纵观营销一百多年的发展历程，在理论研究方面，不同时期的学者们对于营销的认识各有差异；而在应用实践方面，不同时期的营销在企业运营实践中起到的作用也不尽相同，其中最重要的原因之一就是社会的不断发展和市场经济的变革在一定程度上影响着学者们对于营销含义的理解以及企业对于营销的实践应用。人们对于营销的认识在不断深入，营销的内容也在不断地丰富与完善，其内涵与外延更是在不断地扩大：营销过程突破流通领域，逐渐向前延伸到生产领域，向后延伸到消费领域；营销内容从单纯的"推销、广告"逐渐扩展到营销调研、产品开发、战略管理、营销策略等各个方面；营销目的从实现企业利润最大化上升到实现顾客价值最大化以及企业与社会的协同、可持续发展等多方面。

现如今，营销的理论体系正在随着社会与经济的发展不断向前迈进，营销的内涵与外延也在进一步地丰富与完善，那么，站在经济稳定增长、社会不断进步、政治制度逐渐完善的今天回望市场营销走过的历程，"营销学之父"菲利普·科特勒眼中的营销究竟是什么呢？接下来本书以菲利普·科特勒在国际上的几次重要演讲为依据来对营销管理进行详细解读。

2.2.2　营销理论的发展

一、营销的发展历程

营销理论最早产生于 20 世纪初，经过一百多年的积累与沉淀，逐渐趋于完善。1910 年，美国威斯康星大学教授首次提出了"市场营销(Marketing)"这个词。营销理论的初步形成时期是在 19 世纪末 20 世纪初，随着资本主义商品经济的发展，市场日益扩大，由卖方市场转向买方市场。一方面，企业迫切需要了解、分析市场以抢夺市场，且相关科学研究领域不断发展使得企业能够运用科学的理论和方法对市场加以分析、预测；另一方面，经济学界的学者们开始着手从理论上研究商品销售，营销学就在此种环境下在美国诞生了，市场营销的思想也随之产生。这一阶段的营销理论并未形成完整的体系，且相关研究仅仅局限在大学里，并未与营销实践紧密联系。

之后，随着第二次世界大战的爆发，资本主义国家出现经济危机，商品销售困难、商店倒闭、工厂停工减产、幸存企业面临销售困境等现象出现，如何在此种环境下开展营销活动来销售产品逐渐受到社会的关注，营销理论也被逐渐应用到企业实践中，促进了营销理论体系的形成。

20 世纪 50 年代，伴随着第二次世界大战的结束，第二次工业革命迅速发展，劳动生产率大幅提高，产品供应量迅速增加，消费需求发生变化，使得原来注重产品推销策略的营销理论不再适用，促进了以顾客为导向的新的营销理论的产生，从以前的流通领域逐渐深入到生产领域和消费领域，且更加关注顾客需求，逐渐形成了现代营销的理念。自此，随着时代的变迁以及社会经济的复苏，不断涌现出各具特点的新的营销理论，营销理论体系正在不断地发展与壮大。菲利普·科特勒在其演讲中将营销理论的发展历程总结为七个阶段，如图 2.2 所示，本书在此基础上对营销的发展历程加以阐述。

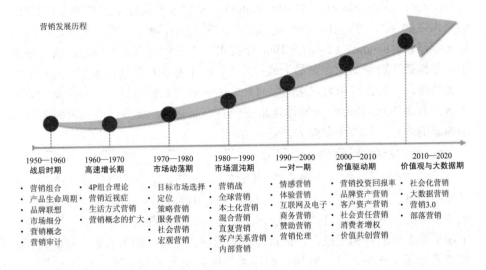

图 2.2　营销的发展历程

1. 战后时期(1950—1960 年)

二战结束后，伴随着第二次工业革命的开展，社会生产力得到了很大的提升，对人类的社会、经济、政治、文化等方面都产生了深远的影响。在市场营销领域，劳动生产率的提高进一步激化了"供过于求"的市场矛盾，以往注重"推销产品"的营销理念显然无法适应新形势，学者们纷纷将关注点转向"消费者的需求与欲望"，企业的经营观点从"以生产为导向"转变为"以顾客为导向"，这一时期营销理论的核心观念认为开展营销活动不仅仅是推销已生产的产品，还要通过分析消费者需求，制订相应的协调活动来满足消费者需求。具有代表性的营销理论包括营销组合、产品生命周期、市场细分、营销概念、营销审计等。

2. 高速增长期(1960—1970 年)

随着营销学理论研究的逐渐深入以及理论研究与企业实践的不断结合，营销理论在 20 世纪 60 年代步入高速增长期，营销概念逐渐延伸，学者们对于营销概念的界定更加贴切，以往仅仅将营销看作连接生产者与消费者之间的媒介，而在此时期学者们的视角则更为宏观，认为营销是一种满足社会或人类需要的社会经济活动过程，即与市场有关的人类活动，目的是满足人类的需要或欲望，实现潜在的交换。此外，这一时期也涌现出许多具有理论与实践意义的营销理论，如 4P 营销组合、营销近视症、生活方式营销等。1960 年杰罗姆·麦卡锡(Jerome McCarthy)提出了 4P 理论，将营销组合要素概括为产品(Product)、价格(Price)、渠道(Place)、促销(Promotion)，奠定了营销管理的基础理论框架，后来出现的 6P、7P、10P 等理论都是在此基础上不断完善发展而来的。西奥多·莱维特(Theodore Levitt)于 1960 年提出了"营销近视症"理论，认为如果不适当地把主要精力放在产品上或技术上，而不是放在市场需求上，会导致企业丧失市场，失去竞争力。这是因为并非所有消费者都偏好同一种产品，消费需求具备多样化的特点，一味地追求在现有产品基础上提升产品质量而忽视市场需求的变化，只会使企业失去竞争力。

3. 市场动荡期(1970—1980 年)

经过 20 多年的发展，到了 20 世纪 70 年代初，第三次科技革命的推动力已经明显减弱；而另一方面，石油危机导致美国经济出现滞涨期。在此形势下，企业发展的外部形势非常严峻，迫切需要更为有效的营销思想指导。这一时期出现了许多新的营销理论，包括目标市场选择、定位、服务营销、社会营销、宏观营销等。此外，这一时期保护环境与保护消费者权益等社会问题愈发受到人们的关注，使得学者们和企业家们的注意力转移到社会的长远发展上，着重阐述市场营销与满足社会需要、提高社会经济福利的关系，逐渐将营销学运用于环境保护、计划生育、改善营养等具有重大的推广意义的社会目标方面。

4. 市场混沌期(1980—1990 年)

20 世纪 80 年代，苏联的解体、东欧剧变、中国改革开放等一系列国际局势的变革，世界经济环境发生了深刻的变化，产业、市场、消费者需求、竞争愈发呈现全球化、一体化的趋势，经济形势逐渐好转，市场竞争日趋激烈，尤其是跨国公司之间的竞争日益激烈，它们不仅要与当地的企业抢占市场份额，而且还要与其他国家的竞争对手开展竞争。此种背景下使得企业迫切需要拓展国内和国际市场，从而涌现出一批适应新形势的营销理论，如营销战、全球营销、内部营销、本土化营销、直复营销、关系营销等。

5. 一对一期(1990—2000 年)

20 世纪 90 年代，随着互联网的普及以及消费形态的升级，基于互联网的体验式经济时代来临，消费者购物时不再仅仅满足于产品质量、服务等，而是越来越追求情感上的满足与心理上的认同，营销进入顾客关系时代。此时营销学者们的目光也从产品与服务本身转移到与消费者的沟通中来，更加关注消费者心理与精神层面的体验与感受。这一时期诞生了情感营销、体验营销、网络营销、营销伦理等营销理论。

6. 价值驱动期(2000—2010年)

进入 21 世纪以后，世界经济发展格局的脉络日渐清晰，全球化和区域化在不断向纵深发展，无论是国内还是国际市场，产品同质化现象日益严重，市场竞争日趋激烈，在此背景下想要单纯依靠产品"成功出圈"显然是远远不够的，消费者不再仅仅关注于产品本身，而是综合考虑产品本身与品牌形象。此时以品牌为导向的营销战略应运而生，企业开展营销管理时逐渐从价值视角出发，更加关注企业的未来潜力与长远发展，围绕着"品牌打造""价值驱动"开展营销活动。这一时期具有代表性的营销理论包括营销投资回报率、品牌资产营销、客户资产营销、社会责任营销等。

7. 价值观与大数据期(2010—2020年)

21 世纪 10 年代，大数据、云计算、人工智能、移动互联网等技术变革以及以社交媒体为代表的新媒体的应用使得人们逐渐进入"数字化时代"，信息传播方式发生翻天覆地的变化，社会经济特点向社群经济、体验经济、信息经济转变。社交媒体的不断涌现，改变了以往单向的线性传播方式，双向、多向互动交流的沟通方式形成了巨大的社会关系网络，促使越来越多的企业借助社会化媒体通过虚拟社群进行营销传播。大数据、云计算等新兴技术的兴起使得对海量数据进行收集、分析、处理成为可能，促进了大数据营销的产生。这一时期营销活动的开展逐渐与社会化媒体和数字技术结合，形成了社会化营销、大数据营销、营销 3.0、部落营销等理念。

二、营销战略的演化

从战略管理的视角来看，营销所扮演的战略功能越来越明显，逐渐成为企业发展战略中最重要的一个环节，能够帮助企业建立持续的顾客基础，建立差异化的竞争优势并实现盈利。过去 70 年来营销战略演变的进程也是顾客价值逐渐前移的过程，消费者从以往被作为企业实现盈利的对象，转变为与企业进行价值共创，企业与消费者逐渐变成了一个共生的整体。纵观 70 年来营销的发展历程，营销的战略核心经历了四次演变，从最初以产品为导向的产品管理，到以顾客为中心的顾客管理，再到注重品牌建设的品牌管理，以及现如今价值驱动的价值管理，伴随着市场经济的不断发展以及营销理论的不断完善，营销战略管理的指导思想也在跟随时代的脚步不断推陈出新。

1. 产品管理(1950—1960年)

二战结束后，社会经济亟待复苏，随着第二次工业革命的发展，社会生产力得到大幅提升，市场竞争日趋激烈，逐渐出现"供大于求"的情况，从卖方市场逐渐向买方市场转移，企业在注重生产的同时也逐渐注意到销售的重要性，促使企业通过积极推销与促销等手段引起消费者兴趣，促进消费者购买，大量销售企业能够生产的产品，从而取得较大利润。这一时期营销理论除了一些战术方针的变化外，仍然延续营销组合、4P 理论等概念，企业的营销策略仍然围绕着"产品"进行，参考产品生命周期在不同的阶段设计合适的产品组合、制订不同的营销策略、开展不同的营销活动以达到扩大销售、实现盈利的目的。也就是说，此时企业营销战略的核心在于"推销产品"，一切以产品为出发点，企业关注的焦点在于如何将现有产品销售出去，找到产品的卖点、价值点是营销的突破口。

2. 顾客管理(1970—1980 年)

20 世纪 70 至 80 年代，一方面石油危机严重影响了美国及欧洲的经济发展，进入萧条期，在这种经济动荡混沌的背景下，创造需求变得愈发困难，学者们纷纷开始突破原来的 4P 理论，以此为基础寻找新的发展方向。另一方面，第三次科技革命推动了经济改革浪潮的来临，加速了生产高速化、自动化、连续化，劳动生产率大幅提高，产品供应量迅速增加，新产品不断涌现，消费需求的多样化、层次化趋势日趋明显，产品供过于求的矛盾严重困扰着企业，于是政府执行了高工资、高福利、高消费的政策，以此来刺激购买力，保持供求平衡，借以缓和生产过剩的经济危机。

然而此时企业所面对的是一个需求发生变化、竞争更加激烈的买方市场，以往建立在卖方市场的基础上注重产品推销策略的营销理论难以适应新形势的变化，因而促进了以顾客为导向的新的营销理论的产生。营销思想逐渐从战术角度上升到战略角度，企业意识到要想有效地创造需求，就必须以"消费者"为核心，即营销思想逐渐从"以产定销"转变为"以需定产"，营销已经成为一种战略手段，将顾客满意作为开展营销活动的基本准则。这一时期企业制订营销战略所关注的重点在于消费者及其变化的需求，一切以消费者需求为出发点，通过了解、分析消费者不断变化的需求以及消费偏好与行为习惯，生产相应的产品或服务，并选择与其相匹配的营销战略，进而通过满足消费者需求取得顾客满意，与消费者建立并维持长期稳定的关系，达到促进消费的目的，最终实现企业营销目标。

3. 品牌管理(1990—2000 年)

20 世纪 50 年代，美国奥美广告公司的创始人大卫·奥格威(David Ogilvy)首次提出了"品牌"的概念，认为"品牌是一种错综复杂的象征，是品牌属性、名称、包装、价格、历史、经营、广告方式的无形总和，同时也因为消费者对其使用的印象以及自身的经验而有所界定"。自此有关品牌的争论从未间断，到了 20 世纪 90 年代，随着经济全球化的发展、消费形态的升级以及互联网的普及，产品同质化日益严重，消费需求日益复杂化、个性化，市场竞争日趋激烈，仅仅依靠单纯的产品无法赢得消费者的青睐并帮助企业占领更大的消费市场，品牌逐渐成为消费者认知营销的核心。在此背景下品牌无处不在、无时不在，市场竞争逐渐演化为品牌之间的较量。"如何打造品牌"逐渐成为营销界的热门话题，各国政府也纷纷制定政策鼓励企业拓宽国际市场，创建品牌发展战略。

所谓"品牌管理"是指针对企业产品的品牌，综合运用企业资源，通过计划、组织、实施、控制来实现企业品牌战略目标的经营管理过程，包括品牌创立、品牌推广、品牌延伸以及品牌维护等，其目的在于提升组织品牌的知名度、美誉度，增强品牌的生命力，通过塑造良好的品牌形象提升消费者对品牌的忠诚度，进而达到增强品牌竞争力，促进销售的目的。品牌的实质其实是一种价值主张，企业以此来描述自身的定位、特点等，以及与竞争对手的区别。针对不同的目标市场拥有不同的价值主张，使得品牌名称对于目标消费者具备一定的吸引力，使消费者能够与品牌产生共鸣，此时消费者获得的不仅仅是实际需求的满足，还包括在精神层面获得了品牌所提供的价值主张的满足。

4. 价值管理(2010—2020 年)

随着信息经济时代的来临，大数据、云计算、人工智能等新兴技术不断出现，社群逐渐兴起，营销进入价值管理时代。哈佛大学教授约翰·科特(John P. Kotter)在对大量企业实践进行研究时发现，经营业绩优异的企业领导者总是给予属下的经营管理人员切实可行的经营思想或价值观念——这种价值观念注重企业各个构成要素的需求，注重领导才能和领导艺术的发挥，注重核心价值观念的继承和发扬光大。

不同于以往的产品、顾客、品牌管理时代，价值管理时代仍然致力于满足消费者需求，但其核心转变为"价值驱动营销"，产品价值由消费者来定义，企业通过管理消费者的终身价值，在识别、传递、传播、创造价值的过程中与消费者合作，从历史价值、当前价值和潜在价值三个方面提升消费者的终身价值，实现价值共创，从而实现顾客价值最大化、股东价值最大化以及企业利润最大化。

2.2.3 营销格局的变迁

一、营销视角的变化

市场营销思想最早形成于19世纪末20世纪初,迄今已有一百多年的历史。纵观营销的发展历程,可以看到伴随着社会、经济、政治、文化、技术等宏观环境因素的不断变化、消费者观念与行为的升级以及企业自身资源、能力的提升等微观因素的改变,营销理论体系在不断适应新形势、新环境中动态变化,呈现出逐渐完善与发展的态势,企业在营销实践中的营销视角也在不断拓宽,从以价格为主导的1P视角转变为以4P为代表的营销组合视角,再到从战略层面出发的STP视角以及现如今"营销无处不在"的ME视角。企业的营销视角不再仅仅局限于价格与产品,而是不断向外延伸。

1. 1P

在营销理论早期应用于企业实践的阶段,企业营销者认为价格(Price)是产品营销中最为关键的要素,因为价格直接关系着市场对产品的接受程度,影响着市场需求和企业利润的多少,涉及生产者、经营者、消费者等各方的利益,所以拥有1P视角的营销者认为营销活动的开展只需要关注产品定价,通过选择企业的定价目标,如利润最大化、利润适度化、市场占有率最大化等,分析市场需求变化以及竞争者的价格,借助合适的定价方法,制定适应不同市场环境的定价策略,从而实现企业的营销目标。

然而随着市场经济环境以及消费者需求的不断变化,市场竞争日趋激烈,学者们逐渐意识到消费者购买行为的发生受到多种因素的影响,仅仅依靠价格指导营销活动的开展显然难以适应新形势,在此种背景下出现了基于4P理论的营销视角来指导企业的营销实践。

2. 4P

20世纪50年代,"营销组合"的概念登上了历史的舞台,该理论认为市场需求在某种程度上会受到"营销变量"或"营销要素"的影响,企业需要对这些要素进行有效组合来满足市场需求,进而获得利润。随后,杰罗姆·麦卡锡(Jerome McCarthy)也在《基础市场学》一书中提出以消费者为中心的营销组合策略(4P),强调通过营销组合的实施来适应外部环境,满足目标市场消费者的需求。4P理论被公认为营销学的经典,自其诞生之日起就在企业营销策略的制定中起到了重要的作用。基于4P理论的营销视角是指企业在开展营销活动、制定营销策略时,要综合考虑产品(Product)、价格(Price)、促销(Promotion)、渠道(Place)四个因素，结合企业的内外部环境设计合适的营销组合，从而达到促进销售、实现盈利的目的。

产品是营销组合的核心和起点，不仅包括产品本身，还包括包装、保修期、售后服务、品牌、价值等因素。价格是购买者需要付出的代价。促销是通过告知、教育、劝说以及提醒消费者有关企业或产品的利益的方式，来实现与目标市场之间所进行的双方均满意的交换活动；渠道则是产品从生产方到消费者所经历的销售路径，主要包括分销渠道、储存设施、运输设施、存货控制，它代表企业为使其产品进入和达到目标市场所组织实施的各种活动，包括途径、环节、场所、仓储和运输等。如果企业对营销组合中的各要素拥有深刻清晰的理解，其设计的营销组合中包括合适的产品、合适的价格、合适的促销策略以及合适的渠道策略，那么这将是一个成功的营销组合，组织的营销目标也能够得到实现。

需要说明的是，随着市场经济环境的不断变化，营销组合理论也在不断拓展，在 4P 的基础上又衍生出 6P、7P、10P 等新的营销组合，以顾客为导向的 4C 营销组合，以竞争为导向且强调关系的 4R 营销组合，强调差异化的 4V 营销组合以及以互动为核心的 4I 营销组合。从 4P 到 4C 到 4R 再到 4V 和 4I，营销组合在融合和碰撞中不断深入与整合，这些营销组合不是简单的取代关系，而是发展和完善的关系，因而前文所述的基于 4P 理论的营销视角不仅仅局限于 4P 理论，还包括随着时代更迭衍生出的这些新兴的营销组合理论。

3. STP

随着社会生产力的不断提高，学者们逐渐意识到营销组合仅仅是企业开展营销的战术性工具，而营销活动顺利开展的前提在于营销战略的制定，此时就需要战略性工具为企业制定更为有效的营销组合策略提供基础。企业资源的有限性和消费者需求的多样性与变化性使得企业无法满足市场内所有消费者的需求，而只能选择其中的一部分作为其目标市场开展营销活动。

伴随着日趋激烈的市场竞争，企业需要识别自己能够提供有效产品或服务的最具吸引力的细分市场，并根据细分市场的特点制定相应的营销策略。在此背景下形成了 STP(Segmenting, Targeting, Positioning)营销理论，即目标市场战略，包括市场细分、选择目标市场以及市场定位。首先，企业需要根据不同需求、购买力等因素进行市场细分，把市场分为由相似需求构成的消费群体，即若干子市场；其次，结合企业自身资源、能力选取所要进入的子市场，将符合企业目标和能力的细分市场作为目标市场；再次，企业需要进行市场定位，把产品或服务确定在目标市场中的一定位置上，确定自身产品或服务在目标市场上的竞争地位，通过一系列营销活动向目标消费者传达这一定位信息，让其注意到品牌，从而促进消费行为的发生。

STP 战略是企业所有营销战略的基础，基于 STP 理论的营销视角是在原来 4P 理论的基础上发展起来的，企业的营销管理过程既离不开正确的营销战略的引导，也离不开合适有效的战术性工具的选择。因此，基于 STP 理论的营销视角要求企业先借助 STP 理论识别和选择合适的目标市场并进行准确的市场定位，制定有效的营销战略，在战略层面对营销活动给予指导，然后在此基础上再通过设计相应的营销组合制定有效的营销策略，在战术层面为营销活动提供参考。

4. ME

"ME"即 Marketing Everywhere，指市场营销必须无所不在。对于当今世界的企业而言，营销思维必须无处不在，正如彼得·德鲁克(Peter F. Drucker)所认为的"企业的本质只有创新与营销两个核心功能，营销是一切业务的基础"，营销不再仅仅是企业中的一个部门，而是与企业的许多无形资产息息相关，如品牌资产、顾客关系、市场地位等，并且营销的开展总是离不开"以消费者为中心"，因而营销所起的作用不仅仅是作为成本中心来衡量开展营销活动的收益，而是作为一种企业经营管理的思维，能够为所有面向消费者的企业内部人员进行营销管理提供参考，能够为企业未来的可持续性发展提供指导。

进入 21 世纪以来，互联网普及、经济全球化、超竞争局面等宏观经济环境的改变使企业逐渐意识到必须超越传统的营销观念，采用一种更具关联性、整体性、立体性的方法开展营销活动。此外，得益于数字技术、网络技术的发展，数字化、移动化、信息化的生活方式使得信息不对称现象逐渐被打破，消费者成为营销中"最具话语权"的一方，消费者拥有了自主权与选择权。在这种营销背景下，企业之间的竞争日趋激烈，而营销是竞争的产物，营销活动促使企业的销售视角向更具整体性、全局性的方向转变，于是逐渐产生了全方位营销的观念，也即 ME 营销。这种观念认为营销实践中的每个细节都特别重要，现代社会中的营销无处不在、无时不有。企业管理者逐渐意识到营销不再仅仅是营销部门的事情，而是关乎企业内部与外部整体发展的重要的企业经营活动，因而企业的营销理念更加注重开展全方位的营销，核心理念就是人人营销、事事营销、时时营销、处处营销、内部营销、外部营销等等。

二、营销导向的升级

当今世界正处于快速发展且不断变化的时期，西方发达国家经济增长速度放缓，发展中国家逐渐成为经济增长的发动机，全球环境气候形势日益严峻，网络科技迈向数字化时代，生活水平提高导致消费形态逐渐升级等，所有这些变化促使人们重新认识营销。因为宏观经济环境的变化会影响到消费者行为的变化，消费者行为的变化又进一步影响着营销行为的变化。在过去的 70 多年里，营销活动已经从以产品为导向的营销 1.0 时代转变为以顾客为导向的营销 2.0 时代，再到以价值驱动、人文中心主义为导向的营销 3.0 时代，以及如今依托数字技术的营销 4.0 时代。四种营销时代的比较如表 2.1 所示。

表 2.1　四种营销时代的比较

	营销 1.0	营销 2.0	营销 3.0	营销 4.0
导向	产品导向	顾客导向	价值导向	数字导向
目标	销售产品	满足并留住顾客	让世界更美好	个性化、交互
赋能力量	工业革命	信息技术	互联网	社交化、大数据、智能化
价值主张	功能性	功能性 情感性	功能性 情感性 精神性	帮助顾客实现 自我价值
互动	一对多	一对一	多对多	双向、协作

1. 营销 1.0

营销 1.0 时代以产品为导向，工业化时代的营销主要解决企业如何实现更好的交易问题。生产者认为消费者往往会选择质量好、价格低的产品，因而营销策略更注重实现产品的规模化和标准化，从而降低成本，进而形成价格优势，吸引消费者购买。正如亨利·福特(Henry Ford)所说：“无论你需要什么颜色的汽车，福特只有黑色的。”

2. 营销 2.0

营销 2.0 时代以消费者为导向，随着信息时代的到来，逐渐打破了营销中“信息不对称”的情形，消费者能够了解到更多的信息，对产品的选择更加自由轻松，产品价值由消费者来定义。企业逐渐意识到消费者的重要性，在营销策略方面更加注重满足消费者的需求，分析消费者的行为和偏好，提供能够满足其需要的产品。由于人们的偏好存在差异，因而生产者不再仅仅关注产品的差异化，而是更加关注向消费者诉求品牌情感与品牌形象，努力引起消费者的关注和青睐。

相比于营销 1.0 时代，虽然营销者的关注点从"产品"转移到了"消费者"，但"消费者"仍被看成被动的营销对象，这也是区别于营销 3.0 时代将"消费者"看成"人"的原因之一。

3. 营销 3.0

营销 3.0 时代是以价值驱动营销的时代，即人文中心主义时代。相比于营销 2.0 时代，营销 3.0 时代将把情感营销和精神营销结合在一起，将营销理念提升到一个关注人类精神、价值、期望的新高度，认为消费者不再仅仅被视为单纯的个体，而是被看作具有独立思想的个体，能够主动参与到营销过程中。这个时代的企业和消费者对于自身、社会、世界等有着共同的期待，消费者努力寻找具有使命感、责任感的企业，使之产生情感上的共鸣，即消费者不仅要求产品能够满足功能上和情感上的需要，还要满足精神上的需要。在这一时代，企业的盈利能力与其社会责任感息息相关，必须具备更远大的服务整个世界、让世界更美好的使命、愿景和价值观，企业之间通过不同的价值观来区分定位，即采用差异化定位的方式来定位自己的生产。

4. 营销 4.0

营销 4.0 时代是解决"实现自我价值需要"的时代，是一种结合企业与客户线上和线下交互的营销方式，企业以大数据、社群、价值观营销为基础洞察消费者的需求，帮助消费者实现自我价值而开展营销活动。随着移动互联网、移动通信技术的发展，消费者能够更加方便快捷地接触到产品、服务相关的信息，"互动、交互"成为这个时代的主旋律，促进了社群的出现。正因如此，企业也将营销中心转移到如何与消费者积极互动上、尊重消费者为主体的价值观、让更多的消费者参与到营销价值的创造上来。

当今时代正处于向数字经济转型的阶段，营销 4.0 是营销 3.0 自然发展的结果，并非对营销 3.0 的否定。菲利普·科特勒在《营销 4.0 革命：从传统走向数字》中指出：营销 4.0 时代企业需要面对的是数字营销变革给企业带来的新的机遇和挑战，企业必须抓住这个机会与消费者进行互动，利用信息技术获取消费者的行为和轨迹，将营销的中心转移到与消费者互动上，让消费者参与到营销过程中。

2.3 如何理解新媒体营销

2.3.1 什么是新媒体营销

一、新媒体营销的内涵

随着信息技术的发展以及消费形态的升级，消费者可以随时随地获取感兴趣的信息、发表自己的观点，使得企业改变以往的营销思维，更加注重消费者的体验与反馈。在此种环境下产生的新媒体营销，即指通过新媒体渠道开展的营销活动。

新媒体营销是在新媒体发展的基础上，通过新媒体渠道开展的营销活动，总体来说，是指基于特定产品的概念诉求与问题分析，对消费者进行针对性心理引导的一种营销模式；从本质上来说，它是企业软性渗透的商业策略在新媒体形式上的实现，通常借助媒体表达与舆论传播使消费者认同某种概念、观点和分析思路，从而达到与企业品牌宣传、产品销售相关的目的。

二、新媒体营销的特征

1. 成本低廉

按照吉尔德定律，随着通信能力的提高，每比特信息的传输价格朝着免费的方向下降，无限接近零。与传统媒体相比，新媒体营销的成本显然要低很多，企业有更多的选择机会，借助新媒体平台，以文字、图片、音频、视频等形式面向消费者进行产品的宣传，从而能够更具针对性地为用户提供个性化营销方案，节约营销成本，提高经济效益。例如微博、微信等社交媒体平台，企业只需注册相关账号并认证，即可进行信息发布、开展相关营销。

2. 定位精准

互联网技术的飞速发展为新媒体营销的精准定位提供了技术支持，企业借助大数据分析，构建用户画像，实现对消费者的精准定位，有效地挖掘其个性化需求，为产品设计开发提供一定的市场依据。

3. 病毒式传播

不同于传统媒体的单向式传播，新媒体实现了以双向传播为代表的多样化传播，打破了信息传受双方的界限，企业与消费者都可以接收和发送信息，扩大了信息传播范围。另一方面，新媒体方便快捷、传播速度快、受众范围广、开放且受限少等特点为实现"病毒式传播"提供了可能。

4. 个性化营销

在大众传媒时代，消费者"被动地"接收信息，而在新媒体时代，消费需求愈发个性化、复杂化，且消费者在获取信息上拥有了选择性，还能随时表达传递自己的想法，参与开发适合自己的个性化产品或内容。

5. 高度互动性

参与和互动是新媒体营销立身之所在，也是新媒体营销受到企业和消费者欢迎的原因之一。一方面，消费者的积极参与能够通过口碑传播帮助企业扩大传播范围，开展营销推广；另一方面，企业能够与消费者形成良性互动，收集消费者信息，进一步改善产品或服务，更好地满足消费需求。

三、新媒体营销的优势

1. 开展有效互动

传统媒体时代，企业的营销方式主要为硬性推广，而新媒体时代加强了企业与消费者之间的交流互动，传播效果更为有效。企业可以通过与消费者形成良好的互动，让品牌深入到消费者心中，并且通过口碑传播，扩大营销传播范围，让消费者参与到企业营销推广中，有助于营销效果的提升。

2. 营销成本降低

相比于传统营销，新媒体营销的营销成本大幅下降。互联网的普及使得企业借助新媒体渠道开展营销所需要的宣传成本低于传统媒体，且口碑营销、社群营销等模式利用口口相传，更是降低了营销活动的宣传费用。

3. 借助数据营销

新媒体营销依托网络技术和数字技术，能够获取大量丰富的消费者信息，通过对消费者数据进行分析，能够识别、发掘用户需求，从而制订出更为精准的营销方案。

4. 营销效果可见

由于传统营销依托于线下实体环境，媒体的传播效果很难预估，导致营销效果无法准确预测，而依托互联网渠道的新媒体营销能够借助先进的数字技术追踪用户在网络上的各种行为，使得新媒体平台能够按照点击量、粉丝数、浏览量等计费，企业也就可以根据数据分析结果了解新媒体营销的效果，不用担心新媒体平台欺骗情况的发生。

5．有效面对危机公关

任何企业的经营都不可能十全十美，现如今消费需求愈发多样化、个性化、复杂化，任何产品都不可能达到让所有消费者完全满意的效果，而新媒体信息相对分散、舆论难以控制，且消费者自由"发声"，负面消息难以避免，这就体现了公关在企业营销传播中的重要性。能否合理有效地应对危机公关会影响到企业形象甚至影响企业生存发展。因此，长久保持危机意识，合理使用新媒体，建立起完备的危机公关机制，能够帮助企业迅速有效地进行危机公关，及时做出合理的拯救措施。

2.3.2　新媒体营销的解析

一、新媒体对营销的影响

移动互联网和新媒体技术的发展创造了新的营销环境，新媒体营销成为这一时代的宠儿。纵观营销观念、营销组合等营销理论的发展，始终紧跟时代的潮流，都是为适应市场变化、消费观念更新，市场环境从卖方市场(企业)到买方市场(消费者)的变化，与媒体传播机制从一对多到点对点的变化不谋而合。消费者正掌握越来越多的主动权，同时企业也在从实现自身利益最大化到实现顾客价值最大化转变，营销更加关注消费者需求、精神、情感的认同。可见利用新媒体渠道开展营销活动，邀请消费者参与到产品的设计、开发、宣传、体验之中，实现价值共创是现代企业营销思维不断转变的必然结果。

新媒体营销为现代企业市场营销提供了全新的机遇和方法。移动互联网和智能手机的普及，手机 APP 成为企业快速而精准接触用户的重要渠道，且远远超过了传统媒体的传播影响力，成为更多企业品牌传播的新选择。

1．传播从单向到双向

传统营销以大众传播为基础，依赖于大众媒体将产品信息传递给消费者，消费者作为信息接收方无法控制自己的信息获取渠道、获取哪些信息以及怎样获取信息，且营销效果难以验证。新媒体的出现使得营销颠覆了传统营销中单向流动的状态，传受双方的界限被打破，每个消费者都对产品的品牌塑造和营销传播具有价值。新媒体延伸了传统意义上的营销行为，使得企业需要重新审视自身与消费者之间的关系，借助双向互动开展良好的营销活动，从而提升营销效果。

2. 大众市场到分众市场

新媒体的出现使得人类传播从大众传播走向分众传播。大众传媒时代传播面向大众，而新媒体时代传播逐渐关注个性化，呈现分众化的特点。一方面，在"信息大爆炸"时代，用户的注意力是有限的稀缺资源，用户的信息接收方式、媒介接触习惯等发生了变化，且其本身的条件也不同，导致消费需求出现分化，追求个性化、差异化的产品，即受众呈现分众化趋势。另一方面，社会化大生产的产品同质化日益严重，迫使生产者不断改进生产，根据消费需求进一步细分产品市场。新媒体传播的分众化使得企业在开展营销时要注重分析用户的个性化需求，不是面向目标用户"广撒网"，而是进一步细分用户，"对症下药"来决定所生产的产品。

3. 媒介融合趋势明显

新媒体打破了传统媒体的时空界限，消解了信息传受双方的职能界限，随着新媒体的不断发展，逐渐呈现出媒介融合的趋势，不同形态的媒介之间竞争日趋激烈。新媒体所具备的数字化特征使得传统媒体开始在互联网上投入精力，不同形态的传统媒体直面新媒体的冲击，纷纷进行数字化转型，实现媒介融合。

4. 消费者变化

新媒体时代的消费者在消费理念、消费行为等方面都发生了变化，企业的营销推广活动也应该顺应趋势，积极转变营销思路，努力开拓新媒体营销渠道。越来越多的企业逐渐意识到"顾客至上"的重要性，通过建立多种多样的沟通渠道不断加强与消费者的互动交流，鼓励消费者积极参与，弥补传统营销方式在互动上的不足，从而达到更好的营销效果。

二、关系视角下的新媒体营销

近些年，新媒体发展逐渐呈现社交化的趋势，适应于新媒体时代的关系营销出现。玛丽·史密斯(Mari Smith)在《关系营销2.0：社交网络时代的营销之道》一书中指出，关系营销意味着真正关心所有人，建立稳定的、双赢的关系，包括潜在客户、现有客户、战略联盟、媒体联系人、关键影响人士的关系，甚至还有与竞争者的关系。

1. 消费者

消费者是企业生存和发展的基础，是营销活动的中心和出发点，市场竞争的实质就是竞争消费者资源。一方面，新媒体营销使得企业能够通过建立用户数据库，记录并分析用户的基本信息、行为偏好等，进而制定更具针对性的个性化营销方案。另一方面，通过与消费者及时互动来保持沟通与联系，增强消费者的信任感，提升顾客满意度与忠诚度，从而建立互利共赢的双方关系。

2. 企业内部

企业内部成员包括员工与股东。员工关系是最重要的内部关系，"一荣俱荣，一损俱损"，股东是主要投资人，与企业的生存发展息息相关。开展新媒体营销除了需要关注外部关系，还要关注企业内部的员工、股东关系，对其输出企业的价值观，使其产生价值认同，是企业吸引和留住人才、重建自身形象、提高生产效率、提高品牌价值、确立长期竞争优势的远见之举。

3. 渠道伙伴

渠道伙伴主要指供应商和分销商。网络营销具有成本低廉、互动性强等特点，越来越多的企业把网络营销作为企业营销活动的重要组成部分，电子商务的兴起对营销渠道产生了强烈的冲击与影响。为了顺应新业态给传统渠道带来的冲击，需要企业对新旧渠道进行合理的规划与管理，而渠道管理离不开合作伙伴的寻找。新媒体时代，诸如淘宝、京东等综合性平台既是分销渠道，又是营销推广的媒体渠道，因而企业在开展新媒体营销时需要理解这些新媒体的价值和意义，将其发展为自己的"价值驱动型渠道合作伙伴"，开展合作营销。

4. 竞争者

新媒体时代的市场竞争日趋激烈，彼此势不两立的竞争原则已经过时，企业之间不仅存在着竞争，还存在着合作的可能，以合作代替竞争，"强强联合，协作竞争"才是当今时代的竞争之道。企业可以寻找那些拥有与自身产品具有互补性资源的竞争者，与其开展协作，实现知识、资源的共享和更有效的利用，通过合作增强自身实力，开展新媒体营销活动。

5. 多重影响者

多重影响者指对消费者的消费意愿和观念、态度会产生影响的个人、群体、组织或社区，多重影响者的构成具有复杂化和多元化的特点。传统营销方式注重强调和关注意见领袖型的影响者，如明星、名人、专家等。新媒体的发展打破了这种单一化的影响者模式，普通大众的评价、意见、观点也能够对消费者行为产生一定影响，如网红大V、普通网民、虚拟社区等非名人类型的影响者被赋予更多关注，借助口碑传播，多重影响者对消费者的态度和行为很可能具有强化作用。

三、技术视角下的新媒体营销

每一次技术革新都预示着下一个市场爆发的临界点，而技术带来的经济远远超越了简单的财富增加，新科技浪潮推动了数字营销的发展壮大。技术手段作为新媒体营销的基础，在很大程度上决定了新媒体营销的能力、效果以及未来发展方向。随着移动互联网、移动通信、云计算、物联网等技术的发展，大数据分析逐渐吸引了人们的目光。现如今信息的来源、种类越来越复杂，信息数量越来越庞大，处理信息的能力也在不断提高，并且用户的基本信息、行为偏好等都能够被追踪分析，新媒体营销正是在技术发展的基础上应运而生的。

基于技术视角理解新媒体营销，即是指利用互联网技术、移动通信技术、数字媒体技术等，以精准、有效、及时、节省成本的方式挖掘消费者、维系消费者关系，达到营销目的的营销活动，其核心在于使营销信息在合适的时间通过合适的载体以合适的方式传递给合适的消费者，强调营销推广的精准有效，从而达到一定的营销效果。一方面，企业的新媒体营销能够借助大数据技术展开数据分析，锁定目标用户群，分析现有用户的消费行为与偏好，构建用户画像，实现精准化的营销推广。另一方面，也可以通过数据挖掘，基于复杂多样化的用户需求改善和生产个性化的产品。此外，还能通过大数据技术对数据进行统计和分析，针对营销相关的问题展开预测，从而为企业决策提供依据。

【课 后 思 考】

1. 新媒体与传统媒体的异同点是什么？

2. 你认为新媒体营销的本质与内涵是什么？应该如何理解？

3. "营销学之父"——菲利普·科特勒曾在其著名的演讲中多次提到过这样一句话："如果五年内你还用同样的方式做生意，你将要关门大吉"。由此可见，真正的营销管理是在原理的基础之上，营销的视角、导向、技术和思想等都在随着时代的革新而不断变化。因而在当今"营销无处不在"的营销 4.0 时代，新媒体营销作为目前应用最为广泛、最受追捧的新兴营销模式，你认为其在企业的营销实践中具备怎样的优势？请谈一谈你的想法。

第3章 新媒体传播机理及影响

随着信息技术和移动互联网的迅速发展，信息网络的信息访问总量、传播效率、交换关系、传播主体等要素都在发生变化。新媒体时代的到来以及消费形态的升级使得与传统媒体相比，信息传播过程中的各个传播要素均发生了一定的变化，因而本章将研究视角集中在新媒体的传播机理与影响上，分别从新媒体传播要素、传播模型(模式)以及其所产生的影响三个方面展开论述。

学习目标

➢ 了解新媒体传播要素的变化。

➢ 掌握媒体传播模型、营销传播模型及其传播机理。

➢ 理解新媒体传播为企业所带来的影响。

 案例导读

南京江宁区政务新媒体的融合发展

新媒体的出现不仅给人民群众的通信、交往、娱乐、学习和生活带来了便利，也为各级政府部门开展政务、为民服务提供了极大的便利。近年来，南京江宁区新闻舆论战线坚持守正创新，在政务媒体融合发展之路上先行先试，整合报纸、电台、电视、网络新媒体等现有资源，打造"报网台微端屏"全媒体联动矩阵，实现从平台叠加到资源融合的能量裂变。同时，采用新闻直播、抖音、AR 技术等新兴手段，打造了"有个网红叫江宁"等一批政务新媒体"现象级"精品，建立了 280 万规模的政务新媒体粉丝"大军"。

"@江宁公安在线"是南京市江宁区公安分局的官方微博，于 2011 年 3 月 4 日正式开通，其内容主要是为群众发布公安类信息，如天气、交通、协查等最新消息，宣传公安知识，普及治安常识，多次被媒体评价为"宣传因时制宜""内容凸显亲和度"的政务微博，在政务排行榜公安榜里一直名列前茅。作为一个区县级公安政务微博，截至 2020 年 9 月，"@江宁公安在线"拥有 238 万粉丝，粉丝群体不仅来自南京江宁本地，还遍布在全国范围乃至海外。"@江宁公安在线"由一个平凡普通的公安分局微博，到备受欢迎的"警察蜀黍"，在内容和运营方面，有其独特之处。

萌图萌语，三观端正。在"@江宁公安在线"的博文风格中，清新活泼是它的一大特点。无论是微博博文配图还是表情包，都有"卖萌"特征，非常符合年轻人的审美和品味，让"@江宁公安在线"被广大网友称为公安网络的第一"萌警"。在"卖萌"的同时，该微博也担任着辟谣、科普、服务大众等关键职责。如因五一调休，2020 年 4 月 26 日原本周日调整为工作日，"@江宁公安在线"发微博提醒网友："早上好！今天是伪装成周一的周日！大家没有迟到吧？"配上了萌萌的表情包和萌图"上班令人快乐"，很贴心也很窝心。

紧追热点，制造话题。"@江宁公安在线"常常结合当下最新热点来设计和运用自己的微博，有意识地制造一些"创意引爆"的话题，如"警察蜀黍作品""抗击疫情公安在行动""110 宣传日"等，精心策划大众关注，充分发挥自身独特的 IP，在短期同质内容中制造受欢迎的作品。如 2020 年 4 月 26 日微博："最近热播剧《猎狐》大家有看吗？是不是很好奇真的会有'猎狐'这种名字的警方行动吗？"该微博最终获得了大量的阅读讨论。

回复及时，用户至上。"@江宁公安在线"每一条微博都与网民互动，无论是江宁区公安局职能管辖范畴内的问题，还是超出职能范畴的提问；无论是私信还是公开留言，"@江宁公安在线"都能迅速给予回复，与网民进行零距离、即时互动，并且做好服务性的工作。在微博中，对于一些网民不涉及政务内容的闲聊提问，"@江宁公安在线"也会以亲切幽默的方式与网友互动。

辟谣力强，权威性高。"@江宁公安在线"深得网民信服的原因还有一个就是它快速专业的辟谣能力。如辟谣新冠肺炎疫情期间所谓"鼻孔蘸香油"可以防范病毒的虚假信息，又如辟谣"南京国庆期间在市内六处地方举行焰火晚会"等微博，兼具知识性、实用性和服务性，每条微博都赢得了大量网友关注。因此，"@江宁公安在线"成为江宁公安甚至是全国公安系统的权威发声渠道，避免了网友因为微博虚假信息而上当受骗。

新的技术革新使得融媒体向智媒体转型，移动端变成信息传播的第一平台，新媒体凭借其独特的传播优势逐渐取代传统媒体成为最受欢迎的信息传播渠道，"无视频不新闻"是大势所趋，这给政务新媒体带来了新的发展机遇，如何借助新媒体传播提升信息传播效果是政府部门所要关注的重点。

(资料来源：陈卓. 5G 时代区县级政务新媒体的融合发展——以南京江宁区政务新媒体为例[J]. 中国广播电视学刊，2020(08):40-43.)

3.1 新媒体传播要素的变化

传播学史上最为经典的拉斯韦尔模式将传播看成一种单向的、线性的模式，该模式认为任何一个传播过程都由五个部分构成，包括传播主体、传播内容、传播渠道、传播对象和传播效果，此外新媒体时代的传播特点有别于传统媒体时代，因而本节将参考该理论针对以上五个方面对新媒体传播要素的变化展开论述。

3.1.1 传播主体的变化

在新媒体传播中，任何一个用户都能生产、发布信息，所有生产、发布的信息都能够以非线性方式流入网络之中，新媒体传播使传播者和受众之间的界限变得模糊，依托于互联网的传播环境更具开放性、交互性和自由性。每个用户既可以是信息的传播者，也可以是信息的接收者，颠覆了以往以传播者为中心的线性传播模式，大众传播时代的受众从传播客体逐渐转化为新媒体传播时代数字化、社交化、移动化的传播主体。在新媒体时代，信息的传播者呈现出以下特点：

一、传播主体去中心化

在传统媒体环境中，传播者和受众的关系是一种中心对边缘的模式，传播者是信息传播的中心，信息传播的内容由传播者来决定，受众只能被动地接受，并不能够对信息的传播过程产生任何影响，没有选择信息传播内容和传播方式的权力，传播者和受众关系的中心化十分明显。而在新媒体传播过程中，人人都可以发布和接收信息，传播者与受众之间的界限变得模糊，传播主体呈现"去中心化"的特点。信息的传播方式由单向传输转为了双向传输甚至是多向传输，传播者和受众的互动越来越多，传受关系互动逐渐常态化。因而，在这个"人人皆可为主体"的时代如何利用新媒体传播主体的转化与融合开展新媒体营销、扩大营销内容的辐射范围，是新媒体运营者需要关注的方面。

二、催生新的意见领袖

意见领袖是指在人际传播网络中经常为他人提供信息，对其他人的决策可以施展不同程度影响的个人，他们在大众传播效果的形成过程中起着重要的中介或过滤的作用，由他们将信息扩散给受众，形成信息传递的二级传播，即"大众传播——舆论领袖——一般受众"。随着新媒体的发展，新兴的意见领袖群体在网络上崛起，成为具有较大发声权的传播者。与传统、官方的意见领袖不同的是，新兴的意见领袖是由新媒体用户自主选出和自主跟随的、带有一定草根和民主色彩的群体，其传播内容更能被新媒体受众所接受，对网络舆论的形成和传播都有巨大的影响。对于企业而言，如何借助意见领袖提高传播速度、扩大影响范围、提升传播效果，使得营销取得事半功倍的成效是至关重要的。

3.1.2 传播受众的变化

一、受众特征变化

早期的"魔弹论""强效果论"等理论已经难以解释新媒体受众的特征，相比于传统媒体受众，新媒体受众呈现出以下特征。

1. 身份的匿名性与公开性

一方面，新媒体用户处于网络虚拟世界，在网上的言论与行为具有隐蔽性和匿名性，受众可以在网络中通过虚拟的身份发表评论、观点等。另一方面，目前许多网络平台开始实行实名登记制，即使个别平台还未实名制或有些用户仍然没有实名资料，但是通过对信息碎片进行拼接对比以及调查取证，也能够查出虚拟用户的真实身份，因而从某些角度看新媒体环境下的受众又具备公开性与透明性的特点。

2. 覆盖面的广泛性与窄众性

一方面，依托互联网的新媒体受众数量呈现出量级增长的趋势，涵盖了各个行业、各个阶层、各个年龄层等的用户，从而使得新媒体受众的覆盖面相比于传统媒体更加广泛。另一方面，新媒体的个性化特征使得其在内容传播上更具针对性，从原先简单机械的"广告"转变为精确灵活的"窄告"，其中的"窄"

并非简单地减少接收终端数量，而是提高有效数量，减少无效投入，即将用户高度细分化，开展精准营销。

3. 信息输出的泛滥性与纠错性

一方面，新媒体的"弱把关"机制虽然增加了受众的参与性，但是也使得传播内容泛滥，且质量良莠不齐、鱼龙混杂，虚假错误的信息很容易通过网络发酵，从而对真实信息产生强烈的干扰，扰乱视听，对受众产生误导。另一方面，新媒体所具备的互动性、超时空等特点也使得受众能够发挥集体力量，及时发现并纠正传播过程中的虚假错误信息，通过"拨乱反正"将真实的信息呈现在大众眼前，即具备一定的纠错性。

二、传受角色转化

在传统媒体中，受众处于信息接受的被动位置，而在新媒体时代，受众已经从信息的被动接受者逐渐转换为主动参与者和信息生产者。作为交互式媒体，依托互联网的新媒体改变了传统媒体"点对面"的传播方式，打破了传播者与接收者的界限，受众在获取信息的同时也能够主动传播信息，拥有了信息的选择权与主动权，媒体与受众、受众与受众之间都能够建立多元化的互动交流关系。

三、心理倾向改变

受众的心理倾向在新媒体传播中发生了一系列变化。首先，受众的主体意识随着新媒体的普及被调动起来，越来越多的新媒体用户参与到新媒体传播中，满足了受众的参与心理与主体意识。其次，生活水平的提高以及快节奏的生活方式使得人们的生活压力逐渐增大，需要合适的减压、放松、娱乐活动，而新媒体中各种游戏、影视资源、视频、音乐、电台节目等娱乐活动能够满足人们的娱乐心理。然后，新媒体能够将各种各样的商品信息全方位地呈现在受众眼前，刺激受众产生消费心理，使其产生购买欲望。此外，新媒体时代的人们产生了更强烈的自主性心理，传统媒体时代受众更多的是被动接受，而新媒体时代受众则具有完全的自主性，可以随时随地有选择地获取信息，强化了自己的思维观点。

3.1.3 传播内容的变化

传播内容是指传播的信息内容，它是由一组有意义的符号组成的信息组。

随着新媒体技术的不断发展，新媒体在传播内容方面打破了原有传统的单一的传播形式，如仅依靠报纸、电视、广播等形式进行传播，而是将图文、音频、视频等形式的内容融于一体，在互动性、多样性、碎片化、不可控性等方面出现了前所未有的变化。

一、互动性逐渐增强

中国传媒大学的学者张小争认为："互联网最核心的特性是传受一体化互动，不是特定的内容；互联网业务的关键成功要素包括但不限于自我性上传、个性化选择、自主性互动、大众化集群、病毒性传播、爆炸性流行等。"不同于传统媒体的单向传播，互动性是新媒体的显著特征，是指传受双方之间的双向交流互动，形式主要包含点赞、评论、分享、投票、回复关键词、后台互动、线上活动等。随着互联网时代的到来，用户不再仅仅满足于单纯地观看、浏览和阅读传播内容，而是愈发注重发表评论、在线讨论、分享传播等互动交流。此外，拥有相同兴趣爱好的用户会形成某种社群，对传播的内容进行互动。在这种双向互动传播的模式下，用户有掌握和控制信息的需求和能力，也有表达和传播的自由，他们既是内容的传播者又是内容的接收者。

二、形式更加多元丰富

与传统的大众媒体相比，新媒体传播在内容形式上更加多元化。传统的报纸媒体主要依靠图文的传播形式，广播媒体依靠音频的传播形式，电视媒体依靠图文、音视频结合的传播形式，而如今的新媒体，将图文、视频、音频、动画等传播方式融为一体，减少了受众在获取信息时枯燥单一的感受，内容形式的丰富性使得传播内容更具多样性，提升了受众获取信息的兴趣。

三、长尾效应更加明显

长尾效应(Long Tail Effect)中的"头"和"尾"是两个统计学名词，正态曲线中间的突起部分叫"头"，两边相对平缓的部分叫"尾"。从消费需求的角度来看，大多数的需求会集中在头部，我们可以称这部分为"流行"；而分布在尾部的需求是个性化的、零散的、小量的。所谓长尾效应，其特点就是若将所有"非流行"的市场累加起来就会形成一个比"流行"市场还大的市场，其根本就是强调"个性化""客户力量"和"小利润大市场"。

新媒体的出现恰巧给这种长尾效应提供了一个很好的平台，新媒体根据其超文本的特点，借助全新的非线性传播方式为大众的参与感提供了工具保障。人们可以通过搜索引擎、APP、视频网站、问答平台、自媒体等平台关注自己喜欢和需要的传播内容，并且能够找到一批与自己有共同需求和共同爱好的人，这些人会组织在一起形成社群并且发出意见，这种相同或相似的意见如果足够的多就会通过长尾效应形成二次传播甚至多次传播，从而吸引更多的人参与进来。

四、"把关人"角色弱化

"把关人理论"最早是由美国著名社会心理学家、传播学四大奠基人之一的库尔特·卢因(Kurt Lewin)在《群体生活的渠道》一文中提出的，该理论认为在研究群体传播时，信息的流动是在一些含有"门区"的渠道里进行的，这些渠道中存在着一些把关人，只有符合群体规范或把关人价值标准的信息才能进入传播渠道。传统媒体有着"把关人"一样的严格审查制度，会对新闻题材和报道视角进行审查、筛选、加工，再通过报纸、杂志、电视和广告等媒介传播出去，公众只能获取信息而没有选择权和发言权。而新媒体传播信息的迅捷性和无障碍性大大降低了"把关"的可行性，人们可以自己控制以何种方式获得信息，也可以自由地对接收到的信息做出反馈，这种交互性的方式使得传统"把关人"的角色变得弱化，使得传播内容变得不可控制。

由于新媒体时代人人都是内容生产商，信息传播速度快，普通大众对于信息的真假辨识度不高，容易受情绪煽动，不明真相之下容易产生过激情绪，甚至导致网络暴力事件出现。新媒体的弱把关机制使虚假性、情绪性内容超载，对内容的整合与加工远远超过了原创内容，内容失衡容易导致媒介信息、媒介知识风险，引发媒介公信力下降与信任赤字等现象，会对社会运行产生许多负面影响。

3.1.4　传播渠道的变化

传播渠道是传播过程的基本要素之一，指传播者发送信息、受传者接受信息的途径和方法。随着传播媒介的发展，传播渠道经历了从口语、文字传播时期到印刷传播时期，再到电子传播时期，以及今天的网络传播时期的发展过程。随着互联网技术和移动通信技术的发展，我们正在从支持创建博客、维基的Web 2.0 到更加人性、精确和智能的 Web 3.0 时代转变，这预示着人类的形象符号、智能代理和丰富的多媒体特征在交互式 3D 环境中轻松融合。新媒体传播渠道在移动数字传播技术和互联网技术不断发展的背景下变得日新月异、络绎不绝，包括但不限于门户网站、搜索引擎、微博、微信、APP 等。

一、消解传统媒体的垄断

新媒体传播借助信息的交流互动将传播过程交织成一个网络，实现了"所有人对所有人的传播"，创造了新的传播渠道、传播方式，打破了以往由权力支配的垄断格局。以往专家、记者、编辑、政府等所掌握的话语权被分解，人人都可以成为信息的发布者与接收者。新媒体借助全新的技术改变了传统媒体自上而下的传播模式，创造了多元空间、多元选择、多元文化、多元主体的新格局。

二、传播路径裂变化

传统的社会思潮传播路径是自上而下的倒金字塔式单向传播，即由社会思潮的核心层——精英群体讨论、分析形成思想理论，向特定群体定向传播，从而形成社会思潮，强调"传播者本位"，普通受众没有发言权。而在新媒体时代，社会思潮传播路径呈现出网状化、裂变化的非线性传播模式，主要有两种路径：一种是"粉丝传播"，另一种是"转发传播"，前者借助粉丝的"口碑效应"口口相传形成裂变式传播，而后者则借助分享转发，扩大传播范围。

3.1.5 传播效果的变化

传播效果一般是指对人的行为的产生过程及影响因素进行分析，强调不同的传播刺激会引起消费者的相应反应，具体指接收方收到信息后，在知识、情感、态度、行为等方面发生的变化，通常意味着传播活动在多大程度上实现了传播者的意图或目的。效果又可以分为不同的三个层面：外部信息作用于人们的知觉和记忆系统，引起人们知识量的增加和知识结构的变化，属于认知层面上的效果；作用于人们的观念或价值体系而引起情绪或感情的变化，属于心理和态度层面上的效果；这些变化通过人们的言行表现出来，即成为行动层面上的效果。从认知到态度再到行动，是一个效果的累积、深化和扩大的过程。

一、信息到达率高

新媒体技术的运用使信息的解读与编码在短短数秒之内即能完成。传播内容大多不需要复杂的剪辑和繁琐的后期制作与排版，有效地降低了成本。而且新媒体传播内容更具有生活性，更易被人们所接受。数字化和智能化的传播渠道增多，传播速度的增强提高了信息的时效性，极大提高了信息的传播效率。受众群体积极性增强，受众也可以通过新媒体渠道随时随地地接收信息，信息传播的到达率提高，并且通过强大的人际传播和网络共享，传播的速度快、范围广，传播效果更强大。

二、形成蝴蝶效应

蝴蝶效应是指在一个动力系统中，初始条件下微小的变化能带动整个系统长期的、巨大的连锁反应，说明了任何事物发展均存在定数与变数，事物在发展过程中其发展轨迹有规律可循，同时也存在不可测的"变数"，一个微小的变化能影响事物的发展。信息传播过程中，在一定的"阈值条件"下，初值稍微有变动或偏差，会导致最后的传播效果有巨大的差异，这是难以预测的。

新媒体传播具有互动性、开放性、主动性和跨地域性等传播特点，任何人在任何地点都可以随便地发表评论，好的、积极的东西固然能积极传播，但对于不好的、消极的信息，新媒体则是危机的放大器，使得危机传播的风险性成倍放大。由于突发事件具有瞬间性、非预期性、破坏性等特点，处理得好会转危为安，处理不好会变成一场严重的危机，所以应该重视新媒体产生的网络舆论问题，以免形成蝴蝶效应，造成不可控制的后果。此外，信息在传播过程中也容易受到多种渠道其他信息对传播信息的扭曲，信息间的不一致与信息的重复拖延了信息的有效传递时间，一定程度上也削弱了传播的效果。

三、传播更加高效

相比于传统媒体成本大、周期长、时效限制等问题，新媒体借助数字化的传播手段，在内容制作上节省了许多复杂的过程，且不再强迫受众在固定的时间地点接收信息，受众可以随时随地自主选择对信息的获取，实现了传播效果的最大化。

3.2 新媒体传播模式及机理

在对新媒体传播过程中各要素的变化进行分析之后，要把握传播的一般规律，既要对传播活动的宏观过程进行考察，还要对传播产生的过程和机制展开分析，因而我们接下来分别对传统媒体与新媒体主要运用的传播模式(亦称模型)及其运作机理进行归纳与分析。

3.2.1 媒体传播模式及机理演变

随着媒体的发展演变，传播模式(亦称模型)也在不断变化。迄今为止，媒体传播模式主要有直线论模式、控制论模式和社会系统论模式等三种类型。

一、直线论模式

1. 5W 模式

1948 年，哈罗德·拉斯韦尔(Harold Lasswell)在《传播在社会中的结构和功能》中，首次提出构成传播过程的五种基本要素：传播者是谁(who)、说了什么(what)、通过什么渠道(which)、向谁说(whom)、有什么效果(what effect)。

谁(who)，是指传播者，即传播过程中负责信息收集、加工和传递的人、组织或机构。

说了什么(what)，是指传播的信息内容，由一组有意义的符号组成。

传播渠道(which)，是指信息传递过程中所需经过的中介或载体。

向谁说(whom)，是指信息的接收者或受众，是传播的最终对象和目的地。

传播效果(what effect)，是指信息被受众接收后所引起的反应，用来衡量传播活动的成效。

如图 3.1 所示，这个"5W"模式(亦称模型)第一次将传播活动明确表述为由五个环节和要素构成的过程，为人们理解传播过程的结构和特性提供了具体的出发点，但是该模式属于单向直线模式，没有提供反馈渠道，没有揭示人类社会传播的双向性和互动性。

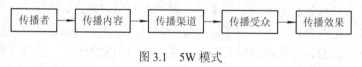

图 3.1　5W 模式

2. 香农-韦弗模式

1949 年，美国的两位信息学者克劳德·艾尔伍德·香农(Claude Elwood Shannon)和沃伦·韦弗(Warren Weaver)在《传播的数学理论》中首次提出香农-韦弗模式，如图 3.2 所示。该模式将信息的人际传播看作单向的机械系统："信源发出讯息，再由发射器将讯息转为可以传送的信号，经过传输，由接收器把接收到的信号还原为讯息，将之传递给信宿"。这个过程中，讯息可能受到噪音的干扰，产生某些衰减或失真。该模型导入了噪音的概念，表明了传播不是在封闭的真空中进行的，过程内外的各种障碍因素会形成对讯息的干扰。该模式对一些技术和设备环节的分析，提高了传播学者对信息科技在传播过程中的作用的认识，为以文理结合的方法考察传播过程打下了基础，但该模式描述的是电子通信的直线单向过程，缺少反馈环节。

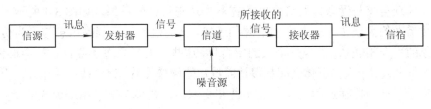

图 3.2　香农-韦弗模式

二、控制论模式

随着社会的进步，直线论模式逐渐显露出其弊端，不仅容易把传播者和接收者之间的关系、角色和作用固定化，还缺乏反馈的要素或环节，无法体现传播的互动特征。因而学者们在直线论的基础上，提出了控制论模式，又称循环模式，其基本思想是通过对反馈信息的利用来调节和控制系统行为，以达到预期目的。控制论模式指出传播的过程是带有反馈的双向交流过程，即具有反馈回路的封闭式控制系统，主要有奥斯古德-施拉姆循环模式、施拉姆大众传播模式、德弗勒互动过程模式三种类型。

1. 奥斯古德-施拉姆循环模式

奥斯古德-施拉姆的循环模式是控制论模式的代表，是一个高度循环模式，该模式没有传播者和受传者的概念，传播双方都是主体，他们通过讯息的授受而处于相互作用之中，如图 3.3 所示。该模式的重点不在于分析传播渠道中的各种环节，而在于解析传播双方的角色功能。参加传播过程的每一方在不同阶段都依次扮演着译码者(执行接收和符号解读功能)、释码者(执行解释意义功能)和编码者(执行符号化和传达功能)的角色，并相互交替着这些角色。

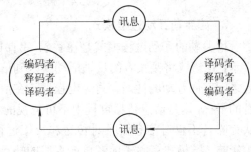

图 3.3　奥斯古德-施拉姆循环模式

但是该模式把传播双方放在完全对等或平等的关系中，与现实情况不符。该模式虽然能够体现人际传播特别是面对面传播的特点，却不能适用于大众传播的过程。

2. 施拉姆大众传播模式

施拉姆于 1954 年提出了大众传播模式，该模式中构成传播过程的双方分别是大众传媒与受众，两者之间存在着传达与反馈的关系，如图 3.4 所示。作为传播者的大众传媒与一定的信源相连接，又通过大量复制的讯息与作为传播对象的受众相联系。受众是个人的集合体，这些个人又分属于各自的社会群体；个人与个人、个人与群体之间都保持着特定的传播关系。该传播模式在一定程度上揭示了社会传播过程的相互连结性和交织性，初步具有了系统模式的特点。

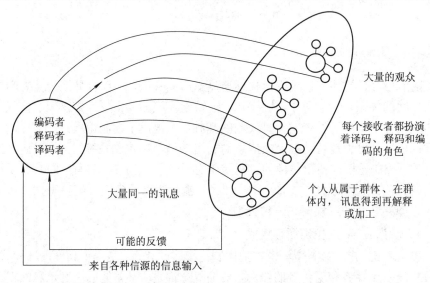

图 3.4 施拉姆大众传播模式

3. 德弗勒互动过程模式

德弗勒的互动过程模式是在香农-韦弗模式的基础上发展而来的，如图 3.5 所示，该模式将接收者的反馈活动纳入到信息传播模式中，体现了信源与接收者之间双向互动的性质，同时也强调了在信息传播的双向路径中，都会存在噪音的干扰，这是信息传播过程中不可忽视的一部分。该模式拓展了噪音的概念，认为噪音不仅对信息而且对传达和反馈过程中的任何一个环节或要素都会发生影响。该模式克服了前者单向直线的缺点，明确补充了反馈的要素、环节和渠道，使传播过程更符合人类传播互动的特点，但是也没有超出从过程本身或从过程内部来说明过程的范畴。

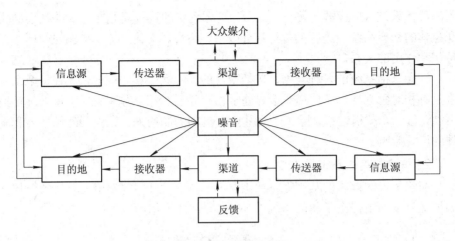

图 3.5　德弗勒互动过程模式

三、社会系统论模式

社会系统论模式是在控制论模式的基础上，将整个社会传播纳入社会系统内部，认为社会传播是维系社会中各个系统运行的纽带，只有有了信息的传播，社会各系统才能顺利运行。

1．赖利夫妇的系统模式

赖利夫妇的系统模式是 1959 年在《大众传播与社会系统》中提出的，如图 3.6 所示。赖利夫妇在该文章中提出传播系统模式具备以下几个特点：

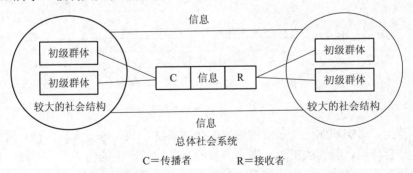

图 3.6　赖利夫妇的系统模式

首先，从事传播的双方即传播者和受传者都可以被看作一个个体系统，这些个体系统各自都有相应的内在活动，即人内传播。其次，个体系统与其他个体系统相互连接，形成人际传播。然后，个体系统不是孤立的，而是分属于不同的群体系统，形成群体传播。最后，群体系统的运行又是在更大的社会结构和总体的社会系统中进行的，与社会政治、经济、文化、意识形态的大环境保持相互作用的关系。

社会传播系统的各种类型，包括微观的、中观的和宏观的系统，每个系统既具有相对独立性，又与其他系统处于相互联系和相互作用之中。每一种传播活动，每一个传播过程，除了受到其内部机制的制约外，还受到外部环境和条件的广泛影响。

2. 马莱兹克的系统模式

在赖利夫妇模式的基础上，德国学者马莱兹克于 1963 年在其《大众传播心理学》一书中提出了新的系统模式，如图 3.7 所示。

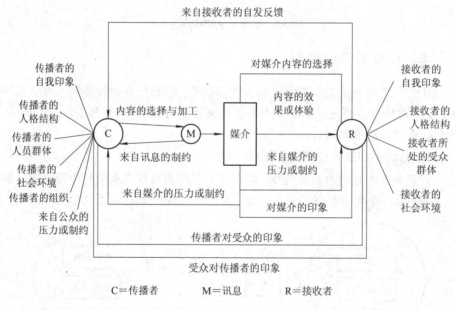

C＝传播者　　　　M＝讯息　　　　R＝接收者

图 3.7　马莱兹克的系统模式

首先，影响和制约传播者的因素有传播者的自我印象、人格结构、同僚群体、社会环境、所处的组织、媒介内容的公共性所产生的约束力、受众的自发反馈所产生的约束力、来自讯息本身以及媒介性质的压力和约束力。其次，影响和制约接收者的因素有接收者的自我印象、人格结构、作为群体一员的接收者(受众群体对个人的影响)、接收者所处社会环境、讯息内容的效果与影响、来自媒介的约束力等。然后，影响和制约媒介与讯息的因素主要来自两个方面：一是传播者对讯息内容的选择和加工，这种选择和加工也可以说是传播者背后的许多因素作用的结果。二是接收者对媒介内容的接触选择，这种选择也是基于接收者本身的社会背景和社会需要而产生的。制约媒介的一个重要因素是接收者对媒介的印象，这种印象是基于平时的媒体接触经验而形成的。

马莱兹克的系统模式说明，社会传播是一个极其复杂的过程，评价任何一种传播活动、解释任何一个传播过程，即便是单一过程的结果，都不能简单地下结论，而必须对涉及该活动或过程的各种因素或影响力进行全面、系统的分析。

3.2.2　营销传播模式及机理演变

媒体传播模式的变化，直接影响着企业与之对应的营销传播模式及营销行为，主流的营销传播模式及其机理的演变过程如下：

一、AIDMA 模式

AIDMA 模式是市场营销领域的经典理论模式，由美国广告学家 E.S 刘易斯在 1898 年首次提出，他首先提出了 AID 模式，于 1925 年添加了 Action(购买行为)。1956 年，德沃(Devoe)认为，消费者的记忆对营销效果有着显而易见的促进作用，于是又添加了 Memory(记忆)，至此 AIDMA 模式逐渐成形并被学者们普遍认同。该模式认为消费者从对产品引起注意到购买该产品总共经历了五个阶段，如图 3.8 所示。AIDMA 模式对消费者经历的心理历程和消费决策会产生一定的诱导作用，在五个环节发放广告信息会一直影响消费者的思考和行为，企业则可以根据消费者的心理和行为制定有效的营销策略进而提高成交率。

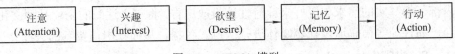

图 3.8　AIDMA 模型

Attention(注意)，指通过图文、音频、视频等各种形式的广告宣传引起消费者的注意。

Interest(兴趣)，指广告中所传递的信息内容可使消费者产生继续了解产品的兴趣。

Desire(欲望)，指如果广告中的营销内容能够准确击中消费者的某项需求或者潜在需求，则会使消费者产生购买的欲望。

Memory(记忆)，指当消费者对该商品有印象后，通过反复广告宣传或者对产品功能的多次强调形成一定刺激，使消费者对该产品有更深刻的印象。

Action(行动)，指消费者在促销手段或其他营销策略下，最终购买该产品。

二、AISAS 模式

随着互联网作为全新的媒体介入人们的生活，互动式的新媒体逐渐影响了消费者的行为习惯，日本电通广告公司通过对无线应用和互联网的调查研究，将 AIDMA 模式进行修改，提出全新的营销传播模式，即 AISAS 模式，以适应社会化媒体的逐渐兴起。AISAS 模式将 D（Desire）、M（Memory）两个环节进行修改，添加了具有互联网特征的 S（Search）、S（Share）。该模式理论认为：在新媒体时代，随着线下购物逐渐向线上购物方式进行转变，消费者的消费行为可以大致分为五个阶段，如图 3.9 所示。随着 AISAS 模式的普及与认同，众多学者将其作为研究企业营销策略的重要工具。与 AIDMA 模式相比，AISAS 模式更多地关注社会化媒体中的信息流动与相关规律。

图 3.9　AISAS 模式

1. 关注(Attention)

在互联网时代，信息传播的特点为成本低、速度快且扩散面广。消费者面对大量的信息时会选择性地了解，此时尽管营销的累积效果仍然发挥作用，但已不是吸引消费者注意力的最优选择，企业更偏向于通过创作内容的新颖性来吸引消费者注意力。当品牌方进行营销战略的制定时，往往会通过走进消费者内部了解真实的需求与爱好来针对性地投放广告，将与之适配的企业品牌文化与产品性能等信息通过社交媒体进行病毒式传播，从而吸引消费者的关注。

2. 兴趣(Interest)

新媒体时代下的社交媒体具备传统媒体所没有的功能，可以及时回答消费者的问题，与消费者形成良好的互动，使消费者群体与企业实现信息共享，更好地维护企业方与用户群体的关系。企业不仅能够针对消费者的需求与爱好针对性地制定营销推广信息，使消费者产生对该产品的兴趣，同时也能通过在社交媒体中答疑解惑、积极互动，向消费者传递及时的产品信息，使消费者有参与了解产品的过程，进而被其信息所吸引。

3. 搜索(Search)

随着电子技术的普及，搜索引擎逐渐进入人们的生活，消费者可以通过搜索来获取自己想要的信息，并通过对信息进行处理与重新整合进而得到想要的结果。这种搜索行为是消费者出于自身兴趣与爱好而主动了解产品的信息，此时搜索链接等同于企业的销售渠道，企业通过注重与百度、360等搜索引擎公司的合作提高自己的知名度，并通过对网页链接的关注与完善进一步塑造企业产品或品牌形象。

4．行动(Action)

消费者通过搜索获得他们关注的产品信息和品牌信息后，可能会有购买行为，消费者可以通过搜索链接进入企业的电子商务销售平台进行网络消费。当消费者购买产品后，意味着他具备了了解公司产品信息的能力，企业除了保证产品质量外，还需要及时做好售后服务，通过信息追踪了解消费者的使用情况并收获反馈信息，收到建议后及时做出响应，可以改善消费者的消费体验，使其产生再次购物的欲望，企业依此吸引"回头客"。

5．分享(Share)

当消费者使用产品后，愿意在社交平台上分享产品的价格、外观、实用性等信息，提供自己的使用感受，此时企业可以通过在社交媒体平台上创建官方账号，吸引消费者前来关注转发，并为其分享意见与反馈提供一个集中的社群，以实现产品的信息共享。通过口碑共享有利于产品信息的传播。

三、SSA 模式

在社群经济时代，消费者在企业的有意指引下会根据相同的兴趣爱好或者相似的消费价值观，自发组建成一个关于该品牌的在线社区，消费者乐于在社区里分享自己对于产品的使用感受与经验，对企业品牌的发展做出预判。由于社群内各成员之间联系越来越紧密，形成对该品牌社区的情感依赖，社群中的消费者逐渐成为该品牌的忠诚用户，且自发充当品牌宣传员的角色，通过口口相传影响身边亲人朋友的购买意愿，促进品牌社区的不断壮大。当消费者在社区中分享自己的购买感受后，该分享信息并不是淹没于大量的信息中，而是极有可能被其他社群成员看见，社群成员基于长时间对社群的信任与认同，当看到社群里具有影响力的人物推荐某类产品时，更倾向于直接对产品信息进行搜索并购买。

由此可见，分享并不是像 AISAS 模式中描述的作为一个营销传播过程的结束节点，而是有可能激发营销传播活动中搜索这一环节。当消费者通过信息搜集后，了解到产品信息符合自己的需求，在促销活动的助力下或者因为单纯对于品牌的满足与信赖感会产生购买行为；当使用产品后出于对社群其他用户的互享心理或者对该品牌的喜爱心理再次进行分享。由此，该传播路径形成一个闭环，这就是 SSA 营销传播模式，即分享(Share)、搜索(Search)、行动(Action)(购买行为)，如图3.10 所示。

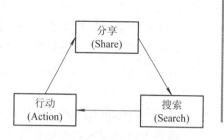

图 3.10　SSA 营销传播模式

1. 分享(Share)

社群中的每个成员都希望可以在组织中获得归属感，以缓解个人的情绪孤独，而归属感主要表现为在群体中其他人的认可与赞同，尤其在目前消费者为主导的市场环境中，消费者自我实现型的情感需求正逐渐成为主流需求，所以消费者热衷于在兴趣与爱好相似的社群中不断分享自己的看法与见解，渴望获得大家的认同。

同时，社群内的不断交流使得各个用户之间建立了更亲密的关系，更强的认同感驱使人们有更大的兴趣对共同话题进行分享与交流，从而为社群带来大量的内容创作，于是分享不再局限于社群内的成员，一些优质的内容逐渐扩散到社群外被更多的消费者了解进而加入社群。

除了受认同感与归属感影响而带来的用户分享外，绝大多数情况下，消费者还受利益、承诺等驱动的影响。当品牌社区给用户设定一个需要完成的目标，例如转发、点赞、评论等活动，并承诺提供截图证据后会以现金、优惠券等形式发放奖励时，消费者的行为动机多为"获取奖励"，于是他们受到承诺的影响便频繁展开分享行为，在多次的产品分享后也逐渐增加了其在社群内的积极性，进而实现利益驱动型分享转化为情感驱动型分享。

2. 搜索(Search)

在如今社会，人们的需求逐渐变得多元化与个性化，企业的统一定制产品方式已逐渐跟不上人们多样性的需求，且互联网上的虚假信息、伪劣信息、诈骗信息等伴随着官方产品介绍信息同时出现，消费者无法准确辨认信息的真实性，同时现如今消费时间呈现碎片化的特点，相比起被动接受信息人们更乐于主动搜寻信息，故而企业需要依托数据分析和人工智能等手段，尽可能地实现智能匹配人们的个性化需求并进行精准营销，或者也可以参考国货品牌"完美日记"，选用成本较低的方式，在社群内针对每个用户进行一对一交流，以官方的可靠信息和人工交流满足消费者的个性化需求。

3. 行动(Action)

现在的消费者不仅仅是因为需求而购买产品，更多的时候是为了满足自己的购买欲和满足欲，他们更乐于为感觉而买单。企业可以通过促销活动或营造场景氛围等方式促进消费者购买。促销活动使产品价格低于平时，消费者产生一种现在买可以享用最大折扣的占便宜心理，当受到分享刺激时，更有可能产生购买行为，而营造场景氛围通过模拟现实生活中的各种情境，准确击中消费者心理诉求点，可使消费者更愿意为情怀买单。

当社群内消费者将品牌产品的信息进行内容创作并分享到社群平台后，社群成员基于对该品牌的认可会直接产生对产品的信赖感，然后社群成员通过搜索了解产品的详细信息后，与自身需求进行对比，即可能直接产生购买行为。当社群成员购买产品后，会根据产品的使用感受将其分享到社群平台中，再次实现了 SSA 营销传播模式中的分享环节，形成信息的二次传播，因而该模式形成了一个闭环。值得注意的是，在分享这一环节中，影响其分享行为的不仅仅是产品的使用感受和满意度，还包括对社群的情感依赖和对品牌的信任。SSA 营销传播模式为企业方提供一个新型的营销模式，不仅可以通过媒介平台宣传产品信息，还可以通过构建品牌社区，吸引消费者的加入，并通过社群内的内容分享等活动巩固粉丝，培养忠实用户，这样社群中的成员集体为品牌创造价值，企业可以获得众多意见与反馈以促进产品的优化与改进，造成双赢的形势。

四、AFAS 模式

在移动互联网时代，AISAS 营销模式逐渐转变为以 Fans 为核心的 AFAS 模式，如图 3.11 所示。该模式包含四个阶段：引起注意(Attention)、成为粉丝(Fans)、消费行动(Action)、分享传播(Share)。IS 向 F 的转变减少了信息传播路径，使品牌方的营销活动成本及后续工作量减少很多，同时也实现了交易与营销渠道的融合。

图 3.11　AFAS 营销传播模式

1. 注意(Attention)

明星最容易引起消费者的关注，首先明星作为公众人物，本身就活跃在大众视野中，他们的一举一动都代表了现下潮流趋势。企业与明星进行沟通合作，一方面明星能够为企业带来其本身具有的巨大流量，另一方面也有利于品牌构建知名度，走进时尚潮流中。所以企业选取明星的大范围联动能够增强产品或品牌的话题与讨论量，引起大范围公众的注意力。

2. 粉丝(Fans)

明星之所以有大范围的影响力，是因为他们作为粉丝的崇拜偶像，具有行为引导的作用，粉丝会通过购买明星代言的产品，以及举办周边活动等方式提升明星的商业价值，以支持偶像的事业。所以当企业选取明星代言品牌产品后，明星的巨大流量可直接转换为品牌产品的流量，为企业带来大量盈利空间。

3. 行动(Action)

粉丝为了表达对明星的喜爱与支持，通过团体渠道如粉丝后援会和个人渠道等多种方式成批量地购买产品，故在粉丝经济效应下，AISAS 中的引起兴趣和搜寻信息环节直接被忽略，这种购买产品的行为不是因为个人需求导致的，而是来源于当代年轻人对明星的情感支持。

4. 分享(Share)

当品牌方享受明星带来的流量变现效果后，也应多多对粉丝加以引导与分流，将他们对明星的兴趣转移到产品或品牌身上，借此效应加强企业与大众之间的情感联系，而不是使消费者过度关注明星而忽视品牌自身的信息。值得注意的是，企业在实施 AFAS 营销传播时，最后的一个分享环节至关重要，如果企业不能做到正确引导，这场营销终将变为明星的个人 Show，企业在花费大价钱支付合作费用的同时，无法为自己带来更高的利益价值，将会得不偿失。

明星拥有忠实的粉丝基础和流量吸引力，在有足够预算的大型营销活动中可以成为话题的引爆者，同时其营销成本和风险也较高。选择明星的重要价值之一是选择其背后的核心粉丝群，因为这个群体不仅是市场营销活动的主要受众，而且也是话题二次传播的主力军，当粉丝购买产品后，他们乐于根据自己的使用感受宣传产品信息与明星带货能力，进一步增强品牌曝光度，进而引起广大网民的注意，构成营销闭环。

五、SIA 模式

SIA 营销传播模式是在 AISAS 模式的基础上构建的以传播深度内容为目

标的 KOL 营销活动，即搜索(Search)、激发兴趣(Interest)、购买行动(Action)，
如图 3.12 所示。

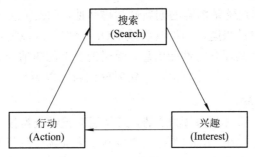

图 3.12　SIA 营销传播模式

KOL(Key Opinion Leader，关键意见领袖)营销不仅仅作为企业宣传信息的手段，还可以通过与消费者的深层次接触，了解消费诉求，将其传递给企业，同时根据消费者需求灵活性地宣传企业品牌的内在价值，使消费者产生情感认同，故 KOL 能够作为企业与消费者之间沟通的桥梁，既可以维护双方之间的关系，还可以使企业获得一定的利益回报。该利益回报并不是单纯指金钱方面的收益，还包括企业长久的品牌信誉、顾客认可度与顾客忠诚度等无形价值，这些都是企业在 KOL 身上的长期投资，从长远来看，会对消费者的购买决策产生潜移默化的影响。而传播品牌的深度内容，并准确击中消费者内心诉求，需要专注于垂直领域内容创作的 KOL 引领。当消费者选择某一类产品时，通过搜索该领域内具有专业影响力的头部 KOL 的观点与建议，进而形成对该类产品笼统的认识；当垂直领域内的 KOL 推荐这类产品的某品牌时，更容易引起消费者的兴趣。若此时垂直领域内中尾部 KOL 大多也推荐该品牌，则对消费者购买行为具有"推波助澜"的作用。

1. 搜索(Search)

在搜索环节，当消费者面对繁杂的信息潮流时，更倾向于自己搜索产品信息，以选取最符合个人需求的产品，这时，在搜索平台中展示的领域 KOL 对产品功能、性能的介绍将成为消费者参照的重要标准，企业通过与尾部 KOL进行合作，为产品或品牌进行大范围造势，当消费者搜寻信息时，营造出一种全民皆认可该品牌的效果，更容易获得消费者的信任，例如雅诗兰黛的营销效果达到了在网站上查询小棕瓶时，出现的是"唤醒肌肤、抗老防皱"效果的经典必买产品等信息。

2. 兴趣(Interest)

企业的营销内容是否能够直接传递给消费者,可以通过是否引起消费者兴趣来判定。企业通过营销内容的创新性与趣味性,触发消费者的深层次内心需求,激发起其浓厚的兴趣,通过与明星 KOL 合作,以视觉效果的美观和听觉效果的体现提供产品理念与性能信息,吸引消费者的热情与兴趣,并结合时事热点引发消费者的大量讨论,保证一定时间的目光停留。

3. 行动(Action)

在购买环节,随着购物节的造势,营销活动已经成为各大社交媒体平台的惯用手段,品牌通过在"618""双 11"等活动中大幅度降价促销,已引起消费者的购物快感,故企业在特定节日时通过与头部网红 KOL 合作,提供最大限度优惠,并通过网红 KOL 极具号召力的宣传与介绍实现流量变现,促进消费者购买行为。

这种从范围到口碑,根据多样化的营销需要,构建 KOL 投放策略,形成多维度深度推广的营销矩阵,将极大地促进产品销量及品牌知名度的提升。垂直类 KOL 适合传播深度内容,针对所属垂直领域进行理性诉求的营销。当目标用户想要购买某一类型产品时,通过搜索引擎可以看到该产品领域内垂直类 KOL 的品牌营销内容,进而对该产品产生兴趣,最终产生购买行为。

六、5A 模式

市场营销学领域随着社会经济的发展及不断丰富与完善,"营销学之父"菲利普·科特勒在以往营销传播模式的基础上,结合现今的营销管理与消费行为的特点,提出了 5A 营销传播模式,包含认知(Aware)、吸引(Appeal)、问询(Ask)、行动(Act)与倡导(Advocate)五个环节,如图 3.13 所示。在这个模式中,消费者不再是孤立的个体,企业应该了解消费者购买路径上的各个触点,将精力放在增强互动、改善渠道等方面,从而优化这些关键的触点并提高差异化程度,进而促进消费者购买行为的产生,实现营销管理的目标。

图 3.13　5A 模式

1. 认知(Aware)

认知是消费者接触产品或品牌的第一步,此时初步的认知已经建立,但这种认知并不具备任何情感依附，消费者更多的是被动地接受各种信息，比如过去的产品体验、营销互动、品牌推广和其他人的体验等。通俗地讲，此时消费者对于产品或品牌的印象处于"我知道"的阶段。

2．吸引(Appeal)

吸引的驱动力来自需求，当消费者对于产品或品牌有了基本的了解后，就开始做购买的筛选，如果此时发现产品或品牌满足了他们的某个需求或者激发了他们的兴趣点时，就会被品牌吸引或形成心仪的品牌清单。通俗地讲，此时消费者对于产品或品牌的印象处于"我喜欢"的阶段，因而拥有良好品牌定位与形象的企业往往能够受到更多的青睐，成为消费决策过程中的首选。

3．问询(Ask)

当消费者被产品或品牌吸引后，一旦对购买需求进行了初步的确认，消费者便会着手进行相关信息的搜索，对信息进行分析，并最终形成方案评价与购买决策。例如消费者可能会向客服咨询、在电商平台比价、在网上查询使用评价、到实体店试用体验产品等。由于消费者获取信息渠道的方式多种多样，所以企业必须在较为热门的渠道中留下自己的身影。

4．行动(Act)

当消费者了解了足够的信息后，会对产品或品牌进行分析，如果分析结果契合了消费者的购买动机，就会进入行动阶段，购买意图与购买意愿将会最终转化为相应的购买行为。

5．倡导(Advocate)

消费者购买产品后最理想的状态即拥护该产品或品牌，并通过使用、售后等一系列过程，对该品牌产生一定的好感度和忠诚度，进而通过社群内部的相互影响将这种好感信息扩散和放大，通过复购或者推荐给他人等形式宣传倡导该品牌。

七、SPREAD 模式

本书在现有营销传播模式的基础上，结合新媒体营销的特点，提出了SPREAD 营销传播模式及机理，如图 3.14 所示。SPREAD 在英语中即为传播的意思，点明了新媒体时代营销传播的关键所在。信息的爆炸式增长和技术的几何式发展，使得消费者越来越难以靠生活常识来实现满意的消费，需要通过系统学习或者外部专家来满足消费需求。此外，随着消费形态的升级，消费需求对具体产品的指向性越来越模糊，且呈现出愈发个性化、复杂化等特点。

SPREAD 模式流程的各个环节能够将新媒体情境下的营销传播体现得更加完整清晰。

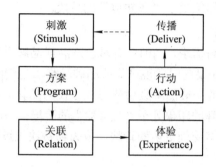

图 3.14　SPREAD 营销传播模式

1．刺激(Stimulus)

在营销情境下，外部环境的不断刺激会逐步内化为消费者的一种内心意念，进而促使消费者产生消费意愿，此时的意愿并非指向具体的产品，而是一种相对模糊的改善性和提升性的消费意愿。

2．方案(Program)

在消费意愿的驱动下，消费者需要寻找合适的解决方案以满足其意愿。这种解决方案并非单纯的某种产品或服务，而是能够满足消费者多样化、复杂化需求的包含一系列产品、内容、服务等的个性化整合方案。

3．关联(Relation)

面对不同的解决方案，消费者需要将其与个性化的消费场景进行关联，进而选定最适合的而非最优秀的解决方案，并且这个解决方案可能涉及一种或者多种品类的产品。

4．体验(Experience)

消费者在进行消费决策之前会经历一个选择、体验的过程。一方面，当消费者知识储备充分时，会直接选定具体品类、具体产品、具体品牌。另一方面，如果消费者处于消费学习的过程中，则会经历筛选方案、确定品类、选定产品、明确品牌等一系列的过程，并酌情开展各种形式的消费体验。首先，如果消费者对产品品类不了解，则会对不同品牌进行对比分析，之后若具备体验条件，则会进一步开展情景体验，若不具备体验条件，则会直接进行消费决策。其次，如果消费者对品牌具备一定程度的了解，则会直接开展相关的情景体验。

5. 行动(Action)

消费者在进行情景体验后，如果对品类不满意，则会重新寻找合适的解决方案；如果对产品不满意，则会重新对不同品牌进行对比分析，筛选出更符合需求的产品；如果对品类以及产品等都满意，则会进行消费决策，最终产生马上购买、延期购买、放弃购买等消费行为。

6. 传播(Deliver)

"社交"是新媒体时代最具代表性的特征之一，不同于传统营销时期仅仅满足于基本的消费需求，新媒体情境下的消费者更加注重社交需求，更加渴望获得认同感。因此，消费者会在进行消费抉择的过程中以及决策后，对整个决策过程中的体验、想法、观点等通过各种方式进行分享和传播。

新媒体营销情境下的购买过程会给消费者积累大量的经验，在新的场景刺激下，又会对消费者产生"内化于心、外化于行"的效果，推动消费和营销的新循环，实现新媒体营销的良性循环。

相比于现有的其它模式，SPREAD 模式存在以下创新之处：

第一，**以方案替代具体产品，更加关注个性化的消费需求**。新媒体时代消费需求愈发个性化、复杂化，仅仅是单纯的产品或服务已经无法满足人们的需求，在此引入"方案"，指企业为消费者所提供的包含产品、内容、服务等的一揽子计划，是专为目标消费者打造的个性化整合营销方案。

第二，**首次提出场景关联，有效预防企业营销近视症**。现如今仍然处于"顾客至上"的时代，企业在开展营销活动时关注为消费者提供不同的场景关联，不仅有利于增加企业的竞争优势，也有利于提升消费者的体验感受，帮助企业精准有效地满足消费者的个性化需求。

第三，**指出情景体验在未来营销中将发挥重要的作用**。在"体验式经济"时代，人们不再仅仅满足于消费购物需求，而是愈发注重消费过程中的个性化体验，这就提醒企业在开展营销活动时关注消费者体验，通过为消费者构建良好的消费氛围、打造舒适的购物体验，增强消费者满意度、忠诚度，从而提升企业竞争优势。

第四，**提醒企业要重视消费者分享传播的营销效果**。随着口碑营销、病毒式营销、裂变式营销、社群营销等营销模式的发展壮大，口碑的重要性逐渐彰显出来，企业需要有效利用消费者的意见反馈、分享传播等打造品牌优势，借助消费者在社群关系中的优势进行更为有效、更具信任力的宣传推广。

第五，**消费者购买决策过程与营销传播过程逐渐融合**。在新媒体营销情境下，互动交流、情景体验与分享传播相结合的消费过程有别于以往单纯的购买消费，购买决策过程逐渐与营销传播过程融合。

3.3　新媒体传播的作用影响

新媒体时代的到来必将对人们生活的方方面面带来影响，本节分别从媒介环境、市场经济、社会文化、政治体制四个方面探析新媒体传播所带来的影响。我们从微观层面探讨新媒体对媒介的影响，而新媒体对政治、经济、社会所带来的影响与变革我们将从宏观层面进行分析把握。

3.3.1　新媒体对媒介的影响

一、媒介种群格局

媒介种群是指位于信息传播或媒介食物链相同位置的具备相同功能的个体传播要素。随着时间、空间的变化，媒介种群也处于不断的变化之中，形成了不同的媒介种群格局。新媒体的诞生对传统媒体时代的媒介种群格局产生了巨大冲击，既促进了媒介种群多元化格局的形成，也推动了媒介种群一体化的发展趋势。

传统媒体时代，以报纸、杂志、广播、电视为主的传播媒体经过一系列的竞争与磨合形成了较为稳定的媒介种群格局，虽然种群内部在不断变化与发展，但其在一定时间范围内相对稳定，处于缓慢平稳的演进之中。而随着新媒体的出现，媒介种群迅速呈现多元化的发展态势，不仅诞生了依托网络技术、数字技术而产生的前所未有的新兴媒体，还增加了传统媒体经过数字化转型升级而产生的新型媒体，媒介种群变得更加活跃和不稳定，形成了多元化的格局。与此同时，新媒体的出现也推动了媒介种群趋向一体化，随着网络技术、数字技术和移动通信技术等众多新媒体技术的发展，不同媒介之间趋向融合，传统媒体与新媒体之间的界限逐渐被消解，呈现出一体化的发展态势。

二、媒介信息环境

"信息环境"这一概念由李普曼提出，是指媒介通过信息传播活动而塑造的环境。信息环境、客观世界(真实环境)、主观世界(人头脑中的环境)三者构成了媒介信息传播所连通的"三世界"，媒介通过信息传播塑造信息环境来反映客观世界的真实环境，受众通过接收媒介信息在头脑中形成"主观世界"从而认识、理解客观世界。新媒体的产生构建了新的信息传播方式和传播内容，改变了媒介系统的信息环境，主要包含以下几个方面：

首先，**新媒体改变了信息环境的构建主体**。新媒体背景下，传受双方之间的界限被打破，整个信息环境的构建主体呈现多元化的特点，信息流的方向、流量变得复杂多变且不易控制，同时消费者获取信息的路径存在差异性，因而使得信息环境成为各方共同影响的环境。

其次，**新媒体所承载的信息内容无结构化**。新媒体传播内容的碎片化、去中心化等特点使得信息环境呈现出无结构化的特征，人人都是信息发布者，且"弱把关"机制使得信息内容的质量良莠不齐，更易导致信息的无结构化。

最后，**新媒体使得信息定向传播**。新媒体"点对点"的传播方式以及个性化的定制内容，使得原本不定向的大众传播转变为根据消费者需求进行的定向、个性化传播，使得原本同质化的信息环境转变为异质化的信息环境，从而大大缩小了信息环境与消费者主观环境之间的距离。

3.3.2 新媒体对经济的影响

一、信息经济

人类经济模式发展的几个基本阶段当中，首当其冲的应该是农业经济。人类在古代主要利用物质资源，依靠自身的努力，创造社会生产力。近代社会人们利用资本和劳动力来制造动力工具，标志就是蒸汽机的产生，通过这样的工具，使得人的体力劳动得以解放，工业生产成为了可能，从而掀起了一场工业革命，建立了工业经济和工业社会。随着新媒体技术的出现，信息资源被提升到非常重要的战略高度上，掀起了一场信息革命，建立了信息经济和信息社会。信息经济是以现代信息技术为基础，以信息产业为主导，基于信息、知识、智力的一种新型经济。新媒体的出现让我们对信息的利用达到了一个新阶段，加快了信息经济的发展。

首先，新媒体的发展对信息的不完全性具有减弱的功能，使得信息相对完整。根据雅各布·马尔萨克(Jacob Marschak)提出的信息不完全理论可以得知，信息的不完全性是客观存在的事实，造成信息不完全的原因包括受制于信息的创造以及信息的传播渠道、数量和时滞性等。而新媒体的出现增强了信息的创造能力，拓展了更多的渠道，在信息的创造、处理、储存等方面新媒体能力卓越，能够减弱信息的不完全性。

其次，新媒体可以为人们提供自由发布信息和交流信息的平台，解决了信息占有优势者不愿传递而独占信息、垄断信息的问题，打破了信息不对称的现象，使得信息占有趋于均衡。

此外，新媒体在一定程度上也可以降低信息搜寻成本，依托信息技术和网络技术的新媒体降低了人们在获取信息时的成本，相比于传统媒体依托报纸、杂志、广播、电视等渠道搜寻信息，人们可以随时随地更加方便快捷地借助网络搜集感兴趣的信息，大大降低了信息搜集的成本。

二、关系经济

关系经济是指经济行为和交易在以利益为中心、以关系为纽带的经济体制下所形成的经济状态。在新媒体经济中，关系和关系产品的作用更加凸显，关系不仅成为内容连接服务的重要纽带，而且是连接社会资本并实现变现的关键所在。

新媒体的经济形态就是关系经济。新媒体经济是一种以互联网为基础，以关系传播为纽带，以关系产品和关系转换为核心并创造出新的商业模式的经济活动，也是一种新的经济形态。新媒体经济的运行取决于两个必要条件，一是要有关系产品，它是基于网络社会中的关系传播的；二是社会资本与金融资本的转换。在新媒体传播中，信息传播转变为关系传播；在新媒体产业中，关系传播又转变为关系经济。

"关系"与"传播"是一对共生概念，在传统媒体时代，"传播"关注的只是信息内容，却忽视了传播背后的"关系"价值。随着互联网的发展，尤其是移动互联网和社交媒体，我们进入了人人都能够成为媒体的"众媒时代"。不少媒体精英、意见领袖等内容创业者纷纷办起了自媒体，然而他们不一定能盈利，"单打独斗"很难成为能够生存和发展的真正媒体，于是他们开始寻找和依托媒介平台，而对于具有强大内容分发渠道和盈利能力的媒介平台也需要内容，因此双方一拍即合，新兴媒体纷纷建立了各自的自媒体平台，把有影响力的自媒体招至旗下，并形成了一种新的关系：自媒体专注内容生产，媒介平台负责内容运营，双方分工合作利益分享，形成一种推动新媒体运营的强关系，共同实现新媒体的商业价值。

三、网红经济

网红泛指在互联网上因现实生活或网络生活中的某件事或某个行为而引发众多网民关注的人或物。网红经济是以年轻貌美的时尚达人为形象代表，以红人的品味和眼光为主导，进行选款和视觉推广，在社交媒体上聚集人气，依托庞大的粉丝群体进行定向营销，从而将粉丝转化为购买力的一个过程。从人类社会经济发展类型来看，例如农业经济、工业经济和信息经济等，这些时代的社会经济主体都具有提供产品并完成价值交换的能力，其一般都是某一个时期或者某一个地区的主要产品的生产与交换方式。而网红经济尚不具有这样的基本特征，一方面其不生产产品，另一方面其更不能独立实现价值的交换，不能够被称为一种人类经济发展类型。网红经济本质上其实只是一种商业模式，是一种有目的性、有针对性的精准营销方式。

随着新媒体的不断发展，伴随而生的网红经济改变了很多行业的生态链，网红们借助移动互联网的优势，直接跳过传统的"造星培养"模式，以及漫长的培养时间，迅速碾压传统的成名与吸金机制。网红经济的核心是网红，是一种情感经济，消费者会把对网红和偶像的喜爱之情商品化，将情感转化为商品。

3.3.3 新媒体对社会的影响

一、社会网络

传播学家曼纽尔·卡斯特尔(Manuel Castells)指出"我们当前这样一个社会正在经历一场信息技术革命，重组着现代社会的方方面面，而根植于现代社会的网络，已经成为现代社会的普通技术范式，它使得我们的社会重新结构化，改变着我们的社会形态。"当网络技术以及新媒体技术出现之后，对社会结构有了深刻的影响，世界性网络迅速电子化，并且网络呈现全球化的态势，信息交换的数量、速度以及在社会中的重要程度，是以前任何一个时代无法比拟的，全球网络实现了真正的全球性。

二、社会思潮

当代社会，新媒体在社会思潮的产生与发展的过程中起到了重要的作用。相比于传统媒体，新媒体所具备的兼容性和草根性为不同社会思潮提供了思想碰撞的平台，改变了以往以主流意识形态为最高原则的特点，愈发火热的自媒体、社交媒体等为人们提供了表达自己观点的"发声"平台，在思想文化上逐渐"去中心化"，成为社会舆论的集散地和各种社会思潮产生与交流的平台。

三、阶级认同

社会的阶级认同是指公众对于自身阶级地位的一种想象、认知和评价。许多学者研究发现新媒体影响着阶级认同，新媒体作为物质基础，在某种程度上代表了社会成员在经济上的一种客观能力，新媒体可以提升人们的经济认同。例如手机等设备能够显著影响经济、文化和总体阶层认同。随着新媒体的基本普及，新媒体产品及其采纳它所带来的一种数字鸿沟，也能体现出不同社会阶层之间所存在的一种相对剥夺地位。另一方面，新媒体内容作为社会空间里的一种文化资本，具有转化成社会资本甚至是经济资本的能力，进而影响主观的经济认同。

四、知识沟

美国传播学者蒂奇纳(P. Tichenor)、多诺霍(G. Donohue)和奥里恩(C. Olien)在 1970 年发表的《大众传播流动和知识差别的增长》一文中提出了"知识沟假设"，认为随着大众传媒向社会传播的信息日益增多，处于不同社会经济地位的人获得媒介知识的速度是不同的，社会经济地位较高的人将比社会经济地位较低的人以更快的速度获取这类信息。因此，这两类人之间的知识差距将呈现扩大而非缩小之势。

新媒体的出现加剧了"知识沟"现象。一方面，有学者称互联网能够通过降低信息成本来减少不平等，增强低收入人群获取社会资本、参与职业竞争的能力，进而增加他们的人生机会。另一方面，也有学者认为技术所带来的最大利益将会归于社会经济地位比较高的人，因为他们更懂得如何利用他们的资源，更快更有效地利用互联网，这一趋势又会被更多的网络接入和更多的社会知识所进一步强化。

研究表明，在新媒体情境下，相比于刚接触互联网的"新手"用户，已经拥有一定熟练程度的"老手"用户获取信息的速度更快，获取的信息内容更丰富，从而加剧了"知识沟"现象。也就是说，相比于传统媒体用户之间的"知识沟"，依托互联网的新媒体平台上不同地位的用户之间的"知识沟"要更大，产生的负面影响也更多，代表了一种更加深层的社会不均衡和权力失衡。

3.3.4 新媒体对政治的影响

一、政治参与

许多学者认为随着新媒体技术的不断发展，公民的社会参与包括政治参与获得了更好的技术平台和更为宽松的政治氛围。历史经验告诉我们，当一个社会经济及政治发展到一定阶段，百姓的权利意识和自主意识觉醒以后，就开始了对个人参与社会事务的追求，而新媒体的出现为政府回应百姓需求提供了技术支持，促进了公民的社会参与。

今天的新媒体已经不是一个简单的意见表达、公民社会参与的渠道，它还可以变成一个瞬间动员社会力量甚至是社会实践和社会行动的推手。新媒体对社会民主开放的推进作用是值得鼓励的，但也要警惕和理性对待可能出现的问题。所以公民的社会参与需要理性，防止网络民意变成"开放的多数人的暴政"，并且政府应该对公民的网络社会参与加以正确引导和理性分析。

二、电子政务

电子政务是指国家机关在政务活动中，全面应用现代信息技术、网络技术以及办公自动化技术等进行办公、管理和为社会提供公共服务的一种全新的管理模式。广义电子政务的范畴，应包括所有国家机构在内；而狭义的电子政务主要包括直接承担管理国家公共事务、社会事务的各级行政机关。

由于国家对政务运用新媒体高度重视，推动了政务新媒体的快速发展。2011 年我国开始出现"政务微博"，微博逐渐成为政府机构进行信息公开和舆论引导的重要工具，为政府与群众提供了一个平等的沟通平台。2013 年国务院办公厅发布了《关于进一步加强政府信息公开 回应社会关切 提升政府公信力的意见》，提出要着力建设基于新媒体的政务信息发布和与公众互动交流的新渠道，着重强调政务微博、微信的重要地位和关键作用，将"政务微博、微信"作为与"政府新闻发言人制度""政府网站"并列的第三种政务公开途径。习近平同志在 2016 年的"2·19"讲话中指出，随着形势发展，党的新闻舆论工作必须增强针对性和实效性，适应分众化、差异化传播趋势，加快舆论引导新格局的主动构建，推动融合发展，主动借助新媒体的传播优势。

第 46 次《中国互联网络发展状况统计报告》显示，截至 2020 年 6 月，在线政务服务用户规模已达 7.73 亿，经过新浪平台认证的政务机构微博为 14.1 万个，中国 31 个省(区、市)已全部开通政务机构微博，使用政务新媒体办事已经成为中国老百姓的日常操作。与传统媒体相比，新媒体具有即时性、开放性、个性化、信息量大、全球传播成本低、检索与整合方便等特点，其本质特征是技术的数字化和传播的互动性。在传统的政务媒体中，公共信息是单向传播的，公众被动地接受信息，而在新媒体时代，政府与公众的互动日益加强。从政府门户网站到政务微博再到政务微信，进而发展到政务抖音，如今我国已经形成了全球最大的政务新媒体传播格局。政府通过新媒体塑造良好的形象，新媒体的运用使政府有机会与广大群众实现良好互动, 提高了政府在群众心目中的信任感和满意度。电子政务借助新媒体逐渐发挥出传统政务媒体所不可比拟的作用。政务新媒体是移动互联网时代党和政府联系群众、服务群众、凝聚群众的重要渠道, 是加快转变政府职能、建设服务型政府的重要手段, 是引导网上舆论、构建清朗网络空间的重要阵地, 是探索社会治理新模式、提高社会治理能力的重要途径, 是实践群众路线的网络体现。

【课后思考】

1. 相比于传统媒体时代, 新媒体时代信息传播过程中的各个要素都发生了哪些变化?

2. 请你结合 SPREAD 营销传播模式, 举一个例子具体说明新媒体时代的营销传播过程。

3. 近些年, 以新浪微博为代表的社会化新媒体平台愈发受到人们的青睐, 成为人们日常生活中休闲娱乐、了解时事、分享生活的主阵地, 新浪微博正在以其独特的信息传播优势发挥着巨大的媒介影响力。请你以新浪微博为例, 谈一谈新媒体传播对政治、经济和社会等方面产生了哪些影响。

第4章　新媒体时代的消费行为

　　新媒体时代满足了人们的诸多需求，如碎片化需求、互动性表达、个性化、体验感、娱乐等，对于消费者而言，新媒体无疑成为人们获取与创造信息的主要载体。新媒体的广泛应用在很大程度上影响了人们的消费方式，对消费者心理的了解和对消费者行为的分析，有助于企业更具针对性地制定相应的新媒体营销策略，本章将对新媒体时代的消费行为展开论述，分别从消费者行为与消费者决策两个方面深入探析新媒体语境下的消费行为，并针对新媒体时代几种经济形态背景下的消费者行为展开分析。

学习目标

> 理解新媒体时代消费者行为与决策的变化。
> 了解不同新媒体情境下的经济形态给消费者带来的影响。

 案例导读

"得到"APP：用户赋能的新媒体运营之道

　　新媒体时代，人们的消费需求愈发个性化、复杂化，生活水平的提升使得人们更加注重精神生活的富足，对于知识的需求逐渐增多，使得知识分享、知识变现成为新一轮创业风口，"知识付费"经济形态的出现给媒体运营带来了新的机遇与挑战。

　　2012 年 12 月，罗振宇创办的"罗辑思维"微信公众号开通运营，账号每天推送一段罗振宇本人的 60 秒语音，分享其生活感悟。此后，"罗辑思维"团队开始了不断的摸索，开启社群运营模式。2015 年 11 月 18 日，"罗辑思维"旗下知识付费平台"得到"APP 上线，顺应了互联网时代碎片化、流动化、社会化的趋势，搭上了全民学习的热潮，"得到"不再满足于罗振宇一人的人格魅力与知识传播，而是接入多个生产方的内容，联合大 V 实现知识变现。经过不断的摸索，"得到"APP 提供的产品服务已基本成型。秉承"替别人读书"的宗旨，把知识变成快消品，满足当下年轻大众的求知欲。同时，与内容付费大卖场——"喜马拉雅"相比，"得到"深入内容孵化生产环节，严格把控每个内容产品的质量，保证每一个内容产品都是精品，以保证让用户有足够好的内容消费体验。

　　"得到"的成功离不开对于粉丝、社群的精准运营，更离不开其所秉承的"用户赋能"的营销理念。始终围绕着满足用户不同的心理需求，拓展新的产品与业务组合，利用社区运营的用户参与，增加用户黏性。如学习小组、"得到"例会、勋章体系、毕业证书等，在知识获取的基础需求外，还满足了用户的社交与荣誉需求。

　　首先，**加强用户认同感**。在运营中时刻洞悉新消费时代消费者心理以及行为上更加注重"感知、体验与共鸣"的变化，尤其注重对魅力人格的打造与挖掘，让参与其中的成员们找到归属感，从而在群体中产生一种身份认同，这种身份认同是以罗振宇为中心逐渐产生的，出于对罗振宇这个人的认可和信任产生共同的身份认同。

　　其次，**提升用户参与度**。在"体验式经济"时代，"罗辑思维"意识到用户参与、双向互动的重要性，从早期的会员制、电商与媒体广告，到后期的大 V 知识传播，专栏订阅与大人课堂，"罗辑思维"一直致力于提供多样化的资源选择，满足不同人的阅读习惯。同时通过线上举办各种趣味横生的活动，线下会员们以多种形式进行互动，让用户有更多的机会参与到企业的运营过程，以此来增加用户黏性，提升用户参与度，进而借力口碑传播进一步扩大品牌影响力。

　　然后，**推动用户分享传播**。在社群经济时代，人们的社交需求逐渐凸显，"分享与传播"成为当代年轻人追捧的潮流。"罗辑思维"抓住"知识变现"的风口开始转型做"得到"APP，经过多次产品迭代，转型升级，联合大 V、公知把免费内容变成收费内容，让更多的人群利用碎片时间接触新的知识、新的资讯，满足用户多样化的知识学习需求。同时合理利用人们的社交需求，借助口碑传播的力量实现了产品在用户之间的裂变式传播。

可以说，"罗辑思维"与"得到"的成功，一定程度上得益于"一切以用户为中心"以及"用户赋能"的理念，能够深入洞悉新媒体时代消费者在消费过程中心理、行为与决策上的变化，从消费者视角出发，通过致力于打造满足知识消费需求的产品，提升用户体验，从而实现营销目标。

（资料来源：中国管理案例共享中心，杜晶晶、王晶晶著《"得到"APP：用户赋能的新媒体运营之道》）

4.1　新媒体时代的消费者行为

4.1.1　消费者行为的特征

消费者的购买行为是一个复杂的概念，传统理论认为，消费者的购买行为既包括商品购买中的选择、决策和实际的购买活动，同时也包括了购买前的信息搜寻、购买后的使用和评价等活动。菲利普·科特勒将消费者行为定义为"个人、群体、组织如何挑选、购买、使用和处置产品、服务、想法、体验来满足他们的需要和欲望的过程"。在新媒体时代，消费者的行为及生活方式正发生着深刻的变化：

第一，由传统的线下实体购物转变为线上网络购物；

第二，从标准产品到个性消费，消费者借助新媒体所提供的各种服务获取信息从而寻求满足自身需求的产品；

第三，购物周期缩短，冲动消费频率增加；

第四，购物地域变广，从生活区域周围到国内外所有电商所能到达的地方；

第五，消费者地位上升，话语权增强，与商家的交流增强，距离缩小。

以上这些变化都在一定程度上引导着消费者行为的变化，本书参考前人学者的观点总结出新媒体时代消费者所具备的以下几个特征。

一、需求个性化

新媒体时代下，海量的数据呈现在人们面前，传播媒介也与之俱增，信息的创造和传播不再受到时空限制，每个人都已成为传播内容的主体，整个社会进入大数据时代，在这种时代背景下消费者需求也呈现出个性化、碎片化的特征。相较传统媒体，新媒体打破了时空的限制，随时随地、随心所欲的购买方式增加了人们的个性化需求。

二、接触多样化

新媒体时代下，消费者接触媒体不再像传统媒体时代那样单一，而是逐渐走向多元化，人们在媒体接触的时间和方式上也发生了巨大变化，这是因为随着媒体和媒介工具的多样化，消费者在媒体工具的选择上拥有了更大的自主权，所以消费者在获取信息时已经不仅仅局限于某一个媒介形式，而是在不同的时空条件下随着场景的变化选择不同的媒介形式，例如当乘坐电梯时，消费者可以选择电梯内的视频广告来获取有用信息，而当乘坐公交车或地铁时，可以选择使用移动终端来获取需要的信息。

三、消费专业化

在传统的销售行业中，消费者做出购买决策与销售环境紧密相连，经常是在商品销售的现场"一时冲动"就做出了是否购买的决策，消费者行为存在一定程度的被误导的可能。但在新媒体时代，消费者不再需要考虑销售人员的感受及情绪，其行为很大程度上取决于自己在新媒体上获得的相关信息及评价。消费者通过对比分析增加其对产品的了解程度，提高了学习能力，增强了对信息的筛选能力，进而为理性地、专业地做出相应的购买决策提供了基础，即消费行为逐渐从"非专家型购买"向"专家型购买"转变。

四、忠诚度降低

在传统销售时代，品牌的知名度和美誉度主要取决于产品的质量和口碑，消费者一旦认定某个品牌，就很可能持续购买该品牌产品并成为该品牌忠诚的顾客，对品牌的依赖程度会越来越高。而在新媒体时代，消费者购物的渠道拓宽了，不再局限于身边少量的品牌产品。同时，人们追求个性化的需求，逐渐发展成为"以质量为前提，个性化定制为驱动，消费便捷化促生产"的良性循环，因而消费者对品牌的依赖程度逐渐下降已成趋势，取而代之的是不断尝试新奇、时尚的产品或服务。

五、追求便利性

新媒体时代消费者经常选择网络渠道购买商品，是因为网络购物可以免去他们到实体店的往返路途时间、排队结账时间，同时也能免除其在购物中所消耗的体能。新媒体消费简化了购物环节，节省了消费者的时间和精力。此外，消费者在新媒体环境中，除了能够满足实际的购物需求以外，还能得到许多相关信息，例如可以通过评论看到其他消费者使用产品的心得。他们还可以加入特定的社群，互相分享使用产品的心得，注重品牌的价值与影响力，提升消费者的品牌忠诚度，得到在各种传统商店没有的乐趣。

六、主动性增强

新媒体时代下，消费者注意力逐渐取代产品资源竞争，成为企业间竞争的关键要素，是一种稀缺资源。新媒体所提供的便利性使得消费者在信息获取方面更加主动，而不是像原来那样被动地接收推广信息。在主动性增强的同时，还有可能有意识地屏蔽某些干扰信息，对于产品的需求日渐个性化、复杂化，且愈发追求心理情感需求的满足，这就要求企业充分利用新媒体的优势，吸引消费者的注意力，更加高效快捷地建立与消费者相连接的接触点。

七、价值需求转移

菲利普·科特勒曾指出消费行为在先后经历了"量"与"质"的阶段后，必将随着市场经济的高度发展而进入"情感"消费阶段。在新媒体情境下，消费者的表达欲望更强烈，更加积极主动地表达诉求、获取信息以及互动交流，期望与相关各方产生共鸣，致使价值需求发生转移。消费者不再仅仅追求产品功能属性上的满足，而是希望以新媒体为载体的商业模式能够满足其内心深处的情感需求，实现价值共创。

4.1.2　消费者行为的类型

新媒体的出现为人们的日常生活带来了便利，使得消费方式多种多样。随着互联网、大数据、移动通信、人工智能等新媒体技术的发展，处于新媒体时代的人们的消费观念、生活方式、行为习惯发生了翻天覆地的变化，消费行为也有所不同，本书结合网络环境下消费者的特点，将新媒体时代的消费者类型按照消费习惯划分为简单型、体验型、新手型和议价型四种。

一、简单型

新媒体情境下，简单型的消费者追求方便、快捷的购物，这类消费者的消费需求比较明确，能够很清晰地认识到自己的购买需求，在通过新媒体渠道进行购物时往往有明确的目标，对于购买对象、购买数量、购买品牌等相关方面已经有了较为清晰明了的计划，因而消费过程不会花费过多时间。

二、体验型

体验型的消费者更加注重过程的享受与情感的满足，这类消费者能够熟练使用新媒体，且一般没有过多的消费需求，更多的是将新媒体作为社交、娱乐工具，借助互联网看视频、听音乐、读新闻、聊天交友等，对于新媒体的内容有很强的黏着性，而很少进行购物消费，且偏好内容消费，对于这类消费者而言，新媒体平台为其精神文化生活提供了载体与渠道。

三、新手型

刚刚接触新媒体的消费者属于新手型，这类消费者对于新媒体的使用经验与熟悉度往往不足，仅仅将其作为即时通信工具，用来满足基本的通信需求，很少在网上购物消费，热衷于传统的线下实体购物方式。在消费过程中，相比于网络品牌，新手型的消费者更倾向于生活中更为常见、更为知名的传统品牌。

四、议价型

议价型的消费者往往存在"求廉心理"，在消费过程中喜欢讨价还价、追求便宜的产品，存在购买物美价廉产品的强烈愿望。在消费过程中，与简单型消费者相比，这类消费者愿意在购物上花费更多时间与精力进行比较与挑选；与体验型消费者相比，这类消费者注重消费结果而非过程，更加关注产品价格要素；与新手型消费者相比，这类消费者对新媒体的使用度与熟练度往往要更高，他们经常通过新媒体进行网络购物。

4.1.3 消费者行为的动机分析

新媒体消费者的购买动机是指在新媒体环境下，能够促使消费者产生消费行为的某些内在动力，是消费者行为与消费者决策产生的前提。动机是一种内在的心理状态，不容易被直接观察到或被直接测量出来，但它可以根据人们的长期行为表现进行分析与归纳。对于企业而言，在新媒体营销过程中，只有足够了解消费者的购买动机，深入分析其产生的原因，才能有依据地说明和预测消费者的行为，进而采取更具针对性的营销措施。新媒体消费者的购买动机可以分为需求动机和心理动机两类，前者是指由于各种生理需求而引起的购买动机，后者则是指由于情感、意志等心理过程而引起的购买动机。

一、需求动机

消费者产生购买行为的根本原因是需求，尽管需求与刺激都是动机产生的条件，但需求是最基础的，所以，要探究消费者购买产品的原因以及如何进行购买，都必须从其需求出发。在传统营销情境中，马斯洛的需求层次理论被广泛引用，该理论认为人的需求是分层次的，分别为生理需求、安全需求、情感需求、自尊需求和自我实现需求。而在新媒体情境下，虽然这一理论能够解释新媒体时代网络市场中消费者的许多购买行为，但是虚拟社会与实体社会毕竟存在很大的差别，这种需求层次理论也面临着不断补充的要求。虚拟社会中人们联系的实质基础主要是其希望满足的三种基本需求，即兴趣、聚集和交流。

1. 兴趣

在现实社会中，每个人都有各自的兴趣。从心理学的角度讲，兴趣具有很大的动机成分，人们往往是因为兴趣而进行某些活动的，如果同时有几种可供人们选择的目标可以满足人们的需求，人们总是根据自己的兴趣决定被选择的对象。这种兴趣的产生，主要出自探索和猎奇的驱动力，而新媒体的出现给人们展示了一个前所未有的广阔世界，人们出于好奇的心理会通过新媒体渠道不断地获取信息，希望能够找出符合自己预想的结果。

2. 聚集

人类是群居动物，新媒体给具有相似经历的人们提供了聚集的机会，这种聚集不受时间和空间的限制，并形成富有意义的个人关系。通过新媒体而聚集起来的群体是一个极为民主性的群体，在这样一个群体中所有成员都是平等的，每个成员都有独立发表自己言论的权利，也有与别人争论的权利，这种宽松的社会气氛使得现实社会中经常处于紧张状态的人们渴望在新媒体中寻找到解脱。

3. 交流

聚集起来的人们自然产生一种交流的需求，随着互动交流频率的增加，其辐射范围不断扩大，能够吸引更多有着相同兴趣的成员聚集，形成了网络社区，成员们可以针对产品质量、功能、服务、价格等方面进行沟通与评价，交流心得与体会，从而影响消费行为。

二、心理动机

心理购买动机是指消费者由认识、情感、意志等心理过程而引起的购买商品的动机。它比需求动机要复杂得多，强调满足精神上的需求。心理动机主要包括以下三个方面：

1．情感动机

情感动机是由人的情绪和感情所引起的购买动机。这种购买动机可以分为两种形态：一种是低级形态的感情购买动机，它是由快乐、感激、喜欢、好奇等情绪而引起的，这种购买动机一般具有冲动性、不稳定性的特点。例如在网络上突然发现一本好书、一种好的游戏软件、一种新产品，人们很容易产生冲动性的情感购买动机。还有一种是高级形态的情感购买动机，它是由人们的道德感、美感、荣誉感、群体感等所引起的，具有较大的稳定性、深刻性的特点，比如为了友谊的需要而购买礼品，用于馈赠亲朋好友等。

2．理智动机

理智动机是建立在人们对产品客观认识的基础上，通过学习、运用知识及经验，经过分析、比较、思考之后产生的购买动机。新媒体消费者的购买动机是建立在人们对网络产品客观认识的基础之上的，而理智购买动机具有客观性、周密性和控制性的特点，对于产品先进性、科学性和质量高低的关注先于产品的经济性，这种购买动机的形成基本上受控于理智，而较少受到外界因素的影响。

3．惠顾动机

惠顾动机是指新媒体消费者基于感情和理智的经验，逐步建立起对特定产品或品牌的特殊的信任和偏好，使消费者重复地、习惯地前往购买商品的一种行为动机，它具有明确的经常性、习惯性特点。具有惠顾动机的消费者往往对于某个产品或品牌具有较高的忠诚度。

4.1.4 影响消费者行为的因素

影响消费者行为的因素有很多，除了消费者自身的心理与行为特征，还包括营销刺激、产品、价格、渠道、促销等营销相关的因素，以及经济、技术、社会文化等宏观因素，这些内部与外部的环境因素都会在无形中影响消费者的购买态度和偏好，进而影响消费者的决策过程以及购买行为。

在传统媒体时代，消费者的行为主要受到个人、社会、文化和心理四个方面的影响。首先，消费者的年龄、性别、收入水平、受教育程度等个人因素在一定程度上决定了其购买态度与偏好，从而影响其消费行为；其次，消费者在进行购买决策时往往会结合自身的社会角色与地位，并参考他人（如家庭成员、亲朋好友、明星、专家等)的想法和意见以降低决策中的潜在风险。然后，价值观、语言、伦理道德、风俗习惯等文化因素的不同也会影响消费者的信息收集和价值判断，进而影响其消费决策。最后，由于个体的心理各不相同，动机、知觉、态度、偏好等心理因素会从内部作用于消费者的决策过程，进而影响其消费行为。

伴随着新媒体的不断发展以及生活水平的不断提高，消费形态逐渐升级，消费者行为在一定程度上也发生了改变，除了传统情境下的影响因素之外，也增加了一些适应于新媒体情境的影响因素。

一、产品新颖性

无论是传统环境还是新媒体环境，产品都是影响消费者购买行为最关键的要素，是消费者决策过程中所关注的重点，产品的质量、外观、品牌、功能、效用等都会影响消费者的选择。在新媒体时代，新媒体平台的低准入门槛、高覆盖率、低营销成本、多用户数量等特点使得越来越多的企业加入市场竞争中，产品种类丰富多样，同质化日益严重，这又使得消费者在产品选择上掌握了主动权，且更具自主性，因而更能满足消费需求、更具竞争优势的产品则会吸引消费者的目光，赢得消费者的青睐。此外，新媒体环境下，青年群体成为主流消费者，消费需求愈发个性化、复杂化，追求时尚、独特、新颖是这类群体最重要的购买动机。

此种背景下，由于新媒体传播具备即时性、超时空、信息性等特点，企业能够借助大数据、云计算等新媒体技术跟踪最新的消费潮流和流行趋势，通过构建用户画像设计出有别于竞争品牌的更加新颖、更具特色、更能满足消费需求的产品，从而吸引消费者的注意，促进消费意愿的产生。

二、可利用时间

一方面，现代社会中人们的生活节奏逐渐加快，时间对于人们来说变得十分宝贵，人们用于外出购物的时间越来越少，忙碌的生活使得消费需求呈现碎片化的特征。另一方面，产品愈发多样化、交通出行愈发拥挤、购物场所日益扩大等原因延长了购物所需时间，提高了人们购物的时间成本。此种背景下，人们迫切需要更为方便、快捷的购物方式来满足碎片化的消费需求，而此时新媒体的不断涌现催生出了新兴的网络购物形式。借助新媒体的网络购物打破了时空的限制，使得消费者能够随时随地购物，大大省去了购物时间，给人们带来了极大便利，顺应了现代快节奏的生活，影响着人们进行网络购物的动机，例如当人们拥有较少的购物时间时，则会优先选择通过淘宝、京东等电子商务类新媒体工具进行网络购物。

三、网络熟练度

消费者对新媒体使用的熟练程度会影响其消费行为。对于刚刚接触新媒体的消费者来说，其认知还处于较低的水平，在操作使用上并不熟练，对于新媒体充满了好奇与兴趣，更多的是通过学习掌握相应的操作知识与技能。随着使用时间的增加与操作熟练度的提高，消费者的行为会出现分化：一些消费者会因为最初的神秘感与好奇心的消退而减少新媒体的使用时间，仅在必要的时候使用，形成固定的消费习惯；而另一些消费者对于新媒体充满了兴趣，仍然愿意花费许多时间使用新媒体，将网络虚拟社会看成现实社会的替代品，喜欢通过新媒体平台满足日常的学习、工作、娱乐、购物等需求。

四、支付安全性

新媒体情境下，支付的安全性是影响消费者进行消费决策的一个重要因素。传统消费模式下，一般选用现金付款的支付方式，"一手交钱一手交货"的付款方式在安全性上给予了人们较强的保障。而在新媒体营销过程中，基于网络的电子支付方式在给人们带来便利的同时也存在一定的交易风险，"先付款后送货"的付款方式使得消费者在支付安全性上存在担忧与顾虑，尽管网络安全技术的升级正在不断完善电子支付方式，在一定程度上降低了交易风险，但其仍然会影响消费者的消费决策，支付过程的安全可靠仍然是消费者决策过程中所考虑的因素之一。

五、意见领袖

新媒体时代，互联网的应用形成了强大的社会关系网络，随着关系经济、社群经济、网红经济的迅速崛起，各个群体之间的联系更加紧密，沟通方式更加多样化，互动交流更加方便快捷，使得意见领袖在消费者的购买行为中产生了重要影响。由于人们有着学习和模仿的天性，对自己信任或崇拜的群体或个人会产生极大的信赖感，因而意见领袖会在认知、情感、态度和价值观念等方面影响消费者的购买决策。例如他们可以利用自己的人气，通过网络直播、视频推广和文章推送等方式向消费者推荐某个产品或品牌，由于消费者自身对于意见领袖所持有的认可和信任，其自身的观点和态度会因此受到影响，并最终影响消费行为。2019 年"直播带货"浪潮来临，越来越多的企业借助新媒体平台，邀请网红、明星等意见领袖开展新媒体营销，在正式推出产品前先让他们试用产品，给予消费者相应的使用评价与体验，影响消费者的主观感受和购买行为，同时借助明星效应、网红效应达到较好的传播效果，从而对企业品牌传播、产品销售等起到巨大的推动作用。

六、口碑评价

新媒体情境下，一方面，网络的虚拟性使得消费者无法像线下实体购物那样通过触觉、嗅觉等感官亲身体验产品的相关信息；另一方面，随着电子商务的飞速发展，越来越多的企业借助新媒体渠道开展营销，市场上鱼龙混杂，产品竞争日趋激烈，同质化现象日渐严重，各种营销推广信息充斥在网络上，面对海量的信息，消费者很难做出准确、清晰的判断。在此背景下，消费者在进行消费决策的过程中更加依赖信赖真人的口碑评价，拥有好口碑的产品或品牌能够使消费者在一定程度上降低决策风险，对其形成好感度，促进消费意愿的产生。

七、服务水平

新媒体的互动特性是其最为显著的特征，新媒体时代区别于传统媒体时代最大的不同之处就在于它的高度互动性，互联网为人们在网上随时随地沟通交流提供了基础，也为企业开展更具人性化的营销提供了参考。新媒体时代的营销仍然秉承着"顾客至上"的理念，营销模式由原来的交易营销逐渐转变为关系营销。如何与顾客建立并维持良好的关系，更好地为顾客提供全方位细致周到的服务，使顾客满意是企业营销人员所关注的重点。

在"体验式经济"时代，消费者进行购买决策时不再仅仅局限于考察产品本身的功能效用，而是更加关注整个消费过程中的体验，企业的服务水平则是其中的重要因素。积极主动的售前咨询以及严谨负责的售后服务能够提升企业在消费者中的品牌形象，增强消费者的品牌忠诚度，促进购买行为的发生，甚至为重复性购买奠定基础。

4.2 新媒体时代的消费者决策

上面我们论述了新媒体时代消费者行为的特征、类型、影响因素以及购买动机，下面我们对消费者做出购买决策的整个过程展开分析，包含购买决策的类型与决策过程。

4.2.1　消费者决策的定义

消费者的购买决策过程是指消费者为了满足需求，在购买过程中进行的评价、选择、判断、决定等一系列活动。购买决策是消费者的购买行为中的核心环节，首先，决策与否决定了消费行为的发生与否；其次，决策内容决定了消费行为的方式、时间、地点等内容；然后，决策质量决定了消费行为的效用大小。消费者决策的具体内容主要包含以下几个方面：

一、购买原因(why)

这一方面的决策即权衡购买动机，解决"为什么要买"的问题。通过前面内容的分析可知消费者的购买动机具备多样性和差异性的特点，是驱动消费者开展购买行为的前提与基础。

二、购买目标(what)

这一方面的决策即确定购买对象，解决"买什么"的问题，是消费决策的核心问题。新媒体时代的购买对象不再局限于以往的产品或服务，还包括新兴的内容型、概念型虚拟产品等。

三、购买时间(when)

这一方面的决策即确定购买时间，解决"什么时候买"的问题。与主动购买动机的迫切性有关联，购买时间受到市场供应情况、个人消费观念、可支配时间等方面的影响。

四、购买地点(where)

这一方面的决策即确定购买地点，解决"在哪里买"的问题。在传统线下消费时代，消费者的购买地点由多种因素决定，这在很大程度上影响着消费者的决策。而在新媒体时代各种购买平台为消费者随时随地购买提供了可能，不再受到时空的限制，消费者在购买地点的选择上更加丰富。

五、购买方式(how)

这一方面的决策即确定购买方式，解决"如何买"的问题。互联网的发展催生了电子商务的出现，丰富了人们的购买方式，人们可以选择现金、电子支付、分期付款、团购、预购、代购等多种多样的支付与购买方式。

六、购买数量(amount)

这一方面的决策即确定购买数量，解决"买多少"的问题，购买数量的确定一般取决于实际需要、支付能力以及市场供应情况等。

4.2.2　消费者决策的类型

消费者决策的过程就是解决问题的过程，不同情形下的购买决策表现出不同的特点，有时复杂又费时，有时简单且省时。本书参考美国学者恩格尔(J. F. Engel)等人对消费者决策的分类，按照消费者的介入程度将消费者决策分为扩展型决策、有限型决策和习惯型决策三种类型。

一、扩展型决策

扩展型决策是一种较为复杂的购买决策，一般是在消费者介入程度较高、品牌间差异程度较大而且消费者有较多时间进行斟酌的情况下做出的购买决策，这种决策类型与传统决策观点最为接近。消费者在购买过程中会尽量搜集更多的信息，对每一个备选产品进行广泛而深入的调查，此时不仅会考虑一个品牌的属性，还会考察所选择的每一品牌的属性如何达到人们渴望得到的结果。

二、有限型决策

有限型决策指消费者对某一类产品或该领域的各种品牌有一定程度的了解，或者对产品和品牌的选择建立起了一些基本的评价标准，但还没有形成对某些特定品牌的偏好，因而还需要进一步搜集信息，以便在不同品牌之间做出较为理想和满意的选择。当消费者认为备选商品之间的差异不是很大、介入程度不是很高、解决需求问题的时间比较短时，消费者所面临的大多属于有限型决策。

三、习惯型决策

习惯型决策往往发生在购买的介入程度很低的情况下，是一种习惯性行为，很少或没有特意的思考。习惯型决策通常分为两种：品牌忠诚型决策和习惯型购买决策。品牌忠诚型决策是指对某个品牌产生了忠诚和信赖，人们对产品的介入程度高，而对购买的介入程度低，认定该品牌较其他品牌更能满足需求。习惯型决策指人们会重复购买某一品牌的产品，但当人们遇到更好的品牌，或竞争品牌的产品正在打折促销时，人们可能会选择其他品牌，即认为不同品牌间没有实质性差异。

4.2.3　消费者的决策过程

在新媒体情境下，消费者的需求与动机也发生了变化，消费行为特征也呈现出不同的特点，致使消费者的购买决策过程也有别于传统的五阶段购买决策过程，笔者提出了新媒体消费者的决策模型，把新媒体时代消费者的决策过程理解为如图 4.1 所示的几个阶段。

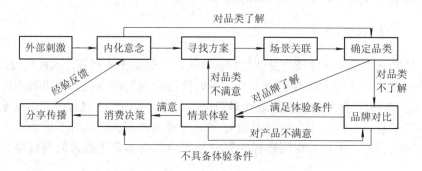

图 4.1　新媒体时代消费者的决策过程

一、外部刺激

消费者的决策过程是从意识到某个需要解决的问题开始的，即当消费者认识到现在的状态与某种期望或理想状态之间存在显著差异时，就会产生解决问题的冲动，消费者察觉到要改变现在的状况。而来自外部环境的刺激是导致消费者意识到问题的一部分诱因，例如营销场景的促销折扣等，使得当前产品无法满足消费者的需求或是消费者有了全新的需求。

二、内化意念

当刺激形成时，消费者的内心就会产生对于外部刺激的想法，进而内化为意念，转化为需求。如果消费者是因为接触到不同或者质量更好的产品而产生的刺激，此时购买的品类就会是清晰的，消费者可以直接确定品类并开展下一步的决策。然而大部分情况下消费者并不能确定自己想要购买的品类，此时就需要寻求合适的方案来确定品类。通常人们会从各个方面来寻求方案，包括从自身寻找方案、从外部环境寻找方案等。例如当人们想解决失眠的问题时，有的人就会从自身寻找解决方案，会思考自己是否会出现心理疾病而选择去看医生；有的人则从外部环境来寻找解决方案，会重新选择睡觉的环境包括床垫、灯光和是否有噪声等。

三、确定品类

在寻找到合适的解决方案后，消费者具备了一定的目的性，需要进行产品品类的选择。在寻找方案到确定品类的过程中，消费者会考虑诸多因素，这需要消费者搜集大量的信息，其中包括内部搜索和外部搜索。内部搜索是指人们根据以前的购买经验，对自己的记忆库进行扫描，进行判断确定品类。通常情况下，人们自身现有的知识不足以确定品类，因而就需要通过外部搜索来补充现有知识，即从广告、朋友或者是对他人的简单观察中获取信息。通过对内部和外部搜索获取的信息进行整合分析，消费者大都能够确定所要购买的品类。

四、品牌对比

由于市场上的产品存在多样性，每个品类下都有不同的竞争品牌，因而消费者在确定好品类后，需要进行品牌对比来选定所要购买的某个品牌。如果消费者对品牌足够了解，且具有消费惯性和品牌忠诚，对某一个品牌有强烈的积极态度，这时不用进行品牌对比就会产生对单一品牌的重复购买行为；如果消费者对品牌不够了解，则会根据自身所遵循的原则进行品牌对比。例如非补偿性决策规则，是指产品本身在属性上的优缺点无法互补，也就是说消费者在考虑消费对象目标时，产品在属性上的缺点或弱点无法由其他属性的优点来弥补。也就是说，只要备选品牌达不到某些基本标准，消费者就会将其否决；有的消费者会采用词典编辑式规则，类似编纂词典所采用的词条排序法，即消费者先将产品的各种属性按照自己所认为的重要性程度排列出顺序，然后按顺序比较不同品牌各种属性的优劣，不断汰劣存优，直至找出最优产品；还有的消费者会采用逐次排除式规则，在使用这个规则时人们同样是以最重要的属性来评估品牌，最后排除没有该属性的品牌；而有的消费者则要遵循联结原则，希望品牌满足所有设定的属性条件，一个条件不满足，这个品牌就被排除。

五、情景体验

当选定品牌后，如果该产品具有体验条件，消费者则会进行情景体验，包括感体体验和实体体验，感体体验就是线上体验，如今的 VR 技术能使消费者在视觉、嗅觉、触觉多感官对产品有所了解。实体体验则为消费者提供真实的产品体验，传播品牌文化，建立品牌与客户的良好联系。比如人们要购买床垫则会去商场体验下床垫的舒适度和质量等因素。否则，如果该产品不具有体验条件，则会直接进行购买决策。

六、购买决策

如果消费者对体验的感受满意则会做出购买的决策；如果消费者不满意则会考虑不满意的原因，如果是对品类不满意则消费者需要重新寻找方案，如果是对产品不满意则需要重新进行品牌对比选择满意的产品。

七、评价分享

消费者对所购买的产品进行使用后，会对产品产生相应的使用感受以及对售后服务等产生相应的评价，进而通过新媒体渠道进行评价反馈与分享传播，一方面会形成自身的消费经验影响消费者下一次的购买决策从而形成闭环，另一方面也会通过新媒体社交网络的传播影响其他消费者的购买决策。

4.3 不同情境下的消费者行为

互联网的不断革新以及新媒体的不断延伸与发展丰富了新媒体情境，催生出许多新的经济形态。而在不同的新媒体情境下，消费者行为也呈现出不同的特点，本书选取新媒体情境下几种主要的经济形态，分别对粉丝经济、社群经济、微商经济以及知识付费经济背景下消费者的行为特征展开分析。

4.3.1 粉丝经济对消费者行为的影响

随着娱乐业和传媒业的发展,"粉丝经济"作为一种新型经济形式迅速占据大量市场,有着无限的潜力。在新媒体时代,信息传递的方便快捷和社会化网络的条件支持使得网络成为粉丝经济的主要战场。明星、偶像、行业名人下的追星效应是不稳定且脆弱的,粉丝经济随着商业化的继续发展也从对名人明星的追捧逐渐转化为对企业产品的追捧,企业如何完成其自身的品牌化发展,借助粉丝建立起消费者的品牌忠诚度,在粉丝经济趋势下显得尤为重要。

一、粉丝经济下消费者的行为特征

普通的消费者更多的是看准产品的实用价值而对其使用功能进行单纯的消费,其消费行为受多种因素影响,与产品之间并未产生情感关联。而粉丝经济下的消费者具有丰富的情感内涵,消费行为侧重于表达非理性的忠诚。粉丝因为对产品以及品牌产生了迷恋情感,所以在消费行为中对产品的热爱和消费投入程度更高。粉丝消费者的具体消费行为具有以下三个特征:

1. 地毯式搜集

粉丝消费者会持续搜索关注有关喜爱对象的所有信息,以确保自己不会错过每一次新产品的消费机会。虽然普通消费者也会在消费前通过各种途径和渠道对产品进行信息搜集,进行一系列复杂的评价、比较和选择,达到风险规避的效果,但粉丝消费者的信息搜集目的不再仅仅是为了规避每一次消费的风险,而是来规避错过每一次能够消费品牌机会的风险,所以粉丝消费者搜集信息的种类和数量都不同于普通消费者。

对粉丝消费者而言,需要大量的信息来刺激对品牌崇拜和忠诚的情绪,因此粉丝消费者会定期主动地开展地毯式搜寻来收集相关信息,目的在于维持或者增加对品牌的喜爱与崇拜之情,其中获取的大量产品信息能够激发他们下一次的消费行为,最后将购买该品牌产品的行为变成消费习惯。

2. 收藏式消费

收藏式消费是指粉丝消费者喜欢收集所喜爱品牌的不同系列产品或纪念品。收藏式消费行为是粉丝文化的重要组成部分,粉丝经济下消费行为的重心不在于获取少量的优质品,而在于尽可能积累更多的产品,即"不在精而在多"。基于粉丝身份对品牌本身以及周边相关产品的喜爱和忠诚,开始收藏式消费的典型案例就是小米品牌的"米粉",其消费更多的是出于对小米品牌的喜爱并从其品牌文化上找到一种自我认可的满足感，而且他们再次购买的意愿非常强烈，不断购买小米的最新产品或周边，其购买速度与品牌更新产品速度几乎保持一致。小米粉丝消费者被心理情感所影响，进而产生了收藏式的消费行为。

3. 聚集式消费

粉丝消费者在爆发自己的情感时，通常期待找到同伴以满足归属感和扩大身份认同感，通过建立粉丝讨论群或者俱乐部以便进行情感联系和信息沟通，如小米粉丝群。不同于一般粉丝社群的情感纽带，粉丝消费者的社群通过消费行为联结成共同体，这种"消费者共同体"能够为粉丝消费者构建一个平台，用来展示与他人的共同点和差别。从个体来看，粉丝消费者的消费行为是独立的；从社群角度来看，单个消费行为又能够因社会化网络的影响相互连接，通过社群内部的交流增强消费者获得的满足感和归属感，从而增加其对社群的依赖感，对后续粉丝情感消费产生影响。

二、粉丝经济下企业的发展对策

1. 打造引爆圈子的沟通元

社会化网络时代的核心是社交，社会化营销不是单纯地用社会化媒体进行营销，其核心是关系，而不是媒体。陈刚教授在《创意传播管理》一书中提出了"沟通元"的概念，指一种基于内容的文化单元，它凝聚了生活者最感兴趣的内容和最容易引起讨论和关注的话题，一旦投入数字生活空间，就会迅速引起关注，激发人们热烈的分享、讨论和参与。而在传播者和接收者的积极互动过程中，"沟通元"也在不断地丰富和再造。

"粉丝经济"是一种由情感或情绪而引发的经济类型，因而企业开展营销应从社交思维入手，打造有兴奋点、社交点、分享点的"沟通元"，让"沟通元"不断传播，引爆消费者的消费热情，通过触动粉丝情感上的共识达到粉丝主动参与营销的效果。

2. 构建粉丝社群

与个体经济不同，"粉丝经济"更像是一种圈子经济，一群对服务或品牌拥有共同兴趣和价值观的用户，基于情感的信任而形成的粉丝社群。粉丝经济的本质是一种粉丝社群，企业需要将注意力从个体粉丝转移到其背后强大的社群中，通过打造有传播力的"沟通元"，建立良好的沟通互动，将圈子整合到一起，通过提升消费者的体验感，促进口碑传播实现"以粉增粉"，最终形成裂变式传播。此外，企业还应注重粉丝社群的经营与维护，从满足粉丝需求到引导粉丝追求，基于粉丝的情感与价值认同打造品牌。

4.3.2　社群经济对消费者行为的影响

社会学家瑞格尔德于 1993 年提出了"虚拟社群"的概念，即通过互联网连接起来的、突破地域限制的人们彼此交流沟通、分享信息与知识，形成相近兴趣爱好和情感共鸣的特殊关系网络，互联网成为各种兴趣社群和粉丝社群的活跃地带。

随着移动互联网和新媒体的发展，网络打破了时间和空间的限制，人们开始在网络上找寻志同道合的朋友，这部分人因共同的兴趣爱好或价值观聚合在一起，形成了虚拟社群，目前社群主要存在于微博、微信等社交平台、垂直兴趣社区、电子商务等平台，具体表现为微信群、微信公众号、微博群、微博超级话题、企业官网讨论区等。广义的虚拟社群是指随着互联网的出现而实现的用户基于网络平台的聚合与交流，互联网是社群产生的基础，人和内容是社群形成、发展并产生商业价值的两个要素，信任感是社群长期健康发展的核心。在新的互联网环境下，社群成员之间可以突破时空的限制，构成新型的社交和商业关系，在此基础上企业开展营销活动时所面对的不再是单纯的消费个体，而是具有共同属性的群体。

在此背景下形成了一种新的经济形态——"社群经济"，有人称其为"改变中国未来的新经济模式"。它是指一群有共同兴趣、认知、价值观的用户依托网络平台聚团，在一起互动、交流、协作、感染，发生群蜂效应，对产品品牌本身产生反哺的价值关系，通过品牌与粉丝群体之间的"情感信任+价值反哺"的共同作用而形成的自运转、自循环的范围经济系统。在此系统中，产品与消费者之间不再是单纯功能上的连接，消费者更加在意附着在产品功能之上的诸如口碑、文化、魅力人格等灵魂性的东西，从而建立情感上的无缝信任。这种新型社群中的所有交易和互动行为，都是建立在价值认同的基础上的，价值观是社群的灵魂。在基于价值观的认同下，成员通过持续的交流互动建立身份认同和信任关系，随后交易行为方可发生。

在社群经济商业模式下，内容、社群、商业、品牌、资源价值是网络社群经济的五大要素，是网络社群经济的核心竞争力，在各方面的共同作用下，为网络社群经济赢得巨大市场空间。其中，内容提供流量入口，社群是流量沉淀的渠道，商业实现流量变现，品牌促进用户购买，资源价值增加社群的行业影响力。

一、社群经济下消费者的行为特征

1. 受他人意见的影响

社群经济依托的强关系网络为人们的互动交流提供了便利的平台，通过人际关系过滤掉冗余信息，使获取到的信息更有价值，但同时也使得人们不可避免地容易受到意见领袖、亲朋好友等的影响。社群中其他人对某产品或品牌的分享、互动、评价行为会影响消费者对产品的态度与看法，进而产生从众心理，出现相应的购买欲望。

2. 容易形成对品牌的忠诚

社群经济下的营销是基于社群成员相互之间的信任建立起来的，不同于普通消费者群体，其独立性强、流动性大、关系紧密。社群营销以成员间的关系为基点进行拓展，即使产品在不断变化，成员之间的关系也相对稳定，不会发生改变。稳固的社会关系使得用户黏性较高，一些群体拥有相似的品牌偏好，产品复购率相对较高，容易对某一固定的品牌或产品形成较高的忠诚度。

3. 拥有较强参与度

由于网络社区、社群平台建立了与用户沟通的渠道，企业能够将品牌的宣传下沉到用户的日常社交生活之中，并邀请用户参与其中，分享自己与品牌的故事、记录生活的点滴，提升了用户的参与感，使其在参与过程中形成了对品牌的信任感和忠诚度，在促进消费的同时也激发了用户推荐、安利(网络用语，意为强烈推荐他人购买)、种草(网络用语，意为诱人购买)、好物分享、晒单等行为。

二、社群经济下企业的发展对策

1. 打造产品型社群

新媒体时代，产品成为连接的中介，消费者因为对产品的认同和偏好而聚合成社群，好的产品将为企业带来可观的用户和粉丝群体。因而，企业在新媒体时代的生存方式就是打造产品型社群，通过优秀产品"圈粉"进而形成社群，通过社群的持续互动带动产品销售，产生价值变现。社群的出现在某种程度上实现了产品、用户及社群三者之间关系的再造，社群是用户的集合体，产品是社群成员的连接体，用户因为产品而聚集，通过互动形成社群。因而企业在开展社群运营时要以产品为基础，不仅要在产品设计上注重消费需求的变化，还要挖掘产品的故事性和话题性，形成营销效应，实现营销与产品的合一。

2．以用户为核心

社群是人们彼此关系的凝结，因而运营社群就是运营用户，就是经营用户彼此的关系。新媒体时代，用户成为企业重要的战略资产，企业之间的竞争已经由产品竞争上升为争夺用户资源的竞争。传统时代产品逻辑下的商业思维围绕着提升边际收益以获取更高的利润，而新媒体时代用户价值对企业愈发重要，先抢占用户资源，再思考商业变现，颠覆了传统的商业思维模式。因而，社群经济下的企业要注重建立长期稳定的用户关系，以平等、尊重的态度与消费者建立共同的核心价值观，注重发掘和培养社群核心成员，通过共享协作与用户达成伙伴式的信任关系。

3．提升用户参与度

营销 4.0 时代是参与化、合作化的时代，人们的消费理念从最初的功能性消费转变为品牌性消费，再到体验性消费，如今已经逐渐转变为参与性消费。消费者与消费者、消费者与企业之间彼此连接，消费者能够通过协同、扩散深度参与到企业的产品研发、营销传播过程中，消费需求从围绕产品本身的物化需求演变为基于产品的社会性需求，希望通过参与、协作、共享来获取更高层次的心理满足。社群经济下企业与消费者之间的关系由原来的单向价值传递转变为双向的价值协同，企业必须摒弃传统的以自我为中心的思维，让消费者参与到产品创新和品牌传播的各个环节，通过协同创新实现价值共创。

4.3.3 微商经济对消费者行为的影响

随着社群经济和社交媒体等新媒体的发展，传统的电商模式受到不断冲击，利用网络社交平台经营的微商应运而生并迅速崛起，呈现出多样化的发展趋势，其中尤以"微信"为媒介，以"朋友圈"为依托的销售模式最为盛行。2012 年，微信的朋友圈功能在短时间内得到众多移动通信终端用户的喜爱，配合微信公众平台功能，微信成为全国最为流行的交友通信平台之一。2013年，微信推出微信支付功能，为微商的诞生提供了基础。随后我国首批微商品牌出现，其后众多品牌追随，微商以迅猛之势占领商品交易市场的一席之地。

自诞生之日起，微商就凭借独特的优势开辟出一种新的电子商务模式。首先，相比于传统电商模式，微商往往通过朋友圈或小程序对特定目标群体进行宣传推广，人们能够第一时间收到相关推送；其次，由于微商多为私人运营，规模相对较小，因而能够为消费者的个性化需求提供更具针对性的解决方案；然后，线上购物与线下购物的不同之一在于线上购物缺少了线下购物的人情味儿，大多线上购物网站往往缺乏与消费者的交流，是消费者主导的自主购物，至多就是消费者主动咨询客服有关商品的信息。这样一来，消费者对店铺只有单纯的商品交换关系而缺乏情感支撑，对店铺的一些小失误容忍率较低。而微商往往会建立相关的社群与用户积极互动，使消费者对该店铺有人情关系上的联系，产生一种归属感，从而更倾向于购买该微商的产品。

一、微商经济下消费者的行为特征

1. 去平台化

基于新媒体平台的微商不仅脱离了线下店铺的传统平台，也避开了像淘宝、京东等综合型电商平台，使其在每个人的朋友圈中生存。淘宝与微商的区别在于，淘宝是基于商业而产生的关系，而微商是基于关系才有的商业。微商的特点就是以人为本，在朋友圈内开展各种信息分享互动，并产生各种社会化购买行为。

2. 去流量化

微商的真谛是从货到人、以人为中心、以关系为渠道、以微信为平台或者以其他社交软件为载体的一种行为。去流量化是指微商是做"人的关系"，是以人的信任为中心的。淘宝电商时代都在追求爆款，只要产品足够好，价格足够有吸引力，流量足够多，就能够制造爆品神话；但以微信为代表的移动互联网时代则是社交的时代，信任才是核心。

3. 去品牌化

新媒体时代，来自同类消费者、朋友和家人的介绍、推荐等信息比品牌和广告词对消费者的决策更有影响力，决策变得越来越理性，更难被营销人传递的信息所影响。这是因为在新媒体情境下，消费者能够更好地获取来自其他消费者的相关产品使用信息，更少地依赖企业或品牌传递的质量代替物，例如品牌、忠诚度、价格等因素，消费者开始更多地依赖其他信息源，如其他消费者的评价、专家的评价、消费者晒单等各类可以轻松获取的信息。当消费者开始依靠其他消费者对产品的点评以及其他信息来源时，品牌的感知质量和品牌忠诚度已不再那么重要。

二、微商经济下企业的发展对策

1. 沉淀用户，体验至上

微商最大的好处在于沉淀用户，实现分散的线上线下流量完全聚合。微商可以将多种渠道所接触的消费者通通汇聚起来，形成一个属于企业自己的大数据库，从而实现个性推荐、精准营销。参与性体验一直是移动互联网时代品牌发展的一个重要因素，消费者对于任何新老产品的接触都带有一定的戒备心理，而有效的参与性体验可以在消除这种戒备心理的同时，也给品牌及产品带来良好的口碑以及情感互动下的黏性。事实上，微信的原点是社交而非营销工具，这就决定了微商比传统电商更能精准地找到用户群，从而大幅提升企业服务和订单量。微商是基于社交的一种营销方式，有人的地方就可以裂变，但裂变不是随便成功的，需要先培养忠实用户，实现从 0 到 1，再进行裂变，实现从 1 到无穷大。

2．精准定位，有的放矢

成功的微商一般都有精准的客源，微商通过微信平台开展经营活动，这就注定其潜在的消费者是自身交际圈内的人，也就是说微商依托人际关系开展经营活动，人与人之间的关系是微商得以开展经营活动的核心。通过朋友的介绍、转发认识新朋友建立新关系，通过良好的人际关系获得信任，通过信任卖出商品。向朋友卖东西也限制了消费者的流动性和广泛性，迫使微商注重营造与消费者的深层关系，提升消费者的复购率。经过长期经营，微商也会以商品为中心，形成一个特定行业、特定商品的交际朋友圈。

3．互动营销，口碑至上

微商采用的是一种新型的社交营销模式，其重点就是互动营销。"信任"是微商开展营销活动的基础，相较于传统的电子商务，口碑的好坏对于微商而言是至关重要的影响因素。良好的口碑可以给其带来可观的销售额，而负面的口碑则会给其带来毁灭性的打击。

4.3.4　知识付费对消费者行为的影响

21 世纪以来，中国居民人均可支配收入快速增长，人们对于以吃、穿等基本生存需求为主的消费比例降低，发展型消费提高，对高质量的知识信息产生大量需求，以人力资本投资为主的教育、文化、娱乐新消费结构正在形成。在宏观环境的支持下，我国文化产业规模增速显著提升，伴随着视频网站会员制度、数字音乐专辑等内容付费产品的推出，市场受教育程度显著提高，网民逐步养成为优质互联网内容付费的习惯。在移动互联网和共享经济的影响下，知识内容逐渐开始被整合共享，新媒体的出现给予人们更多知识共享渠道，获取信息的渠道逐渐智能化、渐变化，知识付费的规模逐年增大，消费者的知识付费意愿也在不断增强，知识付费经济呈现出繁荣发展的局面。

随着生活水平的提高和社会经济的发展，消费者的行为习惯、观念心理在不断发生变化，越来越多的人选择通过知识付费提升个人能力和文化素养，丰富自己的精神文化生活，其原因主要有以下几点：

首先，相比于传统的线下学习，线上学习的费用更为优惠，学习成本更低；

其次，人们可以借助新媒体利用碎片化时间学习，不需要像线下学习那样耗费过多时间，投入的时间成本更低；

然后，依托新新媒体技术的知识付费学习拥有随时随地学习、反复观看等优势，消费者能够根据个人情况巩固学习内容，学习效果更明显；

最后，不断增加的工作压力和互联网的便利促使人们不断学习新的技能，不断丰富和提升自己，以期获得更好的收入与社会地位。

一、知识付费情境下消费者的行为特证

新媒体情境下进行知识付费的消费者类型大致有两种，一种是知识缺失且急于获取相关知识的消费群体，这类消费者会因自身对于某一方面的知识缺失而有方向、有针对性地获取和补充知识；另一种则是无方向性获取知识的围观群众，这类消费者属于大众引导型的围观群众，对于知识付费并没有明确的目的，可能是因为被部分知识付费产品的宣传效果打动或大众趋势所引导而感兴趣。与传统的教育培训行业相比，知识付费经济下的消费者行为具有以下特征：

1. 动机不同

在互联网海量的免费内容中，由于知识型产品存在付费门槛，因而其受众大多是较为关注相关领域、求知需求明确、愿意投入时间与金钱来高效获取相关内容的人群，主动性较强。

2. 内容不同

基于新媒体的知识付费行业向消费者输出的多为跨领域的基础知识与技能，将理论与实践相结合，覆盖领域广泛、学习门槛较低且无必然连续性，应用性相对较强。而从对产品内容的需求出发来看，知识付费经济下的消费者行为呈现出不同的特征：

(1) **追求专业化**。在知识付费行业发展前期，一些网红大 V、关键意见领袖发布的内容主要是凭借个人 IP 效应来吸引粉丝阅读或观看，但他们所创作的内容大多比较浅显，并没有形成专业的、有深度的内容体系。随着知识付费经济的发展，消费者愈发关注内容生产者的专业度，意味着知识付费内容不再是靠创作者的名气吸引流量，而是靠其扎实的专业度来赢得消费者买单。

(2) **追求个性化**。随着越来越多的内容生产者入局行业，知识付费市场内容不断积累，同质化现象越来越明显，呈现出大众化的特点。而知识付费经济下的主要消费群体为年轻人，拥有独特的价值观，不喜欢"随波逐流"，消费需求更加个性化、复杂化。

3. 形式不同

基于互联网的新媒体时代，知识和信息纷繁复杂，且快节奏的社会生活使得人们的日常生活呈现出碎片化特点，消费者经常利用碎片化时间获取信息。而在线知识付费产品以碎片化的形式向消费者交付体系化内容，整体互动性较强，也更重视交付形式为消费者带来的服务体验。

二、知识付费情境下企业的发展对策

1. 完善知识付费平台机制

新媒体时代，随着知识付费领域的不断发展，出现了越来越多的知识付费平台，如何对这些知识付费平台的优劣进行评价，成为未来影响消费者购买行为的重要路径。首先，需要建立起对知识生产者的筛选和评价标准，能够保证用户在知识付费时，对知识生产者有一定了解，这也是用户对知识付费平台产生消费信任的基本前提条件。然后，是对于知识产品的分类和推荐机制，在当前互联网中，海量的信息成为用户寻找知识内容的麻烦，而良好的知识产品分类和推荐机制，则决定了用户是否能够在短时间内寻找到合适的知识产品。另外，由于知识产品属于非标品，所以产品所面对的目标人群应当有更加明确的划分。

2. 垂直细化知识内容

在目前知识付费领域中，垂直细化已经成为知识付费领域前进的趋势。在以往的知识付费领域中，并没有对知识内容进行划分，这导致知识内容的便签分类不明确。不过目前各大知识付费平台都已经开始向专业化细分产品转化，在未来的发展中，各个知识领域都有着专业化知识平台，用户可以更加迅速地找到自身需要的知识产品。

3. 完善差异化定位

知识付费平台需要从多个方面完善品牌的差异化定位。首先，注重内容生产者的差异化，完善内部 KOL 孵化机制，在内部培养更多细分垂直领域的优质 KOL，使其完成从 UGC(用户原创内容)向 PGC(专家生产内容)层面的转变。其次，注重市场定位的差异化。目前知识付费的用户较为集中，多为一二线城市的年轻群体。要在日益激烈的市场竞争中争取优势，各平台需要进一步细分市场：对于基数大、互联网渗透率低的三四线城市人群，根据其独特的知识需求进行产品定位，实现下沉式发展；对于平台已有用户，通过兴趣爱好、心理特征、生活方式等进一步细分，维持已有用户群体的体量。然后，注重内容定位的差异化。在内容布局上，向少而优、小而精的方向转变。适度避开热门但泛滥的题材或在这些题材内探索新命题，集中力量培养自己的优势产品，使平台从"平面化"向垂直纵深方向发展。

4. 整合分享渠道

知识付费经济仍然需要借助新媒体传播中"口碑"的力量，整合信息分享渠道，借助口碑传播打造品牌。首先，利用丰富的媒介形式，提升用户主动分享内容的兴趣，借助用户的社交网络将产品信息扩散出去。然后，要在恰当的时间和地点推送恰当的内容信息。用户最常使用知识付费产品进行在线学习的时间是睡前、工作空闲间隙和通勤途中。其中睡前是使用频率最高的时间段，且人们身心趋于放松，可适度推荐文学、音乐、健康等格调轻松的内容；在通勤途中及工作间隙，人们会更关注专业领域的知识，可利用时间也更零碎，应推荐碎片化程度更高的专业知识。

【课 后 思 考】

1. 请从特征、动机和影响因素等方面谈一谈你对新媒体时代下消费者行为的理解。

2. 请你结合日常生活中进行购物消费的实际谈一谈你对新媒体时代消费者决策过程的理解。

3. 你认为当前愈发火热的"粉丝经济"会对消费者行为产生怎样的影响？请简要谈谈你的想法。

第5章　新媒体时代的营销工具

　　媒体要发挥其传播作用将传播内容传递给受众，必须借助相应的载体，选择合适的传播渠道。基于新媒体营销的顺利开展离不开营销工具的帮助，本章首先分析新媒体营销工具的产生、定义与分类，其次针对目前几种主流的新媒体营销工具展开论述，包括社群营销、直播营销、短视频营销、搜索引擎营销以及视频营销。

学习目标

> 理解新媒体营销工具的含义。

> 了解新媒体营销工具的分类。

> 分析几种目前主流的新媒体营销工具。

 案例导读

"越抖越 High"——抖音短视频的黑马之路

　　抖音短视频以"音乐"为切入点，推动短视频进入"抖"时代，并以其独特的产品调性和精准的产品定位，在短视频这块土地上策马奔腾，依靠精准的战略决策和商业化创新成为一匹行业黑马。抖音自成立伊始就有明确且清晰的产品定位——垂直音乐的短视频 UGC 产品，针对年轻人喜欢玩，渴望轻松自在地表达自己、展现自我的特性，将音乐作为切入点，打造一个"年轻人的音乐短视频社区"。在 2017 年 9 月 2 日举行的"抖音 iDOU 夜"年度狂欢嘉年华现场，抖音首次公布了其用户年龄分布：85%的抖音用户在 24 岁以下，主力达人和用户基本都是 95 后，甚至 00 后。

在竞争日趋激烈的今天，一款产品的成功，除了需要精准的定位之外，更离不开有效的营销推广。如今不再是"酒香不怕巷子深"的年代，产品的运营推广是拉动增长、维持市场活跃的必要手段，抖音也不例外。抖音于 2016 年 9 月上线，但其上线前 6 个月，一直处于无人问津的状态。直到 2017 年 3 月份，抖音的数据开始飙升，呈爆发式增长，总体趋势持续走高，其出色的数据背后离不开高效的运营模式。

第一，**借助明星效应**。2017 年 3 月 13 日，岳云鹏在自己坐拥上千万粉丝的微博上转发了一段带有"抖音"水印的视频：视频中主角"岳云云"长相与岳云鹏极为相似，模仿的表演也是惟妙惟肖，很多网友在评论里甚至认为他就是岳云鹏本人。这条微博引发了 5000 多的转发量，15000 多的评论数，点赞量达到 8 万个，一下把抖音推进了公共视野中，引起了下载量的激增。岳云鹏的趣味性和抖音的目标用户非常贴切，这波成功的、低成本的零启动运营活动给抖音输送了部分带有趣味性的用户，也奠定了抖音的基调。自此，各路明星网红也纷纷跟进。如鹿晗在抖音上发布了两则 15 秒的新歌 MV 之后，两天内播放量近 2000 万次。胡彦斌以自己的新歌为背景音乐，发起了音乐短视频的挑战活动。抖音更是邀请 Angelababy 等众多流量明星入驻，充分利用明星效应和粉丝经济带动增长。事实证明，依靠明星造势和粉丝效应来赢得受众注意力是十分成功的。

第二，**整合多方资源**。抖音团队清醒地意识到，在依靠明星造势闯入大众视野后，必须不断扩大品牌影响力，因而开始大规模地进行线上与线下的宣传推广，在内容上提高 APP 影响力和传播广度的同时，也与知名媒体、门户网站乃至各类娱乐生活品牌进行合作，拓宽传播渠道，扩大影响面。例如抖音和网易云音乐开展了线上双向推广的互换资源合作，双方进行用户相互引导。此外，抖音先后在多地邀请抖音达人们举行了诸如"抖在成都""iDOU 夜"等一系列线下 Party；跨界联合摩拜单车、必胜客品牌，推出全球首款嘻哈主题的音乐共享单车、合作饮品"抖音必嗨杯"等。

第三，**制造爆点话题与事件**。抖音通过活动的强运营和新技术新功能的开发，有意地将挑战话题向时事热点上靠近，借热点的势将时下热点和短视频相结合，不断地激发用户的创作热情，为用户提供新的创作灵感，不断给用户带来新体验，不仅提升了用户黏性，也借助口碑的力量带来了用户的新增长。例如，站内有"拜个中国年""我来挑战冬奥会冰壶项目"等话题，都是年轻人有所了解并能尽情发挥的，话题的挑战也是动辄上万。

在新媒体时代，碎片化的阅读方式成为了人们获取信息的主要形式，催生出直播、短视频等新媒体。短小精悍、时间更短、内容更精炼、更注重传播有效性的短视频，很好地满足了用户利用碎片化时间的需求，逐渐成为人们追捧的对象。作为最具代表性的短视频新媒体，抖音的每一次营销活动，一次又一次地推动其走向全民使用的高潮，高效的营销手段不断推动着抖音快速成长。

（资料来源：中国管理案例共享中心，由王美云、冯楠和李敏强撰写的《"越抖越 High"——抖音短视频的黑马之路》）

5.1 新媒体营销工具的基本概念

5.1.1 新媒体营销工具的定义

通过第 1 章的论述我们可以了解到，随着信息技术的革新以及消费形态的变革，依托互联网技术发展起来的新媒体以其强交互性、低运营成本、高覆盖率、超时空传播、高营销效果等独特的优势逐渐在企业营销中崭露头角，相比于传统营销方式，越来越多的企业愈发青睐新媒体营销模式。而营销活动的顺利开展离不开营销工具的"加持"，在新媒体时代，只有为营销内容选择合适的营销推广渠道，才能保证推广信息能够精准地传递给目标用户，这是顺利开展营销活动的关键。换句话说，营销工具的正确选择在新媒体营销中起着至关重要的作用。

所谓"营销工具(Marketing Tools)"，是指营销主体为了实现或促进营销目标的实现而创造与应用的技术手段或方法体系。近些年，伴随着新媒体的不断更新与发展，借助新媒体工具而开展的新媒体营销逐渐吸引了人们的目光，新兴的新媒体营销工具催生了新的业态和商业模式，行之有效的新媒体营销工具不仅能够实现营销信息的生产、呈现、分发、传递，还能实现与用户的交互、反馈，营造有利的品牌环境，甚至能够进行智能化推荐。

随着移动互联网进入下半场，次级入口争夺升温，依托新媒体技术的各种社交媒体、垂直社区、音频播客、短视频、网络直播先后崛起，内容创作者的自由度和行业的繁荣度随之提升，纷纷将目光投向新媒体，借助新媒体营销工具开展营销，实现盈利。例如：自媒体创作者、网络大 V 等垂直 KOL 利用微信、微博、短视频等营销工具生产优质内容实现变现；传统电商接入抖音、快手、淘宝等短视频直播平台转型内容电商；线下实体店铺通过微博、微信等新媒体渠道线上圈粉引流，转型成社群电商，实现盈利增收等。关于新媒体营销工具的定义，本书将从广义与狭义两个方面分别阐述。

1. 狭义定义

狭义的新媒体营销工具，是指企业或个人将以数字技术、网络技术和移动通信技术等新媒体技术为依托的新兴媒体作为营销工具与手段，开展新媒体营销活动、实现营销目标。

2. 广义定义

广义的新媒体营销工具，是指一切有别于传统媒体工具的、以数字技术、网络技术和移动通信技术等新媒体技术为媒介，能够被广泛应用于企业市场营销的手段和方法，既包含新兴媒体营销工具，也包含由传统媒体经过数字化转型后的新型媒体营销工具。数字电视、移动车载电视、智能楼宇电视等新型电视媒体，虽然属于电视媒体，但由于信息技术的革新，进行数字化转型后具有新媒体的特点，也能够作为营销工具应用到新媒体营销过程中。数字电视能够融合全网信息内容，能够实现与用户互动点播；车载移动电视可随时根据场景的变换插播适合的广告内容、新闻资讯等；智能楼宇电视可以根据小区、写字楼的使用人群定位不同进行精准的信息推送。本书采用了更为宽泛的广义新媒体营销工具的研究视角。

5.1.2　新媒体营销工具的类型

由于目前国内外学者对于新媒体营销工具的分类并未形成一致的观点，且新媒体工具的技术更新快、应用场景不断迭代、表现形式多种多样，使得对其分类呈现出百花齐放的态势。

部分学者按照输出终端将新媒体营销工具划分为 PC 端、移动端和电视端三类，如学者宫承波在《新媒体概论》一书中将新媒体工具按形态划分为三大类，一是囊括了桌面互联网媒体和移动互联网媒体的网络媒体。二是依托数字技术和网络技术发展而成的互动性电视媒体。三是基本保持着传统媒体的单向传播特性，但提供了新型服务的新型媒体。李淮芝的《新媒体概论》将其划分为网络新媒体、手机新媒体和数字电视新媒体。网络新媒体是建立在互联网基础上的各种新媒体形式，包括各种网站、博客、网络电视、网络广播和网络报刊等。手机新媒体是以手机为接收终端的媒体形式，包括手机短信、手机报、手机电视、微信等。电视新媒体是建立在数字电视基础上的新媒体，包括数字电视、IPTV、移动电视和户外新媒体等。

随着移动互联网的发展和移动智能终端的普及，以及社会化媒体成为大众关注的焦点，新媒体营销工具层出不穷，因而仅仅从输出终端的角度显然无法更具兼容性、更具针对性地涵盖整个新媒体营销工具生态圈。本书以全新的视角，从新媒体营销工具自身所具备的功能特性出发，将其分为社交社群类、综合平台类、影音娱乐类、知识资讯类、搜索工具类和电子商务类六大类，如图5.1所示。

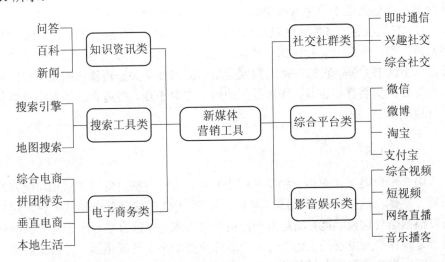

图 5.1　新媒体营销工具生态图

一、社交社群类

在"万物互联"时代，消费者的表现欲增强，社交需求成为新媒体用户最为关注的重点，社交社群类营销工具的出现恰恰满足了人们对于人际交往的渴望，为其提供了互动交流、倾诉心声、分享传播的平台。互联网平台天然地为人们的社交需求提供了高效低成本的平台，因此如何营销信息的传播平台以满足人们社会交往的需求，进而寻求裂变，是新媒体营销人员需要考虑的要素。社交社群类是新媒体营销工具的集大成者，处于社会化媒体生态的核心位置，强调借助强大的社交网络向具有相似价值观、消费方式、兴趣等的群体传递营销信息，开展营销活动，主要包括即时通信、综合社交、兴趣社区三类营销工具。

(1) **即时通信**。即时通信以微信、QQ 两大头部平台为代表，主要满足用户实时沟通、交流互动的基本社交需求，此外还包括商务社交应用如"钉钉""脉脉""领英"，以及私人交往应用如"陌陌""探探""Soul"等。

(2) **综合社交**。综合社交以新浪微博、微信朋友圈、QQ 空间为代表，主要满足用户进一步展现自我、认识他人的社交需求。在综合社交应用内部，微信朋友圈、QQ 空间是以即时通信工具为基础衍生出的社交服务，在社交关系上都偏重熟人社交，趋向于通过分享个人生活信息来促进朋友间的互动、增进彼此感情；而新浪微博则主要是基于社交关系来进行信息传播的公开平台，用户使用目的主要是了解新闻资讯和热点、兴趣信息，关注的内容相对公开化，社交关系上更侧重于陌生人社交。

(3) **兴趣社区**。兴趣社区包括综合兴趣社区如"百度贴吧""天涯论坛""兴趣部落"等，垂直细分社区如"豆瓣""虎扑""汽车之家"等，以及生活分享社区"小红书"等，它们在特定领域为用户提供社交关系连接，相比于即时通信与综合社交类营销工具，兴趣社区的用户相对小众，更适合于针对小众群体进行精准营销。

二、综合平台类

综合平台类是新媒体营销工具的主阵地，拥有完整的内容生态和功能特性的复合媒体，包括微信、微博、淘宝、京东、QQ 等多功能一站式平台，用户可以根据需要切换功能，满足多种应用场景需求。而综合平台所表现出的媒体融合是媒体格局发展的大趋势，其为品牌投放缩小了选择范围，营销覆盖面广的同时也提高了精准营销的难度。Kantar Media CIC 在 2019 年 7 月发布的《2019年中国社会化媒体生态概览白皮书》中将支持搜索、交友、通信、娱乐、游戏、购物及社交功能，且总用户数大于 5 亿的互联网平台定义为复合媒体。微信、QQ 实质是具有媒体属性的社交应用，基因仍是"社交+聊天"，强关系的熟人社交平台，用户主要通过圈子内的用户关系建立和维护社交关系。微博实质是具有社交属性的社会媒体平台，基因是"媒体内容"，是个重内容的陌生社交平台，用户从内容生产者处获取符合兴趣的信息。淘宝、京东是电子商务领域的巨量平台，以金融、购物服务为核心，衍生出淘宝直播、京东白条、菜鸟裹裹等功能，逐渐构建起强大的新媒体内容生态。

三、影音娱乐类

影音娱乐类营销工具占据了用户的碎片化时间，拥有较强的用户黏性和较长的在线时长，具体分为综合视频、短视频、网络直播、音频播客，其共同特点是各大平台重视创造和输出优质内容，保持客户的黏性，赚取流量，用户通过音视频内容获取自己需要的知识、资讯、娱乐、新鲜事等，并主动分享产生裂变效应，通过流量实现内容变现。作为新媒体营销工具衍生出来的流量入口，可以让用户将自以为有趣的内容快速分享，这些无思考门槛的生活化内容让用户在消费时感觉不到时间的流逝，同时自己又能感到"涨知识"的满足感，以及与朋友"分享资讯"获得的乐趣和认同感。

(1) **综合视频**。综合视频主要满足用户随时随地在线观看影视、综艺、资讯、娱乐、游戏等多元视频内容的需要，以及实时弹幕互动、吐槽的社交和情感需要，如优酷、爱奇艺、腾讯视频、bilibili 等网络视频应用。

(2) **短视频**。短视频的成功崛起不单在于将图文信息流转向更生动、更有感染力的短视频信息流，增强社交属性，高度保持用户黏性，更重要的是"UGC+智能算法+信息个性化分发"，基于对用户兴趣的分析，对用户进行精准内容推送。在给用户推荐内容的过程中，用户一些原本不明确的需求也会被激发出来。用户在信息流模式下对广告的容忍度较高。目前主流的短视频社交平台有抖音、快手、微视、秒拍、美拍、全民小视频等。

(3) **网络直播**。网络直播满足了用户对信息新鲜度的追求，任何人在任何时候，都可以通过直播平台直播自己的所见所闻，了解社会的实时动态。此外，直播是一种更能体现互动性的信息传播方式，比图片、视频媒体拥有更强的参与感和体验感。直播主要有三大主流阵线，第一阵线为垂直直播，如主打"颜值秀场"直播交友的 YY、腾讯 NOW 直播、一直播、花椒直播等。第二阵线为主打"电竞游戏"直播的斗鱼直播、虎牙直播、企鹅电竞直播等。第三阵线为主打"体育赛事"直播的 PP 体育、腾讯体育、咪咕视频等。2016 年以来，直播站上风口，社交社群、电子商务、短视频新媒体工具纷纷"跨界"搭上了直播的顺风车，典型代表有陌陌直播、微博直播、淘宝直播、京东直播、抖音直播以及快手直播等。

(4) **音频播客**。音频播客是指网络音乐和播客两种网络音频媒体。网络音乐包括网易云音乐、QQ 音乐、虾米音乐等，这类媒体拥有庞大的音乐爱好者用户量，音乐软件不断丰富内容体系，除音乐资源外，还包括音乐 MV、电台、泛娱乐直播等内容。播客以喜马拉雅 FM、蜻蜓 FM、荔枝 FM、企鹅 FM 等网络有声小说、相声电台为代表，以知识付费为主要商业模式。

四、知识资讯类

随着经济水平与国民素质的提升，知识付费产业迅速崛起，越来越多的用户产生了对在线学习、获取知识的需求，与这种知识型需求相匹配的知识资讯类新媒体相继诞生，专业用户以及知识型用户是知识资讯平台主要的内容生产者。知识资讯类营销工具包括问答社区、百科、网络新闻三类，其特点是专业生产者贡献高质量内容即 PGC 模式，用户普遍接受过良好的教育，渴望学习探索；拥有积极生活态度的用户群体，对知识的需求和认知也更为强烈。

(1) **问答社区**。以知乎为例，优质回答往往来自各个行业的意见领袖，或者在某一个行业有专攻知识的专家或者学者，长期在相应领域有很深入的从业经验。品牌通过在知乎发起问题或话题讨论寻求产品曝光，同时邀请相关专业人士或 CEO 发布深度回答，通过与消费者在问答社区的在线互动赢得消费者信任，塑造亲民的品牌形象，这对于企业品牌营销有较好的效果。

(2) **百科**。这里说的"百科"工具在我国主要是指百度百科、搜狗百科、360 百科等，以及垂直领域的 MBA 智库百科。例如百度百科截至 2020 年 3 月 2 日已有 16 647 645 个词条，其最核心的贡献者为蝌蚪团的 349 个"蝌蚪"，百科权威专家超过 2771 名，覆盖 13 个领域，审核近 20 万词条，打造了百度独有的知识内容帝国。百度百科作为最具影响力的中文知识平台，用知识的价值提升品牌的价值，通过知识的传播，离受众更进一步。

(3) **网络新闻**。网络新闻可以细分为腾讯新闻、网易新闻、搜狗新闻等互联网新闻媒体，今日头条、百度百家号、微信、微博等自媒体新闻媒体，以及人民日报、央视新闻等官方媒体平台。网络新闻的特点在于能够提供更多形式的信息内容，包括文字、图片、视频、VR 等，相比传统新闻媒体它不受时间和空间的限制，时效性更强。例如今日头条的内容推送机制是基于深度学习算法的个性化精准推荐，通过分析用户的浏览行为推送其感兴趣的新闻内容，可用于企业的营销广告推送中，不容易引起反感。

五、搜索工具类

搜索工具类营销工具从关键词到智能场景搜索，为消费者行为洞察与品牌产品曝光提供机会，其中以搜索引擎和地图搜索最具代表性。

(1) **搜索引擎**。在这个信息爆炸的数字时代，搜索引擎面临的困难主要来自两方面，一是对于用户来说，如何能在海量数据中准确搜索到自己所需要的那部分信息；二是对企业和内容生产商来说，如何在众多的营销信息中脱颖而出，实现产品和服务的推广。以往的解决方案是大量用户在关键词搜索过程中传达出商业需求，企业通过购买关键词来决定推广的受众。如今随着人工智能的广泛应用，百度逐渐构建起了完整的内容和生态，为用户和企业的需求和问题提供整套解决方案，包括品牌专区、关联推广、精准推广、社区营销、搜索推广等。百度生态内各个产品之间打通数据通道，整合各内容平台用户信息和使用习惯，搜索引擎新媒体营销工具正在实现信息从"被动传递"给用户到"智能推送"营销信息的基因变革。

(2) **地图搜索**。地图搜索以提供精准的位置曝光为核心卖点。随着移动互联网与消费者出行的深度融合，地图在驾驶场景中扮演着必不可少的角色。如百度地图、高德地图等地图搜索引擎成为人们寻找目的地、搜索旅游、餐饮、消费兴趣点的必备工具之一，对商家而言可以通过在各大地图上标注位置的方式为用户及时呈现有效的信息，并通过百度或其他平台得到传播和推广。互联网公司利用用户在使用其地图搜索产品时产生的海量的出行数据、车辆轨迹数据、位置定位数据、POI(Point of Interest，兴趣点)数据，进行大数据分析，进而可以实现面向用户的精准营销。未来智能驾驶、无人驾驶的发展也为地图搜索的营销应用提供了无限可能。

六、电子商务类

电子商务类营销工具融合新媒体打造了生活记录、内容导购、社交裂变多元化的新型线上零售平台，主要包含综合电商、拼团特卖、垂直电商、本地生活四类。

(1) **综合电商**。综合电商为主流网络购物平台，其特点是品牌商家众多，商品类目齐全，具有千万级以上的用户数量，且从供应链、仓储、物流、支付、售后服务到技术平台、内容生态、算法推荐全流程体系成熟，典型的有淘宝、京东、天猫。

(2) **拼团特卖**。此类电商以"品牌特惠"低价返利为卖点，用"社交拼团"裂变效应赚流量，凭借精准的市场细分定位迅速占据三四线城市的网络购物市场。其典型代表为拼多多、京喜、唯品会、淘宝特价版、一淘等。拼多多借助微信、QQ 等腾讯的社交平台，利用砍价免费拿、天天领现金进行"病毒营销"，借"社群经济"的东风，在网购用户中具有较高的知名度。

(3) **垂直电商**。垂直电商指专注某一行业或细分市场深化运营的电商平台，如专注年轻人生活笔记分享的小红书，专注二手交易置换的闲鱼、转转，专注海淘的网易考拉、天猫国际，专注母婴用品的贝贝，专注图书及其周边商品的当当等电商平台。垂直电商新媒体运营更注重产品内容精细化运营，如小红书进军电商行业的"生活笔记＋社交分享"策略，以明星生活、吃喝日常、好物分享为切入点，从时尚酷炫的穿搭秘籍，到人少景美的小众旅行地；从简单易学的爆款美食食谱,到口碑爆棚的全网好剧安利,打造年轻人的潮流生活社区,进而通过用户社区大数据,精挑年轻人最喜爱、最好用的热门商品。

(4) **本地生活**。本地生活指提供本地吃喝玩乐服务的 O2O 电子商务平台,主要包括大众点评、美团、口碑。本地生活新媒体营销工具拥有海量真实用户点评信息及客观的商户评分系统,商家更注重口碑营销,用户或网红的主动"推荐发现"板块通过"文字 +图片 +短视频"的信息形式来进行好物、美食、旅行打卡、新鲜事的分享和种草,无形中实现了营销信息的软植入,有时比商户评分更容易让人信服。

5.2 主流新媒体营销工具分析

在新媒体时代,一方面,不同新媒体营销工具的工作原理与功能特性存在一定差异性,使得其在应用中的侧重点也有所不同,各有所长;另一方面,消费需求愈发个性化与复杂化,这就要求运营者针对不同情形开展更具针对性的营销,因而企业在开展营销活动时会针对不同的情景与需要选取不同的营销工具。目前主流的新媒体营销工具包含社群营销、直播营销、短视频营销、视频营销与搜索引擎营销,本书将对以上五种营销工具进行分析与阐述。

5.2.1 社群营销

一、社群营销的定义

1. 社群与社群经济

随着移动互联网和新媒体时代的到来,网络打破了时间和空间的限制,人们开始在网络上找寻志同道合的朋友,这部分人因共同的兴趣爱好或价值观聚合在一起,形成了虚拟社群,也称网络社群。广义的网络社群是指随着互联网的出现而实现的用户基于网络平台的聚合与交流。正如定义中所指出的,"互联网的出现"是网络社群产生的基础,"人"和"内容"是网络社群形成、发展并产生商业价值的两个要素,社群长期健康发展的核心是"信任感"。在新的互联网环境下,社群成员之间可以突破时空的限制构成新型的社交和商业关系,在此基础上,企业在开展营销活动时面对的不再是单纯的消费个体,而是具有共同属性的群体。网络社群广泛存在于微博、微信等社交媒体平台、垂直兴趣社区等,大致可以分为八类:品牌型社群、工具型社群、产品型社群、知识型社群、兴趣型(社团型)社群、信仰型社群、公司型社群和泛社交型社群。

伴随着社群媒体的逐渐发展,"社群经济"应运而生,产品与消费者之间不再是单纯功能上的连接,消费者更加在意附着在产品功能之上的诸如口碑、文化、魅力人格等灵魂性的东西,从而建立情感上的无缝信任。这种新型社群中的所有交易和互动行为,都是建立在价值认同的基础上的,价值观是社群的灵魂。在基于价值观的认同下,成员通过持续的交流互动建立身份认同和信任关系,随后交易行为方可发生。在社群经济商业模式下,内容、社群、商业、品牌、资源价值是网络社群经济的五大要素。其中,"内容"提供流量入口,"社群"是流量沉淀的渠道,"商业"实现流量变现,"品牌"促进用户购买,"资源价值"增加社群的行业影响力,这五大要素是网络社群经济的核心竞争力。

2. 社群营销

在"社群经济"的经济环境下所产生的社群营销就是企业或者组织利用虚拟社群、兴趣社区连接用户,通过沟通和互动实现用户价值、通过产品或服务满足用户需求而产生的商业形态,主要通过用户裂变效应和口碑传播效应来达到营销目的。首先,社群成员需要具有"需求聚集"和"协同购买"的特点,社群成员可以借助社交平台与其他成员之间对购物信息、购物体验等方面进行深度交流,在互动沟通中转变成为某种产品的推荐者,而企业通过社群运营进行产品推广营销,以实现口碑效应。其次,社群营销仍然脱离不了营销的本质,即"产品或服务要满足消费者的需求"。

社群营销与社群经济在移动互联网时代的"井喷式"发展标志着社群在营销领域的重要地位。互联网时代早期的营销更多的是将媒介平台作为着眼点,结合大数据算法实现对广告或品牌的精准投放,但所谓的"精准"也在很大程度上存在偏差。社交媒体时期的传统品牌社群理论在新媒体大背景下发生了变异,以此为理念产生的品牌社群与产品社群依靠各种端口型媒介平台产生,给营销提供了新的思路。网络社群通过内容吸引并筛查用户,筛选下来的用户具有相似的认同体系,以及对社群内容的忠诚度。以此为基础搭建的社群通过体系的搭建和社群维护继续产出优质内容,形成良性发展,一旦这一内容产生循环,社群管理团队、社群成员、企业及消费者各方都可以根据自身需求和资源展开多种形式的合作。

未来品牌社群将会作为市场营销中维系用户感情的高效手段,情感性是社群经济较于传统经济的先天优势,情感连接是社群营销的基础。企业通过产品或品牌吸引并筛选强针对性用户，通过社群日常营销构建品牌共同愿景，实现用户在社群场景中的沉淀，达到从"用户"到"品牌社群成员"身份认同的转变，进而实现品牌营销及商业变现。从品牌角度讲，社群营销的认同感在一定程度上弱化了客户关系管理的功利性，使用户以"社群成员"的方式认同甚至参与品牌传播与维护。

二、社群营销的特点

(1) 社区基数庞大，内容形式丰富。

从桌面互联网时代的论坛贴吧、即时通信、博客、播客到移动互联网时代的微信、微博、淘宝、抖音，凡是有社交的地方即存在网络社群。社区社群类应用的新媒体核心地位，也离不开其海量的用户基础和庞大的社群规模。目前，包括无数私人社交朋友圈、微博开放平台、即时通讯软件的社群、公众号自媒体、直播社区在内的社会化媒体平台都积累了大量的常驻用户，社区社群以丰富的内容形式满足了用户娱乐、社交、知识等各方面的需要，相比其他媒体拥有更长的使用时长和打开频率。此外，用户每天在这些平台上产生海量的数据，也对大数据营销的发展起到了重要的助推作用。

(2) 用户互动频繁，信息高效传播。

运营商在社群内通过发布营销活动例如转发抽奖、送小礼品等形式来提高成员间的互动分享频率。在这个虚拟环境中，大家对彼此的身份、样貌、社会地位不再看重，相同的兴趣和价值观成为联系彼此的纽带。对于企业而言，社群成员对于某类产品或服务的诉求具有相似性，由于这种共性，在消费的过程中，成员之间自愿分享与产品相关的想法与体验，尤其是一些善于传播和表达的 KOL(Key Opinion Leader，关键意见领袖)能够更有力地传播信息，使得信息传播更加高效，其他成员受到从众心理的影响，可能会产生购买的倾向。

(3) 圈层文化聚合，实现精准营销。

网络社群是基于兴趣、价值观等聚合而成的，具有明显的圈层文化特征，圈层是拥有同样兴趣或者职业的人，圈层不是独立互斥的，不同的圈层之间存在重叠和包含的关系。基于对不同文化的认同，一个消费者可能同时存在于多个圈层之中。圈层文化下形成的社群可以很好地为企业的目标客户选择、触达、捕获缩小范围，企业通过挖掘品牌背后的潜在圈层文化，可以通过讲故事、做口碑等营销方式融入圈层之中，有利于目标客户的精准营销。圈层中的 KOL往往在品牌产品的推荐上有很强的影响力，容易获得圈层成员的信任和跟风，因此选择与品牌有交叉的圈层社群中的意见领袖，效果会好得多。

(4) 用户黏性较高，利于品牌忠诚。

社群营销是基于群成员相互之间的信任建立起来的，不同于普通电商面对的用户群体独立性强、流动性大，社群成员之间的关系相对紧密。社群营销以群成员的关系为基点来进行拓展，即使产品在不断变化，但成员之间的关系却相对稳定，不会发生改变。尤其是社群团购的模式，能够实现产品的线下交付，消费者能直接看到产品的质量，从而带来更为直观的体验。由此，社群营销中社群成员的黏性相对较高，复购率也相对较高。

(5) 用户参与感强，助力口碑营销。

在网络社区、社群平台建立与用户沟通的渠道，相比其他方式更加亲民，容忍度更高。企业可以将品牌的宣传推广下沉到用户的日常社交生活之中，发起公益品牌话题，邀请用户参与其中，分享自己与品牌的故事、记录生活的点滴，于无形之中培养用户对品牌的信任感和忠诚度。同时，优质的产品和良心的价格，往往更能在社群中积累口碑，激发用户的推荐、安利、种草、好物分享、晒单等行为，"强参与"的社群营销反过来又能够激励企业进行产品创新、优化服务，从而形成良性循环。

(6) 用户口碑传播，降低经营成本。

社群营销模式能够让"流量"变"留量"，通过社群把有效的流量运营起来，不仅能够降低引流成本，还能借助口碑的力量让用户成为产品或品牌的推广和销售渠道，有效降低企业营销成本，具体体现在促销成本、库存成本以及物流成本等方面。

首先，**社群营销能够减少企业的促销成本**。相对于其他电商模式，社群信息传播主要受惠于群成员的口碑效应，无需投入太多其他途径的广告宣传就能牢牢抓住消费者的心，大大减少商品的宣传费用。

其次，**社群营销能够降低库存成本**。社群营销通常会采用预售形式，商家根据消费者的需求偏好来备货，通过预售不仅能降低商家的库存成本，也能降低商品的损耗和资金的占用成本。

最后，**社群营销能够降低物流成本**。社群营销通常有面对面交付和配送两种方式，社群成员往往是朋友、家人等，居住距离近，所以通常会采用面对面交付的形式，或者采用到自提点自行提货形式，这种形式能够大大减少物流成本。即使是物流配送的形式，社群成员的分布也相对集中，距离近，在降低物流成本的同时也能够缩短配送时间，保证产品质量和新鲜度，从而大大提升用户的购物体验。

三、社群营销的类型

1. 微博营销

1) 微博营销的定义

微博即微型博客(Micro Blog)的简称，是一种通过关注机制分享简短实时信息的广播式社交网络平台，是一种基于用户关系进行信息的分享、传递、获取的平台。2010年微博如雨后春笋般迅速崛起，腾讯、新浪、网易、搜狐四大门户网站纷纷开设微博。

基于微博的微博营销是指企业或个人以微博作为营销工具，以交流互动或者发布话题的形式向目标用户传递信息、进行营销推广、树立产品和企业形象等一系列营销活动从而扩大品牌影响力，获得低成本、高传播的营销效果。关于微博营销的定义，周丽玲在《新媒体营销》一书中从营销主体、营销方式和营销功能三个维度对微博营销的概念展开了阐述。首先，微博营销的主体是企业和非营利组织。由于非营利组织的营销预算有限，在营销信息发布的投入上显然难以与企业匹敌，而成本低、易操作、精准高效的微博为非营利组织提供了合适的营销工具。其次，微博营销借助微博平台进行信息的即时传播、分享、互动等，微博的特点决定了微博营销的方式。然后，作为新媒体营销工具，微博营销具备各种各样的功能，如产品的宣传推广、客户关系管理、品牌形象的塑造等。

2) 微博营销的特点

微博作为典型的社交新媒体，除了新媒体所具备的普遍特点之外，在营销成本、互动交流、表现形式、传播效果等方面还拥有其独特的特点。

(1) **营销成本低**。微博平台为消费者提供了开放的免费服务，企业可以免费注册开通微博账号，轻松灵活地发布信息、发起活动、与粉丝互动，相比于传统的大众媒体如报纸、杂志、电视等，微博营销在前期成本投入以及后期维护方面的营销成本相对较低。

(2) **针对性强**。关注企业微博的用户大多是对其感兴趣的人，因而企业在发布其产品或服务的微博时，这些信息能够迅速及时地推送给粉丝，具有较强的针对性，营销传播效果较好。

(3) **交互性强**。企业与消费者能够通过微博进行实时的沟通交流，消费者能够实时便捷地接收到新发布的营销信息，企业运营者也能够及时有效地获取消费者的反馈。

(4) **表现形式灵活**。微博营销可以利用图文、视频等灵活多样的表现方式开展营销活动，一方面能够最大程度地激发用户的阅读兴趣，另一方面能够有效提高用户参与度，提升营销效果。

(5) **开放性**。微博是一个开放的平台，能够整合多种不同的媒体资源，为用户提供多元、多层次、多角度的扩展性，通过集成各种资源成为一个信息聚合平台。

(6) **传播迅速**。由于微博发布信息没有严格的审批限制，节省时间，传播速度快，因而可以及时快速地将营销信息传递给目标用户，用户可以"随时随地发现新鲜事"。

(7) **裂变式传播**。微博的开放共享性可以由粉丝进行多层次转发，通过病毒式传播拓宽营销信息的传播范围，体现出裂变式传播的特点。

3) **微博营销的类型**

微博营销主要有个人微博和企业微博两种营销模式。个人微博营销是指借助个人本身的知名度获取关注，借助粉丝流量达到营销传播的效果。这种模式更关注传播效果，如网红、大 V、明星、成功人士的微博营销等。而企业微博营销则是企业通过运营微博来增加知名度、树立品牌形象，开展营销活动。这种模式主要以盈利为目的，具有一定的功利性。

4) **微博营销的策略**

第一，**制造话题性**。企业在开展微博营销时需要时刻关注社会热点问题，利用微博自身的优势制造或借助热点话题吸引用户的关注与讨论或者将热点话题与营销活动有机结合，开展有针对性的营销活动来保持粉丝用户的兴趣与好奇。首先，企业可以利用已发生的社会热点问题或事件与企业微博内容结合，将热点问题与企业品牌历史、价值文化、员工事迹等结合起来，例如"苹果之父"乔布斯去世，李开复在微博上发布了关于乔布斯的个人看法，在缅怀前人的同时也宣传了自己。其次，企业可以"自身发力"，主动制造热门事件引起用户对品牌的关注，例如新品发布会、明星代言活动等，使营销活动与用户产生情感共鸣，在吸引用户注意力的同时，借助粉丝效应进行二次甚至多次传播，扩大传播范围，提升宣传推广的影响力。然后，企业也可以"借力发力"，借助网红效应、名人效应与网红、明星、专家等开展合作，将企业与相关领域的意见领袖联系在一起，提升品牌知名度和影响力，并培养和提升用户的忠诚度。

第二，**保证真实性**。企业在发布微博时需要保证内容的真实有效性，传播不实的信息对企业的声誉和形象存在负面影响，降低微博营销效果。微博作为目前主流的社交媒体平台之一，充斥着各种海量的信息，用户的注意力逐渐呈现疲软的态势，他们往往根据自己的第一印象或第一次的经验来判断进而决定关注或拉黑，因而企业在发布信息时要对所发布的信息负起责任，保证信息的真实有效，取得用户的信任，提升企业信誉，塑造良好的品牌形象。

第三，**提供优质内容**。在"信息大爆炸"时代，企业要想得到用户的持续关注，避免营销推广信息被淹没在海量的微博信息中，就需要不断输出有价值、有趣的内容以满足用户日益个性化、复杂化的需求。只有当用户被感兴趣的内容吸引到，才愿意积极转发扩散企业的营销推广信息，帮助企业提升曝光度和知名度。

第四，**实施精准定位**。企业在开展微博营销之前需要利用大数据技术收集并分析用户行为如浏览行为、上网习惯等，构建精准的用户画像并识别用户价值，以此为基础选择目标用户，开展具有针对性、个性化的营销活动。此外，企业还可以通过开展精准营销并借助口碑传播，利用活跃用户扩大营销传播范围，吸引潜在用户的关注，从而提升营销传播效果。

2. 微信营销

1) 微信营销的定义

微信是腾讯公司于 2011 年初推出的一款通过网络快速发送语音短信、视频、图片和文字，支持多人群聊的手机聊天软件。而微信营销是一种基于用户群落，借助微信平台开展的新媒体营销方式，通过微信平台与用户建立关系链，并借助移动互联网特有的功能传递营销信息、传达品牌理念，从而达到促进销售的目的。

2) 微信营销的特点

作为近些年新兴的新媒体营销工具，基于微信平台的微信营销愈发受到企业和消费者的青睐，相比于其他新媒体营销工具，微信营销具备以下特点：

(1) **信息到达率高**。即时通讯功能是微信最重要的特征之一，依托互联网数字技术使得微信营销能够保证每一条信息都被完整无误、实时地传递给用户，用户可以随时随地读取信息。

(2) **信息量大，精准推送**。微信公众号往往是由用户自行关注的，只有这些用户主动关注企业的微信公众平台后才能接收到它们的信息，而愿意进行关注的用户往往对于该品牌、产品或话题存在一定的好奇或兴趣，因此对于新媒体运营者而言这些用户就是老客户、新客户或者潜在用户，这种情境下基于微信平台开展的营销在信息推送上能够更加精准。

(3) **初期成本低，维系成本高**。相对于传统的电视、报纸等营销渠道，微信营销前期投入成本较低，但是当公众号粉丝数量扩大时，运营者需要投入大量的资源与用户沟通互动，不断制作出高质量的文案，因而要减少粉丝流失，维护的成本相对较高。

3) 微信营销的类型

(1) **基于 LBS 定位**。LBS(Location Based Service)定位营销指基于位置寻找目标用户，通过获取移动终端的位置信息，精准地推送营销信息。例如微信的"摇一摇"功能，用户能够通过"摇一摇"与商家进行互动，摇到商家提供的红包、优惠券等。

(2) **基于二维码**。二维码在微信营销中主要用来连接线上与线下，通过"扫一扫"功能，用户可以成为商家会员，获取产品、促销相关的信息。二维码打通了线上和线下的关键入口，在新媒体营销中得到了广泛应用。

(3) **基于朋友圈**。基于朋友圈的微信营销是指将营销推广信息让用户分享到其朋友圈，利用用户的社交网络进行营销，以一个用户为基点，利用强人际关系将营销信息渗透到其亲朋好友中，以滚雪球的形式提高营销传播效果。

(4) **基于公众平台**。基于公众平台的微信营销是指运营者借助自身的官方微信公众号向用户推送营销信息、与用户互动，从而实现营销目标。微信公众平台的推出使得微信营销更加细化，实现了信息的相互传递，运营者与用户之间的信息传播更加方便快捷。

4) 微信营销的策略

在"顾客至上"的今天，企业在制定微信营销策略时，需要以整合营销的观念，从推广渠道、产品内容以及用户体验三个方面着手，通过整合线上线下各种媒介渠道，全方位、多角度地增加品牌曝光度，提升用户对企业、产品或品牌的认知感，激发用户的兴趣；然后向其输出满足个性化需求的优质内容，提高顾客满意度；进而通过良好的服务与体验，进一步加强用户体验，从而提升顾客忠诚度。

(1) **整合多方资源，增加顾客认知度**。一方面，可以整合线上媒体资源，借助微博、社区论坛等社交新媒体平台进行宣传推广，例如将企业微信公众号二维码、宣传海报等相关信息通过微信公众号、微信朋友圈、QQ 群、微博话题等进行宣传，积极与粉丝用户互动交流，扩大营销信息的传播范围，增强产品或品牌的曝光度，提升顾客认知度，为企业宣传造势。另一方面，也可以整合线下媒体资源，借助户外海报、横幅、宣传页、报刊杂志等传统线下媒体渠道推广企业的微信公众号或营销活动，在线下设置线上引流入口，通过线下扫描二维码的方式将用户引流到线上，增强企业微信公众平台的关注度，加深用户对品牌的印象，从而提升顾客认知度。

(2) **打造优质内容，提高顾客满意度**。随着市场竞争的日趋激烈，越来越多的企业纷纷加入到新媒体营销的行列中来，而优质的内容输出是取得顾客满意、提升企业竞争力的核心所在，因而企业在开展微信营销时要时刻关注"价值提供"，即所提供的产品或内容能够为用户带来怎样的价值、是否能够满足用户需求。为了更好地满足消费需求，提高顾客满意度，企业需要提高内容的实用性、增加内容的独特性以及加强内容的热点性，突出企业微信公众平台的价值，以此增加用户的依赖感、满足感。

(3) **关注用户体验，提升顾客忠诚度**。在"体验式经济"时代，人们每天都要接收海量的信息，"碎片式"的生活方式使得人们相比于花费较多时间去理解消化接收到的信息，更习惯于快速准确地接收并反馈信息，因而用户体验在很大程度上决定了其消费行为。首先，企业可以借助微信平台丰富多样的表现形式向用户传递营销信息，如图片、文字、视频、语音等，在保证所传递信息精炼准确的同时增强其传播形式的多样性，吸引用户注意力，提高趣味性，使其感受到企业的用心，增强体验感。其次，企业要时刻注意信息的推送频率，避免出现"信息轰炸"的情况，这样很可能会适得其反。现代快节奏的生活已经使人们每天都面临着各种各样的生活压力，倘若在人们想要放松的时候不断推送营销信息，而且都是大同小异的无用信息，久而久之就会使用户感到负担，产生一定的负面情绪。因此，企业要时刻把握好宣传推广的"界限"，选择合适且令人舒适的推送频率，避免让用户产生不适的体验感。最后，企业还要加强与用户的互动交流，保持积极良好的服务意识，及时回复用户反馈的信息，细致、耐心且真诚地与用户沟通交流，让其感受到被关注、被重视，拉近与用户的距离，从而提升其对企业的忠诚度。

 微信营销案例

"锤子"科技的社群营销

一、坚定选择社群营销

"锤子"成立以来，一共进行了 8 轮融资，融资频率基本保持一年一次，加上成都市政府领投的 10 亿元人民币，合计获得融资约 17 亿元人民币。锤子科技考虑到整体的资金状况，在产品研发、生产成本等众多"烧钱"的必要环节之外，在营销上决定扬长避短，规避传统营销渠道上同小米、华为等强敌的正面战场，而是采用更具有针对性的社群营销的新模式进行产品营销。

二、创造亚文化，为构建社群营销模式提供核心驱动力

2012 年 4 月 8 日，罗永浩在微博上表示将注册公司并主攻国内手机行业。

随后不到一个月，在 2012 年 5 月 15 日，锤子科技(北京)有限公司正式成立，注册资本达 310 万元人民币。锤子科技的社群"公告板"上，明确地将企业文化定位为：工匠精神、创新精神、追求卓越和完美，正如其 IP 设计总监所言：让手机不再是一种工具，而是成为某种可以在手中把玩的"玩意儿"。在之后的几年里，这种文化逐渐衍生为一种溢品，除了锤子手机本身，其承载的某种文化或者情怀深深地吸引了一大批追随者，为锤子公司的社群营销奠定了基础并提供了源源不断的社群扩散力和驱动力。

三、利用多维社群工具，建立社群集

1. 建立线上交流社区

在过去，几乎所有产品都采用精英化管理模式，公司内部的精英团队闭门造车，将彼此不断磨合不断讨论最终所得出的"精英产品"推向市场。大面积的推广是会达到一定的产品宣传效果的，但由于目标人群定位不清必然会导致无效营销的增加，造成了资源的浪费。

锤子科技官方论坛给予了消费者一个自由参与的平台。在这里，消费者对现有产品的反馈将第一时间传达到企业，对新品的期待与看法能让每一个用户参与到公司产品的设计中来。这种做法伴随着新品推出的热潮给予了粉丝们巨大的精神价值，即参与感与荣耀感。

锤子科技通过在锤子科技官方论坛举办大量的活动让企业与用户从情感上更好地融为一体。"情怀贝壳设计大赛"通过用户参与设计新款产品手机壳，让每位参与其中的锤友都有着和公司共同成长的亲密感；"情怀软文征集活动""坚果手机优秀摄影作品征集"从不同的切入点对公司社群圈子进行细分，进一步拉近了企业与用户之间的关系，无形中提升了用户对品牌的忠诚度。而这样的忠诚度会产生十分强烈的传播效应，因为他们并非锤子公司的员工，也不是在刻意做广告，这种品牌传播方式的摩擦系数会非常低。锤子科技的每一个产品都充满了参与感的基因，锤粉可以在论坛上自由发声，锤粉与锤子之间互相促进。通过不同的活动内容，锤子科技聚集了不同兴趣点、不同年龄段、不同社会阶层的各种社群，并通过论坛等线上方式促进社群内及各社群间的交流。

从开发系统到品牌建立，锤子公司为粉丝带来的参与感给予了他们很大的精神价值。锤子用户中盲目崇拜者是很少数的，竞争激烈的电子行业也会淘汰这样的投机者，很多用户所需要的不仅是一个产品，更是一种精神，一种能与很多志同道合、拥有共同理想与追求的伙伴一路前行、互相促进的精神，锤子科技的线上社区为此提供了很好的平台。

2. 玩转社交网络平台

"网红"出道的罗永浩将自身的网络影响力传递给锤子科技这是毋庸置疑的。"英语老师、牛博网创始人、微博红人"等众多标签都使得罗永浩本身具有普通社群"意见领袖"所不可想象的人气。在锤子科技成立两年后，公司的官方微博粉丝达 15 万人，罗永浩本人的粉丝也超过了 600 万人，老罗将他的个人微博作为社群营销的主战场，向外辐射着锤子科技官方微博、锤子科技微信公众号等多个营销工具。

锤子科技在发布第一款手机后，以"成熟企业家"进行自我定位的罗永浩在微博上的表现与以往有所不同，意见为主的微博消息数量开始减少，代替的是转发消息数量的增多。而转发消息来源主要是"锤子科技官方微博""坚果手机""锤子科技微信公众号"等三个营销账号。罗永浩凭借自身庞大的粉丝群体为上述几个官方账号进行引流，进而提高了官方账号的粉丝数量。成功的引流直接引起锤子科技旗下多个营销工具的关注度增高，而由此引发的潜在价值则是，用户不自觉地关注了锤子科技包括罗永浩在内的多个营销账号，这使得锤子科技相关信息可以多次曝光，而多次曝光又可以引起用户的不自觉关注，进而在一定程度上使得用户对锤子科技有了更深的认知，多种营销工具的不断配合使用使得锤子科技的影响力不断扩大。

3. 线下活动增添社群活力

除了社区论坛以及线上的社交平台等社群营销工具，锤子科技也会定期举办线下活动来为社群注入新的活力。2016 年 12 月 12 日，锤子科技公布了与光合旅程联合举办的"走！锤子带你去日本体验工匠精神"的线下活动，这是锤子科技针对广大锤友发起的一项以探访日本匠人文化为主题的旅行活动。四位幸运的锤友可以获得前往日本的免费机票以及报销当地民宿、交通费等奖励项目。四天三夜的自由东京行让锤友们参与了至少六项具有代表性的匠人体验项目，其中包括三项工艺体验和三项美食体验。活动紧随锤子科技的匠人精神理念，通过线下活动的社群营销工具，不仅可以活跃社群成员，还可以通过活动的策划与实施来提高用户忠诚度。

(资料来源：中国管理案例共享中心，余海晴、车若琳著《"套现理想主义"的得与失——锤子科技社群营销策略》)

5.2.2　直播营销

一、直播营销的定义

新媒体时代是"流量为王"的时代，网络直播作为一种新兴的实时传播方式，自诞生以来就以其较强的传播性、娱乐性与互动性等特点使信息内容的衔接变得更流畅，传播更为广泛，能够让用户产生共鸣，成为众多新媒体时代信息传播方式中的一匹黑马，各大直播平台、直播 APP 如雨后春笋般出现，"吸粉快、流量快"成为直播的关键词。同时，网络直播低门槛和盈利多等特点，使得直播行业变成企业开拓营销的新渠道，成为网络营销市场的新风口。此外，随着社会整体水平的提升，经济高速发展的同时也给人们带来了不小的生活压力，越来越多的人认为观看直播可以在快节奏、紧张的工作状态结束后有效地排解压力，这样的使用感与满足感更进一步地推动了网络直播的发展。

随着网络直播的不断发展壮大，"直播+"的模式逐渐扩展到各个领域，其中直播与营销的组合被企业营销者迅速捕捉，直播营销应运而生。直播与营销能够"一拍即合"表现在以下两个方面：

第一，**直播与营销的核心都是"流量为王，顾客至上"**。直播能够为营销奠定市场基础，直播主要依靠网红、明星的人气带动流量或者以猎奇新颖的方式吸引用户注意从而带来流量，为营销活动的开展带来一定的市场基底，创造营销机会。

第二，**直播与营销都需要意见领袖的引导**。直播通过主播来进行推销，无论是网红、明星还是相关专业人士，都需要将企业的产品信息推广给用户，而营销也需要相应的营销人员。

直播营销真正兴起的原因是在网红经济、粉丝经济、注意力经济的大背景下，KOL、网红、明星现象级的直播带货能力，以及对于 B 端企业的品牌营销能力，还有娱乐直播平台的商业变现能力逐渐凸显。同时直播平台的实时互动性也是其他平台所不具备的，企业通过网络直播可以与用户进行在线互动，了解消费者诉求；可以借助网络红人宣传企业产品，做品牌推广；也可以借助明星、网红直播带货，实现产品促销。直播的即时性能让用户更加有参与感，品牌营销业主通过在直播平台投放广告，或通过主播的吸粉率和带货率，与用户互动以带动流量与销量，从而提高营销效果。

直播营销的定义分为狭义和广义两种：狭义的直播营销是指以视频直播为传播媒介，通过实时在线的互动，实现企业品牌推广或产品销量增长的营销模式。广义的直播营销不仅局限于直播过程中的商业宣传，还包括直播前策划、造势、直播发布、二次传播全流程商业化运作的相关方以及技术支持方。

二、直播营销的特点

直播营销的特点主要包括以下六个方面：

1. 覆盖率高且精准

在观看直播视频时，用户需要在一个特定的时间共同进入播放页面，但这其实是与互联网视频所倡导的"随时随地性"背道而驰的。但是，这种播出时间上的限制，也能够真正识别出并抓住这批具有忠诚度的精准目标人群。此外，网络直播要求用户在特定的时间进入直播室，这种行为是用户主动选择的结果。用户依靠自己的个人喜好来选择，所以它具有很高的准确度。它可以准确地识别目标用户忠诚度，并帮助品牌快速捕捉大量的高质量用户。

2. 用户有参与感与体验感

主播传递的内容很大程度上和用户的喜好与实时反馈有关，用户的主动互动成为直播营销深度参与的基础。直播满足了用户窥探未知生活的好奇心和猎奇心理，眼见为实的普遍心理使直播营销相较于其他营销形式更能在消费者中产生信任。主播通过直播传递的不只是信息，还可能是体验，用户足不出户即可获得参与感和体验感的直观分享。直播的形式决定了对用户时间和注意力的占用，独占的方式、实时互动形式，对用户的影响是实时的、直接的。与传统线下营销相比，线上直播营销的入侵性相对较低，用户在任何空间都可随时参与或退出。

3. 实时互动

相较传统媒体，互联网直播一个很大的优点是它能满足消费者多样化的需求。用户可以发弹幕、转发评论，或给主播送礼物进行互动交流。网络直播时的互动是真实、立体的，参与意识达到了极致，甚至可以使用舆论的力量来改变程序过程。网络直播营销突破了传统大众传媒的单向传播性，使实时双向互动传播成为可能。

4. 激发情感共鸣

在碎片化时代，在这个去中心化的语境下，人们在日常生活中的交集越来越少，尤其是情感层面的交流越来越浅。直播这种带有仪式感的内容播出形式，能让一批具有相同志趣的人聚集在一起，聚焦在共同的爱好上，情绪相互感染，达成情感气氛上的高度共鸣。

5. 营销转化率高

企业在进行营销前，会运用多平台宣传企业营销活动，新颖的营销方式兼具神秘感的营销噱头能够迅速在各个平台进行传播，吸引足够的关注量。在直播营销中，自带流量的网红、明星或是 KOL 都会为整个营销带来足够的流量。在消费者观看直播的过程中，对网红、明星的喜爱会促使他们积极参与互动，借助这种互动，他们不仅能获得与产品相关的知识，增加对产品的了解，也能在直播过程中了解企业的品牌文化与理念。商家再辅之以优惠券、红包等促销方式，就能促使消费者做出消费决策，下单购买，从而实现从流量到销量的转化，提高销售转化率。

6. 市场反应较快

新媒体时代背景下，小众化、个性化是当前消费主力 90 后群体的标签。90 后消费群体不会过于注重品牌，对新产品、新品牌具有较强的尝试心理与接受度。直播营销活动开始前，企业通过大数据等技术对于直播观看用户群体进行特征分析，制定出迎合这部分消费群体的直播营销策略，在观看直播过程中，结合用户与主播互动过程通过后台对营销数据点、营销走势变化等进行分析，获得消费者的偏好、需求以及当前营销方式存在的优势与劣势等信息。在直播结束之后，企业就可以根据销售数据分析消费者需求，进而及时做出市场反应。因此，在整个直播过程中，直播营销选择了准确的消费群体，制定了迎合其消费心理的营销策划，实现了精准营销的效果。

三、直播营销的类型

直播营销模式众多、优势各异，目前主流的直播营销模式主要有四种："直播+电商""直播+网红""直播+发布会""直播+社交"。

1. 直播+电商

"直播+电商"是指以直播为主要形式，主要依托电商平台所进行的直播营销，其主要目的在于促进产品销售，包括在电商平台镶嵌直播功能和以直播为主打的内容电商平台两种类型。

在电商平台镶嵌直播功能最具代表性的应用如天猫直播、淘宝直播等。电商平台在自身的平台中嵌入直播功能，将直播作为电商的"附属品"，先利用电商平台的流量带动直播流量，形成一定规模后再利用直播流量反哺电商，电商平台仍然掌握主动权，直播仅仅起到促进推动的作用。例如淘宝直播将商品的销售、店铺品牌的推广加上内容运营有机地结合在一起，将电商和直播有效衔接，使得与消费者互动的成本降低，推广渠道变得越来越广，店铺不论大小都能够拥有属于自己的一套淘宝直播方式，吸引更多的粉丝和消费者，提升店铺的成交转化率。

以直播为主打的内容电商平台致力于构建一个直播与电商平等、互利、共生的平台，给直播带来强烈的营销色彩，消费者在观看直播的时候就已经做好了会看到营销推广的心理准备，因而只要产品内容具备一定的推广价值，就不容易使消费者产生较强的排斥心理。

"直播+电商"营销案例

淘 宝 直 播

2017年3月30日晚，淘宝直播盛典在杭州香格里拉大酒店圆满落幕。这场直播盛典作为淘宝直播一年一度的内容生态盛典，引起了极大反响。直播盛典前7天的预热中，淘宝直播累计直播时长达57万小时，参与互动用户数74亿次，7天时间累计商品被访问5.7亿次，突破淘宝直播平台创立以来的历史新高，淘宝对直播营销模式多年的深耕初见成效。

目前淘宝直播大致分为淘宝明星直播、淘宝红人直播、淘宝草根直播。其中淘宝红人直播、淘宝草根直播对于中小店铺来说较为适用；淘宝红人直播是中小企业迅速推广产品最有效的方法，通过销售的提成和奖赏让红人推广产品，实现在短时间内促销的目的；但如果直播营销的效果足够好，淘宝草根直播将会成为中小企业未来发展的"利器"，因为草根直播成本较低，可控性与可塑性都比较强，经过打造草根可能成为"网红"。

淘宝直播定位于"消费类直播"，让用户"边看边买"，有效解决了网购一直以来的痛点："顾客对于产品信息匮乏"，用户缺少选购时的实际体验，比如买来的商品与卖家秀之间货不对版、存在色差、大小不一致等。而淘宝直播不仅能让用户直观地看到产品的各种细节，还能了解到主播的试用感受，比只看几张过度修饰的图片更加直观，容易产生购买欲望。通过直播向粉丝推荐好物、帮助他们解决生活中各个场景的问题，从而提升用户黏性与商品转化率。淘宝直播借着"直播+"的东风不断革新与完善，凭借其独特的优势愈发受到电商企业的青睐。

首先，淘宝直播凭借其自带的"交易属性"利用明星网红引流实现超高转化率。用户在打开直播之前实际上就已经具有一定的消费目的了，可能是对某个产品感兴趣，也可能是想先"逛逛"再决定是否购买商品。总之，这样的心理使得用户更加容易接受直播的商品推荐。此外，由于网红和明星具有非常优秀的引流能力，拥有用户的认可和喜爱，因而目前很多淘宝商家在做直播的时候都喜欢邀请明星代言参与，或者借助网络红人直播间来推广自己的产品。明星网红的引流效果惊人，容易成就超高的购买转化率。例如，美宝莲邀请明星

Angelababy 做客直播间，两小时内完成了 10000 只商品的销售。2018 年"双11"，薇娅直播间完成 3 亿元销售额；李佳琦直播间 5 分钟销售了 15000 只口红……利用明星和网红来刺激销售已经成为非常高效的营销推广手段。

其次，淘宝直播能够创造高效高质量的互动体验。相较于传统的电视直播，"电商+直播"的模式很好地解决了信息单向传播的问题。在直播的同时可以与消费者进行互动，即时解答消费者的问题、观察消费者的反应以调整直播内容。相较于传统的电商在线客服互动方式，直播间的互动会更加及时，并且比文字回复和纯音频回复更加直观、清晰和高效。此外，直播的信息传播不仅仅局限于主播的语言传播，还有直播间公告、商品链接等多种传播手段，提高了互动的质量和效率。

然后，淘宝直播能够提供更加真实的信息和体验。传统电商商家在购物界面提供产品照片时，所选用的模特形象好，并且用于拍摄的场景和灯光都经过精心布置。此外，后期照片还会进行修饰。买家拿到实物商品之后，很难再现商品卖家秀般的美感和效果，所以消费者对于商品的宣传信息会存在质疑。淘宝直播在一定程度上解决了这个问题，直播间都是实时播放，虽然灯光布景等经过布置，但无法进行后期修片，缩小了卖家秀和买家秀之间的差距，提高了商品信息的真实感。此外，通过主播的现场展示、示范等方式多方位地呈现产品，也会提供给消费者更真实的商品体验。

最后，淘宝直播能够营造良好的购买氛围。在淘宝直播间，如果有用户通过直播间进入商品链接，在其他用户的直播界面上就会显示"xxx 正在去买"，这在一定程度上会营造一种大家都在购买的气氛，对其他观看者造成影响。此外，主播在直播期间，会通过发放优惠券、限制购买数量等方式营造出一种供不应求的现象。这些情境因素都会激发用户的从众心理以及冲动购买行为。

（资料来源：沈燕，赵红梅．基于情境理论的消费者冲动性购买行为分析——以淘宝直播秒杀为例[J]．经营与管理，2018（08）:124-130.）

2. 直播+网红

"直播+网红"是利用网红、KOL、明星等的粉丝经济效应，通过粉丝打赏、广告变现、直播带货等方式实现商业价值。这些网络红人一般在微信、微博等社交平台，抖音、快手等短视频平台拥有一定的粉丝基础，其采用现场直播的方法不仅能够积累大量粉丝提高自己的知名度，借助多种渠道实现自身 IP 的商业价值，也能够为企业吸引流量、促销商品、推广品牌提供新的有效渠道。

"直播+网红"的营销模式打破了空间和时间的束缚，让用户产生身临其境的现场体验，即时性和互动性的特点能很好地激起用户的好奇心，调动用户的兴趣和互动积极性，企业可以根据消费者的喜好和建议，实时做出相应的广告调整，有利于企业将用户的观看行为转换为购买行为，且能直观地看出广告效果。网红直播营销拥有强大的话题创造能力，企业能够借助网红与用户进行实时的话题互动，让企业品牌的知名度和热度都很好地贴合用户的想法。在直播的过程中，由于网红的粉丝都是一批想法相似、兴趣爱好相近的人，大家在一起相互沟通互动，情绪相互感染，能够营造出良好的氛围，加强网红与用户感情沟通的深度。目前"直播+网红"的直播营销方式主要有以下四种。

(1) **秀场打赏模式**。这种模式主要利用消费者的好奇心和爱美之心，借助网红靓丽或者帅气的外表来吸引粉丝并获取支持。其盈利主要是通过"富豪粉丝"虚拟礼物的打赏来实现的。这种模式操作简单且容易复制，在直播的前中期会获得较大的利润。但现实操作中，有些商家无视中华传统文化道德观念和诚实守信的商业精神，打法律的擦边球，钻政策规章的空子，这样做不仅很容易受到制裁，发展空间也有限。

(2) **粉丝经济模式**。这种模式通过直播内容让粉丝能够更贴近主播，让原本遥不可及的人变得触手可及，让个体成为网红主播成长路上至关重要的一员，可以通过打赏虚拟礼物、直播评论互动、投票点赞等方式提高主播的知名度，从而积累大量流量和粉丝。这种模式有利于很好地引进平台的流量并且粉丝的忠诚度和热度高。

(3) **直播带货模式**。该模式是指网红、明星等 KOL 主播在网络平台上进行视频直播，吸引用户购买商品。主播实时展示商品和即时互动使得直播营销方式更具真实性和可信度，直播过程中跳出链接，容易使用户产生下单冲动。李佳琦，知名美妆主播，在淘宝直播被称为"口红一哥"，截至 2019 年 6 月全网粉丝已近 5000 万，随便一场直播观看人数都是 1000 万人起。该直播平台曾于 2018 年 9 月成功挑战"30 秒涂口红最多人数"的吉尼斯世界纪录，李佳琦成为涂口红的世界纪录保持者。在 2019 年 6 月 18 日"618 大促"期间，"口红一哥"李佳琦在直播中推荐了一款国货唇釉，仅仅 1 分钟该唇釉就卖断色，整场直播共卖出 15 万支唇釉，不愧为实力带货王。

(4) **内容创造模式**。该模式是指网红、明星等主播通过自创各式各样的直播内容来激励、吸引粉丝的关注和支持，聚集拥有某种共同兴趣爱好的人们，用户则作为主角在沉浸式体验中感知与互动。例如，美妆教程、电子竞技、演出实况转播等内容，不仅能够很好地吸引粉丝关注还能提升平台直播内容的多样性，满足各式各样的直播需求，从而产生大量的流量。根据用户的需求属性实现直播的精品化、专业化，通过提升直播内容的质量来吸引更多的用户群体。

3. 直播+发布会

"直播+发布会"的直播营销方式主要以企业宣传产品为目的，通过现场直播产品发布会的形式与消费者建立紧密联系，增加品牌曝光度并进行宣传推广。直播与产品发布会的结合是企业宣传自身品牌形象、提高产品销售量的良好方式。网络直播相对于企业现场推介产品而言，不受举办场地、预约时间以及可进场人数的限制，因而对产品的新品发布采取线上直播的方式不仅可以为企业节约租赁场地的开支，还可以在网上不限地点和时间、持续对产品的设计细节向消费者做全面而又细致的介绍。通过在众多社交新媒体网站发布直播信息宣传造势，可以整合多平台流量入口，充分利用社交媒体的优势，扩大事件影响力度，但也需注意要将重点放在"曝光"而非"成交"上，通过吸引流量塑造品牌形象，立足于企业的长远发展而非短期提高销量。例如小米手机新品发布就是小米公司通过直播方式宣传自身品牌的方法之一。

 "直播＋发布会"营销案例

CEO "雷布斯" 宣传小米产品

2016年5月10日，小米公司在召开2016年夏季新品发布会4个小时后，CEO雷军便在小米直播中与全球"米粉"再次相见了。雷军通过小米直播APP对粉丝们仔细讲解了小米新品，粉丝们对线下发布会中没有提及的新品细节，都可以在雷军的直播中留言提问。当天一共有8万多名网友观看了直播，虽然整场直播的粉丝数量与网红直播有些差距，但直播收益远远超过了网红直播。身价过亿的小米CEO可能并不在乎直播中所获得的"打赏"，其更在意的是产品的销售。作为品牌公司的CEO，雷军不仅用犀利的"饥饿营销"手段抓住了消费者的心理，而且用前瞻性的眼光追上了"直播+营销"的新营销时代。在直播的过程中，相比于线下发布会演讲式的模式，雷军采用更为口语化、更为亲密的互动方式与用户进行交谈，达到了企业CEO与终端客户"面对面"互动的效果，产生了极大的人气效应。2016年，小米公司借助直播的形式提升了其手机、无人机、电视等一系列电子产品的销售量，使2016年4月份才上市的小米直播成为最大的收益赢家，2016年5月小米直播平台的百度搜索指数达到了一个高峰。尽管小米直播并没有在"百播大战"中一路辉煌下去，但其确实对小米产品销售市场的拓宽起到了推动作用，让更多的人了解到小米在用户体验上所花费的精力。

最初，在市场对小米公司是否正在开发自己的无人机项目充满期待之时，雷军在小米公司自家的直播 APP 平台上揭开了小米生态链公司制造的小米无人机的面纱，在直播平台上吸引了多达 54 万人同时在线观看，引发了小米粉丝的激烈讨论，俘获了很多潜在用户的心，他们在直播过程中表现出了强烈的购买愿望。在雷军详细讲解小米无人机各个零件的细节，以及给网友亲自示范如何将各个零件组装成一台小米无人机的时候，虽然雷军在安装过程中出了一些差错，比如安装某个零件时并没有安装好导致第一次试飞无人机时并没有正常起飞，但这并没有引起观看直播的网友的非议，反而在直播的窗口不停地发布各种表情包开雷军的玩笑，使得整个线上直播充满欢乐。在整个直播的过程中，数以万计的网友得以细致了解小米无人机的各类设计细节。尤其在雷军宣布小米无人机的低配版价格仅为 2499 元，是市场上同等配置的大疆无人机价格的 1/3 时，更是引起了全场观看者的惊呼。

由此可见，小米公司在线上进行直播时，不仅省去了租赁场地的费用，规避了演讲时间受限的缺点，还通过详细的产品介绍进一步拉近了与潜在用户之间的距离。正是因为线上直播，小米才得以有充足的时间对产品的各类细节进行介绍，从而更好地增进潜在用户对公司产品的认同，更好地打开公司产品的市场。

（资料来源：景荣. 小米手机的新媒体营销策略研究[D]. 武汉：武汉工程大学，2018.）

4．直播+社交

"直播+社交"的直播营销方式是指将直播与微博、微信等新媒体社交平台融合，借助社交媒体的强大社会关系网络为直播带来更多流量，并通过直播的互动功能让用户进行沟通交流，以互动吸引流量，形成"深度社交"，进而实现直播"反哺"流量给社交媒体，使得直播与社交形成一个良性闭环。"直播+社交"的典型应用如一直播与微博的结合。一直播将微博作为流量入口，依靠其强大的流量在最初的"百播大战"中占据了有利地位；而微博作为社交媒体及时顺应趋势嵌入直播平台，在其自身流量的基础上通过一直播的流量"反哺"引入更多流量，曾经甚至借助一直播实现了第二次爆发，二者借助"直播+社交"的方式达成合作关系，实现了互利共赢。

四、直播营销的策略

网络直播凭借其独特的优势能够帮助企业有效推广产品，通过吸粉引流，展示更为生动真实的产品，提升用户体验，从而提高营销转化率。越来越多的企业纷纷加入"直播带货"的行列中来，但是开展直播营销需要合适的方向，盲目跟风往往会适得其反，因而企业需要制定与相关产品和品牌相匹配的营销策略，取得营销效果的最大化。

1. 坚持内容为王

新媒体时代营销的主动权已经从企业转移到消费者手中，加之直播的出现改变了信息传播方式，使传受双方的信息更加透明化，消费者对于内容的要求更为严格，因而各个信息传播渠道的竞争说到底还是围绕内容的竞争，"内容为王"仍是这个时代的"营销主旋律"。在这个"人人都是内容生产者"的时代，内容输出量增多的同时也导致了优质资源不足的问题，出现了抄袭、恶性竞争等直播乱象，因而企业在开展直播营销时要时刻关注对多元化优质内容的探索，立足于内容本身，持续性地为消费者寻找"爆点"，满足个性化的用户需求。优质的内容是企业与消费者之间的黏合剂，优质的内容和良好的用户体验能够使消费者对企业产生强烈的信任感。在此背景下，企业在保持"内容为王"理念的前提下，还要与消费者积极开展互动，了解消费者的想法，打造更符合消费需求的产品，将直播营销的优势与产品内容的优势结合，为消费者带来全新的体验，进而引导交易型消费，促进销售。

2. 进行精确定位

不同的直播平台、网络主播、网红明星等都有自己的特点，拥有不同的粉丝圈层，因而企业借助直播开展营销活动必须要根据自身的产品和品牌定位，选择目标用户群体，即相应的粉丝圈层，然后以此为依据选择合适的主播。总的来说，精确的定位首先是对企业自身产品和品牌的定位，其次是对目标消费群体的定位，再次是对直播主播的定位，以此为基础开展营销活动能够实现精准营销，达到事半功倍的效果。

3. 实现整合营销

企业营销活动的开展需要将多种传播手段和传播方式结合起来，加强与用户的良性互动，将产品信息与企业文化传递给目标群体，树立良好的品牌形象，通过整合营销的方式与消费者建立并维持良好的关系，提升消费者对产品或品牌的认知，从而实现企业营销目标。在新媒体情境下，网络日渐普及以及数字技术的不断升级，整合营销理论显得尤为重要。网络直播打破了时空界限，增加了信息传播过程中的真实感与代入感，通过积极互动提升了用户体验，企业可以将整合营销理论运用到直播营销中，进一步提升营销效果，从整合线上营销方法以及整合线上与线下营销方法两个层面出发，开展适用于网络直播情境的营销活动。

1) 线上营销方法的整合

企业可以将口碑营销、互动营销、病毒营销、事件营销等多种网络营销方法结合，借助不同的营销工具和手段，将其运用到产品或品牌的营销传播中，形成一个全方位的整合营销体系。例如微博、微信等社交新媒体往往存在对于各类事件、话题的讨论，直播则可以借助微博、微信等营销工具，有选择性地"蹭一蹭"话题热度，将其作为直播的重要引流入口，延展传播范围，实现传播效果的最大化。

2) 线上与线下营销方法的整合

网络直播作为新媒体营销工具，仅仅是一个信息传播工具与手段，品牌营销的成功不仅要依托互联网的力量，还要整合线上与线下各种手段与方法，互相融合与补充，实现品效合一的最大化。

4. 提升用户参与度

合适的预热活动能够吸引消费者的注意力，提前带动消费者的好奇心与热情，让更多的人参与到直播活动中，甚至提前引爆产品的销量。预热活动具有预告和造势的作用。首先，预热活动能够准确地将营销活动的时间、地点以及产品相关的信息、邀请的网红明星等关键信息传递给消费者，具备预告作用；其次，"喜欢热闹、充满好奇"是大部分消费者的天性，预热活动能够通过营造火热的气氛提前造势，扩大传播范围，吸引更多的消费者关注，为直播营销活动的开展带来一定的流量基础。因而企业在开展直播营销前可以通过各种新媒体渠道将直播的互动性与预热活动结合，带动粉丝的热情，提前造势吸引流量，进而提升用户参与度。

5.2.3　短视频营销

一、短视频营销的定义

随着移动互联网媒体的深入发展、移动流量资费大幅下降，以移动端为输出终端的短视频逐渐走入寻常百姓家。随着网络环境的不断改善，视频超越文字和图片成为人们接收信息更习惯的渠道。例如，一条热门新闻在各大门户网站上置顶后，点击量会很快超过 10 万次。可是，如果用剪辑好的趣味性短视频新闻，则容易形成爆款，点击量有可能超过 100 万次。可以毫不夸张地说，在新媒体时代，短视频成了最能吸引注意力的传播手段。自 2017 年以来，以快手、抖音为代表的短视频凭借不断扩张的用户规模和商业价值站在了互联网的风口上，成为又一现象级新媒体工具。

短视频是一种新型的互联网内容传播方式，与传统的视频形式以及网络综合视频不同的是，短视频一般以秒为计时单位，短时间内可以迅速向大众投掷精简的信息，强调社交属性。"参与"和"分享"是短视频最为核心的要素，用户不再仅仅是内容的消费者，更是内容的生产者。短视频平台通过激发用户的参与欲望，让用户自发成为内容的生产者，并以引导的方式参与用户内容的生产，其内容融合了技能分享、幽默搞怪、时尚潮流、社会热点、街头采访、公益教育、广告创意、商业定制等主题。此外，由于短视频的内容时长较短，可以单独成片，也可以成为系列栏目。短视频时间短、循环性强、内容精简、干货多、二次传播性强、信息多元化等特点能够满足大众碎片化的时间分布，有效触达目标人群。同时，短视频也给予每个人平等展示自己的舞台，为人们发现精彩世界、分享美好生活提供了耳目一新的媒介平台。

在"碎片化时代"的今天，短视频市场愈发火爆，不断吸引着消费者的注意力，企业也纷纷将目光转移到短视频上，借助短视频开展网络营销。所谓短视频营销，主要是指在短视频播放平台上进行的一系列广告运营活动，分为广义和狭义两个概念。广义的短视频营销是指以移动端为载体，以短视频形态为传播方式的所有广告营销活动的总称；狭义的短视频营销是指短视频投放过程中，视频内容中所穿插的硬广告和软广告。短视频广告又具体可以分为品牌图形广告、视频贴片广告、信息流投放广告和内容原生广告这几个大的类别。毋庸置疑的是，短视频营销已经成为一种主流的营销方式，利用短视频社区搭建的社会化媒体平台建立良好的品牌形象，能够在短时间内吸引用户关注，且易于扩散传播，达到迅速裂变的效果，形成较强的影响力，实现高效精准的营销信息传播。

二、短视频营销的特点

短视频的信息凝聚力强，营销信息可集中在同一内容中，同时又具有社交媒体的互动属性，可与用户建立深度沟通关系；在发布之后，短视频具有强烈的长尾效应。通常短视频的播放量会远远大于粉丝数量，高质量的头部内容可以实现病毒式传播，并且具有高品质的性能和潜在的营销价值。短视频营销极富表现力和传播力，这些特征决定了其在市场上不俗的表现，通常表现在产品目标达成的传播效果的深度及广度上。

短视频营销丰富了新媒体原生广告的形式，借助短视频开展营销活动能够在短时间内吸引用户关注，且易于扩散传播，形成较强的影响力，迅速达到裂变的效果。此外，短视频对内容和品牌的契合度有较高的要求，制作难度比较大，但是"场景+情节+情感+创意"的内容原生型短视频广告，能让品牌表达更生动具体，更有效触达目标群体，引发用户情感共鸣。短视频营销所完成的不仅仅是营销广告的触达，通过深入分析用户对品牌广告视频的行为特征，包括停留时长、点赞、评论等，以及品牌讨论区的评论内容，分析消费者对品牌的认知，可以倒逼整个营销过程的改善和优化，创造更大的商业价值。

三、短视频营销的类型

1. 基于广告

短视频广告营销是随着短视频的兴起而出现的一种广告营销模式。短视频营销广告与传统营销方式相比具有成本低、营销精准、互动性强、传播面广等优势，为企业推广产品提供了一种新型方式。短视频广告营销要有差异化营销的意识，怎样推出独一无二、突出品牌自身特性的广告是未来短视频广告需要深思并持续努力的方向，如何为用户创造合适的场景，为企业创造有用的场景，是短视频营销发展的重点。而得益于人工智能算法赋能短视频平台视频分发机制，企业广告能够更加精准地投放到目标用户的视频流中，实现品牌与目标用户无缝对接，能够更好地服务用户和企业。未来，短视频广告由于其移动化的特质，能够与很多最新的数字技术相结合，如 AR(增强现实)、VR(虚拟现实)等，将会有更加丰富的多媒体互动模式、更加生动的用户观看界面，更加与时俱进，推动视频广告进一步发展。

2. 基于内容

短视频内容营销具体是指利用短视频的形式，通过科学合理的内容创新、内容发布，向观者传递营销信息，从而促进销售达成、品牌推广，实现网络营销的目标。移动互联网媒体下半场已经从"流量为王"转变为"内容为王"，UGC(User Generated Content，用户原创内容)凭借优质的内容转型

PUGC(Professional User Generated Content,专家生产内容)从而获得用户价值认同是唯一的商业价值变现方式，短视频这种独有的内容创作和分发机制，实现了内容的优胜劣汰，实现了质的飞跃。短视频是精华内容的浓缩，既可以搭配上音乐、动画等调动人们的视觉与听觉，又可以在最短时间内让观者掌握精准信息，是内容营销的重要媒介之一。抖音红人、网红们在拍摄短视频过程中将营销的产品融入视频的拍摄中，通过亲身体验，传授相对真实的用后体验，为用户提供有趣、有价值的商品使用经验，使用户对这些产品产生兴趣，并在短视频下方直接提供购物链接，实现内容价值的商业转化。

四、短视频营销的策略

企业想要把握住短视频平台的巨大流量，做好短视频营销，需要建立科学的运营模式，借助合适的营销策略，保持持续且优质的内容输出，将具有创新深化的想法通过富有创意的形式表达出来，激发用户的价值认同，实现社交裂变。具体的营销策略如下：

1. 进行精准定位，提高内容质量

企业只有保障短视频内容制作的质量，明确其精准清晰的定位，才可以激发目标群体的共鸣，提升营销推广的效果与质量。在注意力经济时代，想要吸引用户的注意力就需要整合海量的信息，提升内容输出的质量，保障内容的创意性、个性化。千篇一律的内容不会快速传递信息，影响了信息传递的有效性，严重降低了短视频营销的效果与质量。因此，企业在进行短视频营销中要保障内容定位的新颖性，在制作精良的同时要彰显其个性化的创意，融合创新性的思想。首先，在进行短视频的拍摄之前要做到精准定位，明确宣传推广的重点内容，将热门话题与宣传推广有效融合。其次，在短视频的制作过程中要充分整合短视频的标题、背景、音乐、封面等多种因素，对其进行精心策划分析，在保障短视频内容质量的同时提升营销推广的效果，这样才可以切实凸显短视频营销的优势与价值。

2. 构建营销矩阵，整合流量入口

短视频营销中最为关键的就是要保障一定的流量支撑、精准的内容定位、优质的内容质量，并在此基础上做好引流工作，保证短视频营销的有效性。现阶段多数的短视频营销缺乏对流量引入的重视，在营销中仅仅将短视频作为重点，但是却忽略了多渠道的辐射，这样就会导致营销渠道过于单一的问题。因此，为了提升营销效果，企业需要构建一个完善的营销矩阵。通过将短视频营

销与微信、微博以及线下等多种营销渠道进行有效整合，利用社交媒体打通传播渠道，通过对不同营销渠道之间的内在关联性进行用户流量的整合，构建一个完善的营销体系，拓展用户信息接触的范围，实现营销效果的最大化目标。

企业在营销矩阵的构建中要综合各个平台之间的互相引流性，根据实际状况选择合理有效的引流方式与手段。在实践中可以通过构建短视频号矩阵，通过几个"小号"为"大号"积攒流量；借助其他新媒体进行导流，充分挖掘用户需求，迎合不同用户群体的个性化需求，增强大众黏性；此外，也可以通过不同平台之间的有效互动以及推动联合发起话题挑战，进而达到提升营销效果的目的。

3. 选择目标圈层，植入品牌广告

短视频形式的限制，让视频内容更为简洁单一，易于标签化，基于这一特征，短视频平台负责帮助用户对自我表达的内容进行分类归纳，形成不同的主题单元。用户则可以在平台中找到感兴趣的内容，进而形成具有共同爱好或品味属性的圈层。这种由用户自主创作、选择内容而形成的圈层满足了用户个性化的需求，并且不同的圈层会逐步形成各自的氛围，为不同品牌营销活动的开展提供了切入点。企业可以通过对平台的选择以及平台中不同主题单元的选择来精确定位目标群体，选择合适的圈层，围绕用户个性开展营销活动，将信息精准传递出去。

企业植入品牌广告的方式除了目前最常用的节目冠名、品牌露出、口播植入外，也包含在短视频中植入公司历史、价值观和使命等，塑造良好的品牌形象，使人们更愿意与真诚、具有人格魅力的品牌互动，挖掘企业和品牌背后的有趣故事，捕捉企业内部亲切的、充满活力的销售团队等。短视频在内容植入上具有天然的优势，是对目标消费者无意识的放置，伴随着营销广告内容策划的日益精良，从可观性到趣味性都得到了大幅度提升，用户对广告的包容度也随之提高。对此，品牌商一方面要加强对目标用户心理的分析以及对广告视频文案的策划；另一方面，也要做真正质优价廉的商品来维持消费者对品牌的信任和好感度。

4. 注重心理互动，增加用户黏性

短视频营销要增强与用户的心理交互。在移动互联网时代，人们都以互动为主要方式活跃在不同的社交媒体中，短视频营销需要融入生活情境才能缩短与消费者的交互时间，提高互动性。也就是说，与短视频用户心理互动就是在信息传递过程中，需要在情感方面唤醒人们的意识，这样既满足了用户社交心

理的需求，也使用户得到了社会认同与自我认同感。

5. 定制品牌活动，激发用户参与热情

人们普遍具有好奇心理，年轻人大多喜爱追求刺激、陌生、新鲜感，敢于尝试和接受新的事物。因此企业在短视频营销中要善于抓住用户的这一心理，开展营销推广时要尽量以新奇独特的方式呈现出来，将创新和产品相结合，凸显产品卖点，以新颖的方式让用户参与其中，借助用户之间的社交互动来完成对产品的完美宣传和推广。例如，可口可乐曾发布过一个以粉丝生产的内容制作而成的视频广告，视频时长 30 秒，内容是粉丝们分享喝可乐的各种快乐时刻，优秀的短片将会被剪辑进可口可乐的广告中，这一独具创意的品牌活动收到了来自世界各地的超过 400 份视频短片，创意公司从中挑选出 40 份剪辑成短片，并以"This is Ahh"进行推广宣传。

5.2.4 视频营销

一、视频营销的定义

视频营销是指企业或个人借助网络视频开展营销推广以达到宣传目的的营销方式，主要是将产品或品牌相关的营销信息嵌入网络视频中，让消费者产生一种视觉冲击力和表现张力，借助消费者的口碑力量实现自我传播，从而达到品牌传播的目的，包含影视广告、网络视频、宣传片、微电影、自制综艺等形式。区别于前文所述的短视频营销，本书所指的视频营销主要针对借助综合视频开展的新媒体营销，如视频类 APP、视频网站等。视频营销归根结底是营销活动，因而成功的视频营销不仅需要制作精良以追求更好的呈现效果，还要挖掘营销内容的亮点以吸引更多用户的注意力。

二、视频营销的特点

视频营销是众多新媒体营销工具中较为典型的一种方式，随着生活水平的提升，人们对于休闲娱乐生活的追求愈发强烈，网络视频的出现给人们的精神文化层面带来了福音，网络视频凭借其独特的优势与特点受到越来越多用户的喜爱与追捧，同时也为企业开展营销提供了良好的媒介与渠道。

1. 成本低廉

相比于电视影片的制作与投入成本，网络视频的投入成本相对较低，这得益于新媒体技术的不断发展。微电影、网络自制剧、自制综艺等低制作成本的网络视频形式相继出现,在丰富网络视频表现形式的同时,也为企业营销推广带来了商机。一个电视广告的投入成本相对高昂,如化妆品品牌法兰琳卡投入《中国好声音》的独家冠名费超 4 亿元,2016 年《中国好声音》节目的广告总盘达到了 20 亿元。而网络视频营销的成本显然低于同类型的电视广告,其制作成本也相对较低,但其传播效果相比于电视广告则更加显著,借助用户自发的分享传播,能在无形之中为产品或品牌树立良好的口碑,提升企业知名度,因而视频营销更具性价比。

2. 传播迅速

随着移动互联网的发展以及移动通信技术的飞跃,人们上网更加便利,随时随地就能获取感兴趣的信息,为网络视频的实时分享传播提供了基础。早期的视频营销受限于媒介渠道的不足和营销的投入规模,传播范围和影响力都具有局限性,但是随着新媒体类型的不断扩充,用户既是信息接收者也是传播者,基本的社交需求使得人们愿意分享传播,因而高质量的精品视频能够借助口碑的力量迅速传播扩散。

3. 互动性强

与传统电视媒体不同,网络视频打破了传统媒体单向传播的方式,用户不仅能够自创内容,同时还能够实现实时互动交流,具备较强的交互性。用户在观看视频时不仅可以将自己的观点、想法与感受在视频下方界面进行评论,还能以弹幕的形式在视频界面进行实时交流。积极的反馈与互动不仅能够帮助企业增加曝光度、提升品牌认知度,还能够帮助企业及时评估营销效果,调整营销策略,从而提升视频营销的影响力。

三、视频营销的类型

目前企业主要运用的视频营销类型有视频广告、网络自制剧和微电影等。

1. 视频广告

视频广告是指采用数字技术将广告嵌入网络视频中,以此传递营销信息内容的视频营销模式。与传统的电视广告不同的是,网络视频广告的内容更短、创意性更强,在内容上更具优势。此外,快节奏的生活方式使得人们的时间愈发碎片化,越来越多的人倾向于方便快捷、随时随地就能观看的网络视频,这也为广告主们提供了无限商机,企业可以将营销信息以贴片广告的形式融入网络视频中,让用户在观看视频的过程中接收到营销信息。

2. 网络自制剧

网络自制剧也叫"网剧"，就是独家定制、独家播出、独家享用品牌的形式，由播出方和制作方形成联盟，共同创作并在网络上播放。由于网络自制剧的时长较短，内容紧凑，题材多元化，并且在网络上发行网剧的流程更为简单，没有冗长繁琐的审批手续，也不需要像传统电视剧那样花费精力与大成本抢占竞争激烈的黄金频道和黄金时段，创作成本和播出成本更加低廉，因而网络自制剧的营销方式愈发受到企业的青睐。

3. 微电影

微电影是指专门在各种新媒体平台上播放的、适合在移动状态和短时休闲状态下观看的、具有完整策划和系统制作体系支持的、具有完整故事情节的视频短片，它融合了时尚潮流、幽默搞怪、商业定制和公益教育等主题，包含了各类软植入广告。微电影与一般电影相比时长更短，且能够随时随地观看，不占用人们较长的时间，符合"碎片化"的生活方式，且在内容方面更加贴近生活，用小故事诠释世界，容易与用户产生情感共鸣，因而企业能够通过微电影将与产品、品牌相关的营销信息巧妙地融入故事情节中，在无形之中塑造企业的品牌形象，向用户输出企业价值观、企业文化等，使用户产生对品牌的价值认同，进而形成一定的品牌忠诚度，促进消费行为产生。

四、视频营销的策略

1. 病毒营销，引爆话题讨论

依托新媒体技术的视频营销能够借助口碑的力量实现精准传播，首先借助大数据技术识别、分析、定位目标用户，将包含营销信息的视频推送至"易感人群"手中，当看到有趣、好玩、轻松的视频时他们就会自发地进行讨论甚至主动传播，使得包含产品或品牌信息的网络视频就会如病毒般在网络上蔓延扩散，企业就得以依靠口碑效应增强曝光度和影响力，提升营销效果。

2. 事件营销，提升用户参与

企业开展视频营销时也可以通过编造一个有趣好玩的故事、策划一场具有吸引力的事件等对网络视频进行"包装"，这类以事件为背景的视频内容往往具备一定的价值与意义，相对更容易吸引用户的注意力，提升其参与积极性，从而更容易被扩散传播。

3. 整合传播，扩大影响范围

视频营销的顺利开展依然离不开整合营销的思想，新媒体时代人们获取信息的渠道多种多样，仅仅依靠单一的视频传播显然难以取得良好的传播效果。企业需要整合多方资源，融合线上与线下各种媒介与平台，全方位、多角度地增强产品或品牌信息的曝光度，提升视频的影响力，从而扩大营销传播范围。

5.2.5　搜索引擎营销

一、搜索引擎营销的定义

所谓搜索引擎，就是根据用户需求与一定的算法，运用特定策略从互联网检索出指定信息反馈给用户的检索技术。搜索引擎依托于多种技术，如网络爬虫技术、检索排序技术、网页处理技术、大数据处理技术、自然语言处理技术等，为信息检索用户提供快速、高相关性的信息服务。从功能和原理上大致可将搜索引擎分为全文搜索引擎、元搜索引擎、垂直搜索引擎和目录搜索引擎等四大类。

搜索引擎营销(SEM)是指借助搜索引擎工具开展的新媒体营销，是一种利用人们对搜索引擎的依赖和使用习惯，在人们检索信息的时候尽可能将营销信息传递给目标客户从而达到营销目的的营销方式。搜索引擎营销的基本思想是让用户发现信息，并通过点击进入网页，进一步了解所需要的信息。其基本实现过程就是企业将信息发布在网站上形成信息源，搜索引擎将网站中的信息收录到索引数据库，当用户对关键词进行检索时，搜索引擎就会利用相应的数字技术为用户呈现相应的检索结果及链接，用户经过判断后选择感兴趣的链接点击并进入信息源所在的网站，由此实现了从企业发布信息到用户接收信息的全过程。

二、搜索引擎营销的特点

搜索引擎营销与其他新媒体营销工具相比具备独特的优势与特点，企业想要实施行之有效的搜索引擎营销就需要对其特点拥有充分且清晰的了解。

(1) **受众广泛**。搜索引擎营销的受众广泛，只要是使用搜索引擎的用户都可以是搜索引擎营销的潜在消费者。

(2) **成本低且定位精准**。搜索引擎营销的门槛低，与传统营销推广方式相比，投入低、投资回报率高。

(3) **开放性平台**。搜索引擎是开放性的平台，任何企业，不论企业的规模大小，也不论品牌知名度的高低，都可以在搜索引擎平台上推广宣传，机会均等。搜索引擎在企业营销过程中仅仅起到了"桥梁作用"，为企业与消费者提供中介平台，最终消费行为是否能够发生仍然取决于企业所提供的产品是否能够满足消费需求，搜索引擎在其中仅仅为交易的产生提供了一定前提。因此，搜索引擎营销的效果更多地体现在企业相应网站或网页访问量的增加而非企业销售利润的增加上，搜索引擎是作为宣传推广渠道为企业所用的，所以其营销效果是间接性的。

(4) **用户自主选择**。对于搜索引擎广告，用户拥有更多的自主选择权力，能够根据自身的需求进行相应的关键词搜索，并在检索结果中判断选择相应的信息，企业无法强迫用户做出选择，并且用何种搜索引擎也是用户自己决定的。由于整个过程都是用户自主选择的，很大程度上减少了营销活动对用户的干扰，因而用户会给予更高的可信度，进而刺激了人们选择的欲望。此外，搜索引擎对网络中潜在消费者的活动运行轨迹进行了精准的剖析与定位，尤其是在关键词使用方面，让用户有准确定位，实现用户对关键词的搜索及使用，从而产生高价值的营销信息，达到网络营销的终极目的。

三、搜索引擎营销的类型

随着互联网技术的发展和普及，搜索引擎营销逐步成为众多企业不可忽视的一环。搜索引擎营销也成为企业进行品牌推广和网络营销的重要手段之一。目前搜索引擎营销主流的模式主要包括四种：关键词广告、竞价排名、搜索引擎优化、智能推荐。

1. 关键词广告

关键词广告是充分利用搜索引擎资源开展新媒体营销的一种手段，采取按点击付费的形式，其主要原理是指广告主企业根据自身产品或品牌的特点向搜索引擎平台购买相应的关键词广告，使得当用户输入与企业所购买的关键词相同的检索内容时，就会在其检索结果页面显示与关键词有关的该企业的广告与链接，进而实现高度精准的定位投放。由于关键词广告是在对特定关键词检索时才会出现的，因而针对性较强，性价比较高。

2. 竞价排名

竞价排名是由广告主为自己的网页购买关键词排名，按点击付费的一种服务，付费越高，排名越靠前。通常情况下，在搜索引擎中搜索某一关键字后，由于相关内容过多，检索结果一般将分页展示，其中用户浏览过程中会首先选择靠前的，而较为靠后的内容访问量将依次减少。竞价排名的宣传推广是按效果计费的，即用户点击了推广链接，企业就需要向搜索引擎平台支付一定的费用。而搜索结果的排名越靠前就越容易吸引用户的关注，尤其是潜在用户，因而能够使得营销效果更为显著。采取竞价排名的搜索引擎营销方式能够使企业将自己的产品信息展示在第一页最前方位置，而选择自然排名方式的企业则是通过网站优化、关键词优化等方式使得相关产品信息的展示位置靠前，用竞价排名方式可以提高用户浏览率并提升品牌知名度，达到品牌推广的效果。然而，竞价排名的搜索引擎营销方式也存在一定的局限性，如越来越多的用户逐渐意识到广告推广的位置，会专门避开这些地方；竞争对手可能会恶意攻击，增加企业无用的费用支出，导致投入与产出不成正比等。

3. 搜索引擎优化

搜索引擎优化是在分析搜索引擎的排名规律，了解各种搜索引擎怎样进行搜索、怎样抓取互联网页面、怎样确定特定关键词等规律的基础上针对网络进行有针对性的调整与优化，使其更易于被搜索引用并且在搜索引擎的自然搜索结果中排名靠前的一种技术。搜索引擎优化最大的优势在于可以在不损害用户体验的基础上提高搜索引擎排名，因为用户意识到搜索引擎上的广告位置并且可以避开，搜索引擎优化则能够通过优化网站内容从而提高点击率和访问量，最终提升网站的营销推广能力，实现营销目标。

搜索引擎优化不能只考虑搜索引擎规则，更重要的是以消费者为导向，服务消费者，为其提供与检索信息最相关的内容，如果不注重网站基本要素的优化设计，用其他方式来获得排名效果显然是不现实的。

4. 智能推荐

随着人工智能的发展，机器学习、深度学习、自然语言学习技术应用于搜索引擎使得引擎营销越来越智能化，能够帮助企业挖掘潜在消费者，达到精准营销的效果。搜索引擎拥有的海量数据可以实现对用户每一次点击的行为记录，通过分析点击行为和浏览行为赋予用户某种个性化标签，在以后的使用过程中，用户有某种需求而主动搜索一个关键词时，甚至在使用搜索引擎应用程序阅读新闻、观看视频、购物时，搜索引擎能够通过揣摩用户需要将相关的多元信息准确推荐给用户，以此方式来吸引一些潜在消费者，这时搜索引擎就起到一个桥梁的作用，将用户的潜在需求和企业的营销推广需求进行有效结合，浏览转换为点击再转换为交易，此时企业则只需专注于优质内容创作即可，越好的内容越真实的信息越会被人工智能系统青睐，越优质的服务和产品越会在信息流中被优先推送给用户，达到搜索引擎营销普惠的价值意义。

【课 后 思 考】

1. 你在日常生活中都接触过哪些新媒体营销工具？请选择其中一种使用频率最高的营销工具，具体谈一谈企业是怎样借助这种营销工具开展新媒体营销活动的。

2. 2019 年是"直播带货"最为火爆的一年，在已经过去的 2020 年，"直播营销"依旧持续升温，无论是大型企业还是中小型商家，纷纷试水"直播+电商"模式，借助网络直播工具开展营销活动的新媒体营销模式愈发受到人们的青睐。请你结合自身实际谈一谈对直播营销的理解。假如你是一家企业的营销管理人员，你所在的企业为了增加销售、扩大品牌影响力，准备开拓直播营销渠道，请谈一谈你打算怎么做。

第6章 新媒体营销的方法体系

　　新媒体营销的顺利开展除了需要正确地选取营销工具外，还需要掌握合适的营销方法。合适的营销工具为营销活动的开展提供了媒介渠道，是新媒体营销的前提，而企业要想进一步将营销信息精准传递给目标用户则离不开行之有效的营销方法。在新媒体时代，传统的基于营销组合理论的营销方法已经无法完全适用于新媒体语境，本章基于价值链的视角，提出"价值管理循环"，并分别从价值识别、价值定位、价值提供和价值提升四个环节展开，深入分析新媒体营销的方法体系。

学习目标

　　➢　　理解价值管理循环体系。
　　➢　　了解基于价值管理视角的营销方法体系。

 案例导读

星巴克的体验营销

　　早在20世纪70年代，美国著名未来学家阿尔文·托夫勒就在其书中卓有远见地指出，经济发展在经历了农业经济、制造经济、服务经济等浪潮后，将迎来"体验经济"。近30年尤其是近10年来，体验营销一直是营销学者和企业家们共同关注的热点问题之一。星巴克成立于 1971 年，用了 30 年的时间从西雅图的一家小咖啡豆零售商成长为全球咖啡品牌巨头。从 1999 年进入中国开始，星巴克就一路高歌猛进，成为咖啡连锁品牌的领头羊。星巴克在中国的成功离不开其独特的体验营销模式，倡导"我们卖的不仅仅是一杯咖啡，更是一种体验"的营销理念，将人文主义关怀结合本土化的改变，吸引了越来越多的消费者。星巴克在中国的体验营销模式主要采用了以下几种方法：

第一，**感官体验营销**。感官体验营销就是运用色彩、声音、气味等调动消费者的视觉、听觉、触觉、味觉和嗅觉感官体验，使消费者参与其中，引发其购买动机。星巴克的感官体验营销主要包括提供卓越的产品体验和舒适且有特色的消费环境。首先，星巴克实行严格的采购标准，首选高海拔地区的咖啡豆，保证咖啡口感的浓厚丰富；并且在出货前，每批咖啡豆会被品尝三次，经过专家严格品评通过的咖啡豆才能进入市场。其次，星巴克还与供应商形成稳定互惠关系，开设种植者支持中心，委派农艺专家为当地种植者免费提供土壤测试、样品检测及专业咨询，保证咖啡豆的种植品质。然后，星巴克的门店设计也很有"学问"，往往采用横向布局，设计最优、简洁的顾客动线。平行的横向排队能使顾客之间产生亲近感，避免焦虑感；顾客挑选咖啡的时候可打发时间，有效压抑排队等候的烦躁；横向的流水线将点单和拿餐分开，能实现预点单，避免制造拥挤感。

第二，**情感体验营销**。星巴克的情感体验营销主要体现在以优质的服务对待消费者，并会以某一个美好的情感为主题或诉求点展开相关活动，以此来换取消费者的认同与消费。星巴克的员工经过专业的培训后才能在星巴克进行服务，培训的内容包括企业的文化熏陶、咖啡的调配方式、店内工作项目和服务顾客的技巧等。每一位星巴克员工都将有相同的认知，要微笑、热情欢迎每一位进门的顾客，注意每一次服务的态度，让顾客感觉像是在朋友家中一样放松。在消费过程中所产生的情感是最强烈的，而这种强烈的情感会随着时间而不断发展，促成顾客对品牌的忠诚度。

第三，**思考体验营销**。星巴克的产品富有创意，以星享卡为例，星巴克中国会推出不同卡面的星享卡，展现中国传统文化或咖啡文化，消费者往往被卡面上精美的图案所吸引，自主地去探究背后蕴藏的文化。在网络营销中，星巴克推送的咖啡故事也有很深的内涵，易引发消费者自省。

第四，**行动体验营销**。进入中国以来，星巴克始终致力于回馈社会，对于中国社会的发展做出自己的一份贡献，在地方和全国范围内开展企业社会责任项目。自 2011 年起，星巴克中国贡献了超过 27 万小时的社区服务，增进了与社区和顾客、社区与企业、顾客与企业三方面的情感联系。此外，星巴克还借助社交新媒体平台打造了线上社区，让星巴克爱好者聚集在一个群体里，彼此联系。消费者可以在其微博平台上了解到星巴克的各种产品和活动信息，还能与官方进行互动；也能通过微信朋友圈分享各自喜欢的信息，还可以建立群组进行交流讨论。星巴克在门店设计方面也更多地融入本土元素，如北京的前门店。这种设计上的改变能使中国消费者与传统文化产生关联，更有亲切感和归属感，带来别样的消费体验。

星巴克在中国是当之无愧的咖啡行业的领先企业之一，其成功的体验营销模式对于其他企业和品牌的经营具有一定的借鉴意义。

(资料来源：张佩婷. 浅谈体验营销——以星巴克在中国为例[J]. 福建质量管理，2018(1):68.)

6.1 价值管理循环体系

在"碎片化"时代的今天，消费者的需求具有多样性和复杂性，有的甚至是不可实现的。由此，企业在思考营销方式的时候不仅要考虑消费者需求，还要思考企业的资源和能力，化被动为主动，真正地去满足顾客需求，创造顾客价值，获取经济利润。因此，本书在结合"顾客需求可达性"和"企业实操可行性"后提出价值管理循环的四个环节：价值识别、价值定位、价值提供和价值提升。

以价值识别作为出发点，价值管理循环的每个环节都在上一个环节的基础上进行深化，直到企业在针对某种产品或服务甚至某种品牌进行价值提升后，企业具备了一定的品牌知名度和产品生产能力，并占据了一定的市场份额，取得了短暂的胜利。

然而随着社会经济水平的发展，消费者物质生活的极大丰富以及信息交流传播的高速便利，消费者的需求依旧在不断变化，原有的产品和服务已经不足以保证企业的市场地位，为了适应或创造新的需求，生产者不得不重新审视市场和自身，进行新一轮的价值识别活动，由此不断迭代循环，才能保持一个企业的核心竞争力，实现顾客生命周期价值的最大化。从企业角度来看，只要市场竞争不停止、消费者不满足，企业就必须不断创新，维持价值管理循环，如图 6.1 所示。

图 6.1　价值管理循环体系

6.1.1　价值管理之源——价值识别

识别是一个动词，有"辨认、鉴别、加标记使之有区别"的含义。价值识别就是识别价值，识别的客体不同，识别者识别出的价值角度也不一样。从企业角度来看，价值识别是指通过识别消费者不同的需求或所需满足的利益，予以针对性营销行动的方法。企业需要找到不同消费者的需求，"加标记使之有区别"，然后进行归类和定性，并通过资源的整合满足某类或某几类"力所能及"的需求，最终完成企业营销目标(如获取金钱、口碑、人脉等)。企业的一切价值管理活动始于价值识别，被称为价值管理之源。

价值识别主要以"价值来源"和"价值体系"作为分类标准。

一、价值来源

企业的一切价值管理活动从其核心驱动力来看，可以分为三种不同类型：市场驱动型、技术驱动型和信息驱动型。以市场需求作为核心驱动力的企业价值管理活动称为市场驱动型营销；以技术革新作为核心驱动力的企业价值管理活动称为技术驱动型营销；以信息智能作为核心驱动力的企业价值管理活动称为信息驱动型营销。

二、价值体系

由于消费者的需求正日益复杂化和个性化，企业为了满足需求多变的消费者开始提供一体化乃至定制化的产品和服务，根据所提供的价值体系性程度以及是否对目标客户有明确的界定，可以将营销方法分为模糊营销、目标营销和方案营销。模糊营销的企业往往提供一种产品满足多个客户群体，所提供的价值针对性差、体系性弱；目标营销则是针对明确的目标客户群体，提供能有效满足消费者需求的利益和价值；方案营销则是针对顾客需求提供整体解决方案和一揽子产品，所提供的价值针对性最好、体系性最强。

6.1.2　价值管理之魂——价值定位

定位，即确定方位。"定位"就是"如何让你在潜在客户的心智中与众不同"。经过多年的营销实践和总结，不同学者对于定位有着不同的理解和诠释，菲利普·科特勒认为定位应使产品在目标客户心中拥有独特的位置；波特口中的"定位"则是站在企业角度去创造属于自己的差异性，从而确定企业该做什么，不能做什么。

在营销领域中，定位不仅要确定自己与竞争对手的优劣，从而确定市场竞争战略，还要明确自己的产品和品牌在消费者心中的作用和地位，从而确定企业成长战略。在制定营销方案蓝图时，不仅要从生产者角度出发，还要在消费者立场上换位思考，提供符合消费者心意的产品。通过价值定位充分了解并响应不同消费者的需求和偏好，提供独特的产品价值。

现代战略营销理论核心的 STP 战略将市场定位(Positioning)视为营销者不可忽视的重要营销环节，要求企业把营销努力集中在顾客最有可能被打动的点上。而本书提到的价值定位不仅包括市场定位，还包括要将消费者所关注的点进行放大和完善，以提供符合甚至超出消费者预期的利益。从价值管理视角而言，价值定位是其灵魂，

价值定位主要有"定位理念"和"定位基准"两种分类标准。

一、定位理念

当越来越多的消费者注意到自然环境的恶化后，生产者也必须在能力范围内兼顾经济价值和社会价值，根据对社会价值重视程度的深化，可以将营销方法分为：质量营销、绿色营销、社会营销和公益营销。质量营销更多地从消费者需求和产品本身出发来布局一系列经营管理活动；绿色营销则兼顾了对人类生态环境的考虑；社会营销要关注企业的所有利益相关群体来合理安排企业的经营管理；公益营销则是站在更高的道德点，向社会让渡了部分企业利益。

二、定位基准

据国家统计局公告，2018 年国内中小微企业数量占全部企业的 99.8%，说明大多数企业无论是资源还是能力都有欠缺之处，要根据自己的实际情况灵活调整与龙头企业或主要竞争对手的竞争策略。根据竞争的角度不同，营销活动

可以分为反向营销、错位营销和比附营销。

6.1.3　价值管理之桥——价值提供

有学者对互联网的发展所带来的企业和消费者之间的营销模式发生的转变进行了归纳总结：首先，互联网改变了竞争环境。在传统竞争环境中，企业只要开发了适销的产品，就可以在较长时间内占领市场，然而，在互联网环境中，新技术能迅速应用于产品，并不断推陈出新，企业难以依靠产品维持长期竞争优势；其次，互联网改变了消费者的权利地位。消费者市场选择的权利逐步增强，对企业运作的参与也日益加深；最后，互联网带来了沟通方式的变化。消费者与企业之间的紧密互动成为可能，消费者之间的联系也日益密切，沟通方式的改变使企业越来越注重与消费者的互动营销。

企业为了提供符合消费者利益的产品以获得足够满意的报酬，便不得不在价值提供环节进一步深挖，不仅要将消费者作为企业价值单向提供的需求者，还要拥有互联网思维，在追求更加丰富有创意的营销方式满足"相对挑剔"的消费者时，要打破时间和空间的限制，以更加便捷或简易的方式满足"相对懒惰"的消费者，最终提供给消费者多样化、个性化的价值，甚至将消费者也作为价值创造与提供的一部分，实现价值共创。综上所述，本书将价值提供定义为由企业作为主导者，通过给予产品、提供服务、改变观念、引导行为等方式将多样化的价值通过不同的媒介提供给作为价值的需求者或共创者的消费者的营销过程，是连接企业和消费者的桥梁。

在价值提供环节中，主要包含四个要素：企业、价值内容、提供途径、消费者。四个要素的相互组合与侧重点不同，得出"价值内容""价值变现""价值沟通"和"价值传递"四个分类标准。

一、价值内容

消费者个体需求和想法的差异造成众口难调的情况，生产者的标准产品已经很难满足大部分受众的要求，生产者需要将价值细化，提供多样的产品系列，满足一个个更小的消费群体，根据价值内容的细化程度的深入，营销方法可以分为大众营销、分众营销、基准营销、众筹营销。

二、价值变现

利润最大化作为商业企业的核心追求之一，每个投资者都要求企业有自己的商业模式或盈利模式，以保持企业的可持续发展和投资收益最大化，根据变现能力和变现难度可以将营销活动分为搬砖头营销、傍大款营销和嫁接营销。

三、价值沟通

价值沟通由于沟通内容和沟通方式的不同，又可以细分为两大类：从沟通内容来看，生活水平的提高和物质世界的繁荣让消费者不再被轻易打动，消费者的购买意愿由理性诉求开始向感性诉求转变。依据消费者教育程度的深化和情感倾向的增加，可以将营销方法分为观念营销、知识营销、情感营销和文化营销。从沟通方式来看，侵入式沟通将产品知识理念直接灌注给消费者的方式已经不够灵活，让消费者身临其境的方式才能获得消费者最大的好感和购买倾向，根据沟通成本、沟通难度以及沟通层次的逐步增加，可以将价值沟通划分为教育营销、感体营销及体验营销。

四、价值传递

价值传递由于传递目标和传递媒介的不同，也可以细分为两大类：从传递目标来看，一个企业往往难以做到在每一方面都足够出色，这既不现实也不经济，当企业无法靠自身能力完成既定的价值传递任务时，需要借助其他企业或资源来完成自己的营销目标，根据不同的传播目标衍生出不同的传递模式。价值传递的营销方法可以划分为直复营销、窗口营销和借力营销。从传递媒介来看，由于互联网的发展，通过网络或电子媒体的方式进行营销活动的成本更低、可操作性更强，而线下营销活动则更加适用于工业品推广或短期促销行为。总体来说不同的营销方法的侧重点不同，基于不同的传递媒介可以将营销方法划分为三大类：在线营销、离线营销和线下营销。基于到达率、单位接触成本、传播速度、市场针对性等特点的差异，在线营销可以分为社群营销、微博营销等方式，离线营销可以分为报纸营销、杂志营销、户外广告营销等方式，在此不再一一赘述。

6.1.4　价值管理之梯——价值提升

行业中的龙头企业之所以能成为标杆，在稳健的经营管理之外还离不开营销创新，每个独角兽型的企业都有其独到的营销方式，在向消费者提供价值之后，还要想办法攫取每一份可获得的收益，达到效益最大化甚至超大化。企业可以通过价值循环的最后一步——"价值提升"来加速营销传播。本书的价值提升是指在充分理解顾客价值的基础上运用营销活动使得消费者成为企业营销活动的助力者，或者在充分掌握顾客信息的条件上借助技术工具发掘隐藏的顾客价值，实现单一价值复杂化、隐性价值显性化的营销过程，是企业的价值管理进入下一管理循环的阶梯。

价值提升主要以"提升路径"和"提升手段"作为分类标准。

一、提升路径

由于代步工具和沟通工具的蓬勃发展，人类的社交网络愈加复杂化和扩大化，消费者的人脉成为了生产者眼中的潜在市场，意见领袖或熟人推荐的产品往往能使消费者产生更大的信任和购买倾向，借此可以实现顾客群体的快速增长，实现营销业务的快速提升。随着提升路径复杂程度的加深，可以将营销方法划分为裂变营销、病毒营销和关系营销。

二、提升手段

激烈的市场环境迫使企业从现有市场的内外部寻求突破口，通过创新发现新的机会，有的企业注重现有市场的深耕，有些企业注重其他市场的探索，而近来也有许多企业将大数据视为未知市场或潜在市场的挖掘工具。根据企业提升价值的方式不同，营销方法可以划分为纵向营销、水平营销和大数据营销。

6.2　基于价值管理的营销方法

随着消费观念和形态的升级以及互联网技术的飞速发展，在新媒体时代，用户需求愈发个性化、复杂化，营销渠道愈发多元化，因而在新媒体营销情境下，运营者不仅要关注用户需求，还要关注自身的资源和能力，创新营销理念，采取多元化的营销方式，选择最优的营销方法开展营销推广，满足用户需求，从而实现价值变现。本书基于新媒体营销情境，整合分析现有传统的、创新的营销方法，参考价值管理循环流程，从价值识别、价值定位、价值提供和价值提升四个角度出发概括了新媒体营销方法体系，如图 6.2 所示。

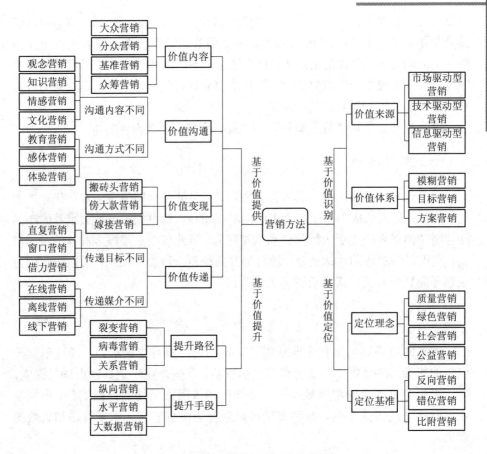

图 6.2 新媒体时代的营销方法体系

6.2.1 基于价值识别的营销方法

一、价值来源

现代企业越来越多的思考被动适应需求、主动满足需求乃至创造需求之间的差异性，消费者可能提出越来越复杂挑剔的要求，也可能完全无法想到自己存在某方面的需求。正如科技改变生活，在数十年前消费者也无法相信自己能够通过互联网在几秒之内到达世界的各个角度。不同时期的消费者价值来源并不相同，企业在识别客户价值时可以根据价值来源进行营销方式的比选。

根据价值来源的不同，可以将营销方法分为：市场驱动型营销、技术驱动型营销和信息驱动型营销。

1．市场驱动型营销

市场驱动型营销(Market-driven Marketing)是最原始、最核心的营销方法，从产品观念、生产观念到现在的全面营销观念，无一不是从市场驱动型营销的角度出发，强调生产者被动或主动去适应消费者提出的需求，以满足现有市场为企业生产运营的指南针。

2．技术驱动型营销

技术驱动型营销(Technology-driven Marketing)是指生产者通过科研创新、技术研发等努力，获得可以满足消费者新的需求的某种产品或服务，从而使消费者获得新的理念，改变消费者行为，激发消费者去索取该方面的利益。显而易见，互联网和智能手机的诞生就是最好的例子。

3．信息驱动型营销

信息驱动型营销(Information-driven Marketing)是指在信息时代，由于每个消费者每天能接收和发送的信息庞大，信息传递迅速，因而运营者需要从海量的信息中预测或发掘消费者的需求，进行有针对性的营销活动。沃尔玛啤酒和尿布捆绑销售的例子早已耳熟能详，这是信息驱动型营销带来的丰厚报酬。

二、价值体系

随着社会经济的发展，人们的个性化需求越来越明显，需求的复杂程度越来越高，面对这种多样化、复杂的品类和品牌，人们用于购物和消费决策的时间和精力是有限的，因此部分消费者越来越倾向于体系化、一体化的方案来满足其需求，获取所需的价值。所以从生产者主动满足消费者的需求来看，可以基于所满足的价值体系进行营销方式的比选。根据产品或服务所能提供的价值体系化程度不同，由低程度到高程度可以将营销方法分为模糊营销、目标营销和方案营销，如图 6.3 所示。

1．模糊营销

模糊营销(Fuzzy Marketing)不追求清晰的细分市场和精准的目标群体，生产者在提供某种产品或服务时并非完全针对某类特定需求，往往投放市场后产品或服务在不同的消费者手中具备不同的效用，即生产者提供某种"模糊产品"适应不同消费者的不同需求。随着市场竞争的日益加剧，特别是消费者需求的日益多样化引发的市场行情多变化，以及消费者消费的日益理智化引发的企业市场开发的被动化，都使得企业的市场细分工作越来越困难。在这样的情况下，要想选准一个比较明晰并且稳定的目标市场几乎已经不太可能，此时需要借助模糊营销方法开展营销活动。

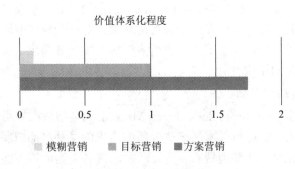

图 6.3　基于不同价值体系化程度的营销方法

2．目标营销

目标营销(Target Marketing)追求对症下药，消费者能够清楚地表达自己的所需所求，或者生产者能够准确地确认消费者的某种需求，随后生产者能够根据自身的资源和能力以及消费者的要求进行适当调整改进，提供恰当的产品和服务，保证大多数目标客户的需求能够得到合理的满足。

3．方案营销

方案营销(Solution Marketing)是指消费者并不十分清楚自己想要的是什么，或者消费者只能对自己需要的利益有个模糊的思路，需要企业进行加工、完善，提供完整的解决方案，由此企业可能需要提供不止一种产品或服务来满足消费者需求，在现有资源和能力不足时，企业可以进行联盟，获得双赢。

6.2.2　基于价值定位的营销方法

一、定位理念

随着人们所赖以生存的生态环境的日益恶化，人们"关注社会、关注环境、关注人类"的呼声越来越高，很多企业的营销从原来的关注产品自身属性的角度转向关注环境、关注生态发展、关注人类，进行慈善公益的营销。定位理念开始不再局限于消费者个人利益，而是进行充分扩张和思考，由小及大，从消费者重视的产品功能属性扩大到社会公益属性，从满足消费者的物质需求转向涵盖更多的精神需求，企业营销由最初的"以顾客经济价值为核心"开始向"兼顾顾客的社会价值"的风向标转变。随着定位理念向社会价值层面的深

化可以将营销方法分为质量营销、绿色营销、社会营销和公益营销,如图 6.4
所示。

图 6.4 基于不同定位理念的营销方式

1. 质量营销

质量营销(Quality Marketing)是指以优质产品来满足消费者需求,不断提高
产品质量、完善产品功能,并通过各种营销活动使消费者感知质量达到心理预
期,达到成功营销的目的。

2. 绿色营销

绿色营销(Green Marketing)是指能够识别并满足消费者社会需求,提供符
合环境保护的绿色理念的产品,从而统一企业、消费者与环境三方利益,举办
兼顾消费者经济价值和社会价值的营销活动,提高顾客忠诚度和满意度,获得
更多顾客生命周期价值。《绿色营销——化危机为商机的经营趋势》一书中对
绿色营销的概念进行了解释:"绿色营销是一种能辨识、预期及符合消费的社
会需求,并且可带来利润及永续经营的管理过程。"

 绿色营销案例

NIKE——让旧鞋用起来

2005 年开始,耐克特别设计了一个强调可持续环保概念的运动鞋系列。
这个系列的产品都不使用人造鞋材,能够尽可能地减少运输过程中需要消耗的
能量,降低对气候变化的影响。例如,与耐克的典型产品相比,生产过程中的
溶剂使用减少了 80%以上;各式鲜艳夺目的产品颜色也都来源于植物染料,传
递宛如赤足的舒适感;鞋面和鞋带用的是纤维和聚酯;尽量减少了使用有毒的

胶粘；鞋的外底也用到了"让旧鞋用起来"活动中生产出来的研磨橡胶产品。所有这些活动让耐克的品牌形象不但有了积极、进取等元素，而且得到了环保人士的青睐。调查表明，耐克被消费者认为是最环保的运动产品品牌。

"让旧鞋用起来"活动已扩展到许多国家，加拿大、英国、荷兰、德国、澳大利亚和日本，而且还在继续扩大。而相应的信息都有网站可以查询，使得这项工作可以更好、更快地进行下去。耐克的这一项目吸引了众多媒体的聚焦，使其成为运动产业产品回收的典范。2006 年，耐克荣获 G-ForSE 环境大奖。在塑造积极健康生活方式的同时，耐克还赢得了绿色的美誉。

（资料来源：百度文库. 绿色营销及其案例分析[EB/OL].）

3. 社会营销

社会营销(Social Marketing)于 1971 年被首次提出，并被界定为"为影响社会观念被受众接受而进行的设计、实施和控制过程，包括了产品计划、定价、沟通、分销和营销研究等要素"。随着社会环境变化和营销实践，社会营销的概念在不断扩充和完善，是指使用营销手段来满足目标群体的社会需求或者达到社会公益目的，改变消费者的行为方式，最终实现社会价值的营销方法。

它比绿色营销更加关注社会价值，有人认为社会营销是非营利营销的一种，但并不意味着追求利润最大化的企业不能使用这种营销方法，社会营销可以将企业、消费者、社会三方利益进行平衡。社会营销应用领域的研究主题一直以促进公共健康为核心，包括控制烟酒行为、母乳喂养、减少肥胖、增加运动、安全性行为等，还有少量研究是应用于环境保护、旅游休闲等主题。多数日用品企业或服务业总能从中找到兼顾企业经济价值或品牌价值的点并加以运用，即使社会营销活动无法在短期内获得实质的经济回报，但带来的行为改变或口碑影响会带来隐性价值。

4. 公益营销

公益营销(Public Welfare Marketing)模式起于美国，1981 年美国运通公司(American Express)与"自由女神——爱丽斯岛基金会"合作开展了一次全国范围的公益营销活动，取得了不错的反响。公益营销是指企业在承担一定的社会责任的同时提升企业形象、获得良好口碑的营销方式。它比社会营销更加注重社会价值，不在意营销活动能否带来直接的经济回报，而是将"树立企业正面形象"作为承担社会责任之外的第一要务，以获得消费者和社会的认同。当然，公益营销也是一把双刃剑，若操作不当，容易弄巧成拙，使消费者产生厌烦情绪。

二、定位基准

定位理念应基于消费者的角度，而定位基准则是从企业竞争角度思考，以竞争对手，尤其是以行业龙头企业作为比较标杆，从不同方面保持企业竞争力和差异性。因为在非垄断的竞争市场中，不同生产者均能在一定程度上满足同一消费者的需求，区别在于由于生产者自身实力和品牌的影响，给予消费者的顾客让渡价值并不相同，因此生产者可以将竞争者的实力和重视程度作为定位基准，有根据地安排营销活动。根据竞争的角度不同，营销活动可以分为反向营销、错位营销和比附营销，如图6.5所示。

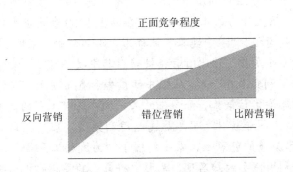

图 6.5　基于不同定位基准的营销方法

1. 反向营销

反向营销(Reverse Marketing)是指在营销策略和营销活动上采取不同于常规企业的方式，通过自我贬低、宣扬不同点、寻找利基市场、违反定价规律等方式绕开竞争对手的强势点甚至反其道而行之，获取意想不到的营销效果。

2. 错位营销

错位营销(Differential Marketing)是指追求品牌和产品独有的差异点，避免完全同质化竞争，不正面和其他品牌竞争，既有所有品牌产品共同的产品特性，又有属于自己独特的表现，避开竞争锋芒，获得营销的成功。

3. 比附营销

比附营销(Analogy Marketing)是指通过企业自身和行业内的知名品牌企业的对比或攀附，使得目标受众快速获得产品或品牌信息，并留下更加深刻印象的行为。比附营销有时还会产生"爱屋及乌"的效果，使消费者将对行业知名品牌的好印象嫁接到企业自身品牌印象之中，获得更高的消费者评价。

比附营销案例

从比附起跳——蒙牛与伊利

1999 年初，蒙牛奶制品公司成立时，凑了 1300 余万元资金，开始了市场运作。当年，蒙牛的销售额就达到了 0.44 亿元，到 2002 年，公司销售额飙升至 21 亿元，增长了 48.6 倍；以 1947.31% 的成长速度在"中国成长企业百强"中荣登榜首，并连续三年创造中国乳业"第一速度"，在中国乳制品企业中的排名由第 1116 位上升为第 4 位，创造了在诞生 1000 余天里平均一天超越一个乳品企业的营销奇迹！"蒙牛现象"被称为"西部企业，深圳速度"。蒙牛创造的奇迹来源于多个原因，但比附营销策略在其中功不可没。蒙牛从产品的推广宣传开始就与伊利联系在一起，从蒙牛的广告和宣传册上可以解读出蒙牛的品牌定位是一种比附定位策略，如蒙牛的第一块广告牌上写的是"做内蒙古第二品牌"；宣传册上闪耀着"千里草原腾起伊利集团、蒙牛乳业……我们为内蒙古喝彩"；在冰激凌的包装上，蒙牛打出了"为民族工业争气，向伊利学习"的字样。蒙牛利用伊利的知名度，无形中将自己的品牌打了出去，提高了品牌的知名度，而且，蒙牛这种谦逊的态度、宽广的胸怀，让人尊敬、信赖，获得了良好的口碑。

蒙牛的比附定位策略是非常成功的，透过蒙牛的成功，可以折射出三个层面的思考：

首先，比附定位策略有利于品牌的迅速成长，更适应品牌成长初期。蒙牛认识到，中国大部分奶制品企业采用的都是国际一流设备，生产水平不相上下，产品同质化。面对有极高潜力的市场和加入 WTO 后与国外企业的激烈竞争，最紧迫的事莫过于搞好品牌建设，因而对于要创名牌的蒙牛来说，在创业初期使用这种策略是适宜的，但品牌成长到一定阶段后便不再适用。

其次，比附定位有利于避免受到攻击，防止失败。蒙牛采用比附定位策略在某种程度上是为了保护自己。蒙牛刚启动市场时只有 1300 多万元，在伊利、草原兴发这两个资本大鳄面前显得非常弱小，从竞争层面上看，草原兴发和伊利联手干掉蒙牛，是完全可能的。即使伊利只踩踩脚，蒙牛也可能东倒西歪，而事实上也出现过蒙牛的奶车被拦截的事情。蒙牛名为伊利和草原兴发免费做广告，实为自己的做法是非常明智的做法，壮大了自身，防止了两败俱伤。而且蒙牛有一句口号："提倡全民喝奶，但你不一定喝蒙牛奶，只要你喝奶就行"，进一步规避了风险。

然后，比附定位策略并非真正的谦虚，而是体现了实在的风格。蒙牛将"向伊利学习""争创内蒙乳业第二品牌"打在产品包装上，给人一种谦虚的印象。

(资料来源：江雪. 从"比附定位"起跳——蒙牛品牌是怎样树起来的[J]. 山西农业，2006(17):39-40.)

6.2.3　基于价值提供的营销方法

一、价值内容

价值内容是指企业给不同目标消费群体所提供产品或服务后导致的价值效用。顾客的需求是企业营销努力的起点和核心，以目标客户群体规模和特征作为企业价值内容的提供方向。不同的企业其行业性质、资产规模、决策方式、风险偏好、发展理念均有所不同，部分企业不得不由于更加"挑剔"的消费者对其所提供的价值进行进一步细化加工，做到"定点投放"，给每个目标消费者提供最大的价值效用，否则消费者可能对过于粗糙和广泛的大众产品不满而离去；也有部分企业限于企业的资源能力、产品服务的特点而只能提供大众化的产品，以庞大的基数弥补人均收益水平的不同，用"广撒网"的方式满足一切潜在消费者的需要，给每个目标消费群提供最大的价值效用；亦有部分企业直接将选择权交给消费者，让消费者描绘他们所需要的东西，企业再想方设法进行满足。根据价值内容的差异，营销方法可以分为大众营销、分众营销、基准营销、众筹营销。

1. 大众营销

大众营销(Mass Marketing)又称广泛市场营销或大量市场营销,通过大量生产和销售，将标准化的产品投放到宽泛的市场之中,注重消费者需求共性,忽视不同消费者的需求差异。企业在市场细分上没有付出过多的努力，而是将精力集中于制造优质且有用的产品上。例如：福特汽车采用流水线制造 T 型车,适配了大众消费者的支付能力，满足了质优价廉的大众需求，因此其不需要对汽车进行个性化设计和制造，千篇一律的 T 型车反而大受欢迎。同样采用大众营销的成功企业是可口可乐公司，其向所有市场只投放一种产品却受到所有国家和地区消费者的好评，尽管近年来可口可乐公司为了迎合消费者多样化需求而推出了其他口味的产品，但不可否认的是，凭借经典口味的产品，可口可乐公司做到了"一招鲜吃遍天"的成功。

2. 分众营销

分众营销(Focus Marketing)相比于大众营销，在市场划分或者市场细化上做出了企业的努力。企业在进行市场调查分析之后，将目标用户细分，划分出不同的目标用户群，生产同一类型产品满足某类目标用户群的需求，即"小范围的大众营销"，由于产品和服务更有针对性，所做的营销努力将获得更大的回报，也能有效降低"广撒网"式的无效营销成本。

3. 精准营销

精准营销(Precision Marketing)要求企业对客户信息充分了解和掌握，对客户进行精确定位，有针对性地进行营销，用最小的营销努力获得最大的经济产出，是借助现代化网络技术、移动通信技术来实现信息收集和用户互动的一种营销方法。

4. 众筹营销

众筹营销(Crowdfunding Marketing)是指将内容生产的主导权交给消费者，通过消费者集思广益，提出满足大部分人需求的产品诉求，企业跟消费者进行双向沟通，根据这些产品诉求进行生产制造和柔性改进以提供价值的一种营销方法。据悉，由乐视 TV 开创的众筹营销，更加注重用户价值的发挥，使得用户的意愿能更多反映到产品的研发、生产、销售和使用过程中，形成不断扩充、无限循环、正向生长的良性发展。在设计与研发上，众筹营销让用户深度参与，甚至可以为用户进行"客制化 DIY"，真正打造出适合用户兴趣和需求的产品。这与传统硬件企业的封闭式设计与开发仅由精英工程师研发，有本质不同。传统设计与研发模式下企业多根据自身经验制定产品设计与研发规划，工程师掌控研发环节，再经过生产部门批量投产进入市场；众筹营销模式下产品研发的更多思路来源于用户，工程师根据"千万用户"的需求进行研发，真正实现了"千万人研发，千万人使用"。

二、价值变现

变现的含义是指将非现金的资产和有价证券等换成现金。价值变现则是企业将产品和服务所提供的价值最终转换成企业生存发展所需的资源。价值变现的观点是基于可持续发展的理念得出的，企业需要生存与发展，势必不能一味满足消费者价值与社会价值而不求任何回报，那样企业便失去了运营的可持续性。对于社会来说，即使短期内企业纯公益行为有利于社会和消费者，但从长远来看会扰乱市场，造成经济混乱，并不可取。因此要通过满足顾客价值或社会价值最终获得企业的价值，所以价值变现的核心便是盈利模式。从企业角度来说，盈利来源基于收入来源、成本构成、收入与成本的关系。收入来源包括信息的出售、渠道平台的收租、产品性能的提供等；成本构成包括信息收集费用、渠道建设费用、产品生产费用等。由于合作对象与合作方式的不同会产生不同的盈利模式，价值变现可以分为搬砖头营销、傍大款营销和嫁接营销。

1. 搬砖头营销

搬砖头营销(Brick-Moving Marketing)是最为常见的盈利模式，指企业通过自身商业行为进行低买高卖、实现产品增值，并未对核心产品和服务进行本质改造，即"砖头"不变，而顾客需要为从工厂到自家房子的运费买单。搬砖头营销模式广泛运用在零售行业，如超市、便利店等。

2. 傍大款营销

傍大款营销(Moneybag Marketing)是指通过与优秀的企业商家合作或者代理进行前期的营销活动，以此完成本企业原始资源与经验的积累，最终成长起来独立运营的一种营销方式和成长方法。

3. 嫁接营销

嫁接营销(Grafting Marketing)是指通过合作将多个企业的营销行为结合起来，从而可以借用他方的资源或平台，以企业联合竞争的思想将之服务于自己的产品的一种营销方式。同样的，自己的资源或平台也可能被合作方利用，因此嫁接营销可能产生双赢的局面。

三、价值沟通

沟通是指人与人之间、人与群体之间思想与感情的传递和反馈的过程，以求思想达成一致和感情的通畅。营销领域的沟通是差异化十分严重的环节，不同的消费者具备不同的特征偏好，个性化的存在使得企业的营销沟通需要十分谨慎，不同的场景适合的沟通方式和沟通内容都不尽相同。价值沟通就是通过营销活动将价值正确地传递出去，准确地传递产品价值，塑造品牌形象，获取经济利益。

1. 沟通内容

激烈的市场竞争格局让企业从被动满足需求转向主动创造需求，因此在沟通内容上，对消费者传递理念的营销方式越来越流行。消费者教育是指通过一定的手段，将公司、产品、服务、政策、策略等期望消费者了解的信息传播给消费者，并获得认同的过程。由于消费者的消费需求与消费者的利益并不总是一致的，营销企业仅仅"迎合"需求是不够的。在营销活动中倡导和培养何种消费观念对营销结果有着重大影响，消费者教育作为一种营销手段，追求消费者利益和企业利益的高度统一。依据消费者教育程度的深化、沟通内容的不同划分，价值沟通可以分为观念营销、知识营销、情感营销和文化营销，如图 6.6 所示。

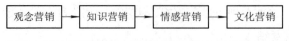

沟通内容逐渐深化

图 6.6　基于沟通内容深化的营销方法

(1) **观念营销**(Concept Marketing)。这是价值沟通内容中对消费者传播内容层次最低的一种，主要是指通过企业在产品推出前后的相关营销活动，将某种适用于该企业品牌或产品的观念推向消费者并让消费者接纳，从而使消费者愿意主动选购自家产品的一种营销方法。

(2) **知识营销**(Knowledge Marketing)。知识营销是指相比于观念营销，沟通层级进一步升华，不只满足于向顾客传播一种观念，而是将产品相关技术知识理念传达给消费者，使消费者接受新的产品理念或者衍生出企业所期望的消费需求进而成功营销的一种方法。需要注意的是知识营销不等同于知识产品营销。产品知识营销或知识类产品营销是指企业所提供的产品就是指信息或者知识本身(如"知乎")，是针对该产品进行的营销活动。

(3) **情感营销**(Emotional Marketing)。这是将消费者情感需求与物质需求结合考量的一种营销方法，目的是获得消费者的情感共鸣或者将消费者的情感引向品牌与产品的一种营销活动。

(4) **文化营销**(Cultural Marketing)。文化营销是指将企业文化传达给目标消费者的一种营销方法。这种营销方法的沟通内容层次最高，是企业营销人员用企业价值观构建消费者心目中形象的一种方式。认同企业文化的顾客往往能够创造出最高的生命周期价值，并且会成为企业营销传播力量的一部分。也有部分文化营销追求将现有产品或品牌与某种消费者已知的文化相联系，基于文化认同感进行营销活动。

 情感营销案例

网易云——音乐的力量

网易公司在 2013 年发布了网易云音乐，它具有听歌识曲、音乐播放等多种基本功能，尤其是开创了音乐社交，改变了用户听音乐的习惯。网易云音乐对目标用户和品牌定位认知明确，致力于创建一个音乐社区，为用户提供分享的平台，主要针对年轻人及一些对音乐有多样化需求的用户群体。

情感营销为网易云音乐赢得了更多用户，利用用户的情感相似性，将用户和用户联结起来，形成"产品—用户—更多用户"的纽带，共同创造价值。因此，网易云音乐注重用户的情感体验，分析不同场景下用户的不同情感需求，运用情感营销，引起用户情感共鸣，提高用户黏性，在建立人际关系、树立企业形象、实现企业长远发展目标等方面，营造情感营销环境始终是极其重要的因素。网易云音乐的情感营销主要有以下几个特点：

一是以歌单为核心主打。由用户自行建立或主动投稿分享歌单，这类歌单的产生丰富了歌单内容，满足不同音乐爱好者的需求；另一方面，有的歌单通过偏好相同者的筛选，增加歌曲之间的关联性，能更精准地满足同类音乐爱好者的需求，让用户觉得网易云音乐了解自己，可以为自己推荐喜爱的歌曲。

二是 UGC(User Generated Content，用户原创内容)乐评可看性强。评论功能一直是云音乐传播的重点，它能提供给用户一个播放音乐、表达情感的平台。另外，它还采用点赞加评论的方式，增加用户间的互动频率，突出音乐和感情的联结，让用户逐步形成"边听歌边看评论"的习惯，在评论中找到情感上的认同感和归属感，乐评的可看性显而易见。

三是网易云的个性化推荐。其推荐非常精准，可给用户推荐曾经很喜欢但却不知其名的歌曲，这种惊喜感易使用户产生好感。网易云从实际出发，考虑用户的情感诉求，对用户真诚、信赖，在各个方面为其着想，从而赢得用户的好感。

情感营销注重顾客的体验感，消费者购买商品不但看重商品本身还要获得情感上的满足。2013 年才上线的网易云音乐在 QQ 音乐、酷狗音乐等已经占领大部分市场的情况下，在 2015 年用户数量突破 1 亿人。网易云音乐正是通过情感营销，成功地扩大了市场，提高了知名度。

(资料来源：牟梦莎，乔丽娟. 网易云音乐的情感营销策略研究[J].农村经济与科技，2019,30(22):125-126.)

 文化营销案例

长沙茶颜悦色的中国风茶饮文化

在创立品牌的前几年，湖南省长沙市知名奶茶品牌——茶颜悦色一直保持着匀速发展，第一年 5 家，第二年 6 家，第三年十几家，但到了 2017—2018 年，茶饮品类爆发，茶颜悦色也随之进入了快速开店期。

茶颜悦色能够发展这么快，其定位和包装是最大功臣，茶颜悦色在字体选择上、装修设计上、杯子画风上、海报宣传上、产品名称上乃至室内摆设上等已经形成了独特的中式传统文化现象，处处透着一股文雅之气。

对此，茶颜悦色负责人非常坦诚地说，"我们也是'蹭'上了茶饮爆发的流量。"在外界看来，茶颜悦色区别于其他茶饮品牌最鲜明的标签是其"文化属性"。比如他们杯子的创意，常常来自名家名画，如图 6.7 所示，中国文化帮他们俘获了大量年轻人，甚至有网友开玩笑地说，茶颜悦色简直是最会做茶饮的文创店。

图 6.7 茶颜悦色

"人们买的不是东西，而是他们的期望。"营销大师 Ted Levitt 曾说过这样一句话。如果套用到如今的餐饮营销里，则可以这样说，"消费者感知的不是餐饮品牌，而是他们心中的认同感。"要想让消费者真切感知，不能硬性地向他们灌输，而应该以受众易于接受的传统文化唤醒他们心中的文化认同感。在颜值即正义的时代，包装意味着传播力，意味着能否有机会成为网红饮品。在这一点上，茶颜悦色可以说是深谙其道。为此，除了将门店的装修设计打造成中国风主题之外，就连品牌的 LOGO 都是带着浓厚的江南女子味道。也就是说，与时尚和现代感不同，茶颜悦色追求一种古典优雅、超脱静谧的安逸舒适感。

想要消费者对餐饮品牌有文化认同感，结合传统文化打造自己的美食 IP 必不可少。一个好的传统文化美食IP，既能让消费者有文化认同感，又能让消费者有品牌认同感。就连茶颜悦色的创始人自己都没想到，自己的品牌居然成为了长沙的地标。因为，与小龙虾、臭豆腐、某某水果不同，新茶饮中还没有哪一个品牌与地域紧密的结合到一起。

茶颜悦色尽管也拥有上百家门店，但是全部遍布在长沙城内，就像便利店一样，消费者时刻有喝奶茶的需求都可满足。高密度的覆盖反而会增加消费者的消费频次，进而产生路径依赖和品牌黏性。同时整体传播节奏层层递进，概念普及、互动传播、形象升华三个步骤相辅相成，很好地将品牌理念与文化内涵结合到一起，打造出一个"认同式"文化营销的典型案例。

（资料来源：诡道策划. 茶颜悦色，教你玩转传统文化营销[EB/OL].豆瓣网，2019-08-20.）

2. 沟通方式

有效沟通的因素还取决于沟通方式的选择。企业与顾客的沟通方式正逐步由侵入模式向邀请模式转变，消费者由被动接收产品信息到主动体验产品功能，不同的沟通方式的成本和收益也不同，另外还要综合行业性质与产品特性进行沟通方式的比选。若以沟通方式的角度划分，根据沟通成本、沟通难度以及沟通层次的逐步增加，可以将价值沟通划分为教育营销、感体营销和体验营销，如图 6.8 所示。

图 6.8　基于沟通方式深化的营销方法

(1) **教育营销**(Educational Marketing)。这种营销方法是指通过线上线下沟通交流，以人际交流、活动宣传等教育形式向消费者进行产品介绍，传递产品理念与价值的一种营销方法，是沟通方式较为基础的一种营销，多数产品和服务均适用或只能使用这种方式进行营销活动。

(2) **感体营销**(Simulation Experience Marketing)。这种营销方法是介于教育营销与体验营销之间的一种营销方式，是指通过模拟构建产品真实的使用场景，让消费者体验到使用产品的具体感受，但并没有真正提供产品的一种营销方式，该方式兼顾了教育营销的理性与体验营销的感性。

(3) **体验营销**(Experiential Marketing)。体验营销是从消费者的感官(Sense)、情感(Feel)、思考(Think)、行动(Act)、关联(Relate)五个方面考虑的营销模式，

该模式大致可以分为两种：一种是以引导消费者完成系列体验促进消费诞生的体验式营销；另一种是以突显产品及服务的体验价值来促成消费行为的营销方式。前者可以被称为体验营销的普遍形式和初级阶段，后者则是复杂形式和高级阶段的体验营销。后者是通过各种媒介不断刺激消费者的感官和情感，以更加感性的方式传递品牌价值和产品利益的营销方法，难度更高但收益也更大。

体验营销案例

宜家，让你身临其境地选购

众所周知，宜家是家居行业首屈一指的巨头。到目前为止，宜家已经是全球范围内成长最快、规模最大、影响力最为深远的家居企业之一。宜家在我国市场上也取得了巨大的成功。宜家能取得今天的成就，与其一贯坚持的体验式营销理念分不开。

宜家 Logo 如图 6.9 所示。

图 6.9　宜家 Logo

传统的家居卖场布置一般是将同一类别的产品摆放在一片区域，供消费者挑选，例如，一片区域中全都是书柜或者沙发。而宜家则不然，宜家的卖场布置最值得称道的创举就是样板间。所谓样板间，就是在一个隔间中，按照某一主题的房间(如卧室、书房)摆放家居产品，从而为消费者营造出一种身临其境的、不同于传统家居卖场的体验。这种布置方法相比传统的卖场布置有许多优点。首先，样板间的布置可以给消费者营造一种轻松、温馨的气氛，让他们的购物体验更好，愿意在卖场逗留更多时间；其次，样板间除了展示产品，还能为消费者提供一些家居布置方面的参照，消费者通过参观样板间，能够设想出某一件产品摆放在自己家中的视觉效果，样板间的家居布置也能为消费者提供装修的新思路，许多消费者在参观样板间后，会成套地购买宜家的产品，而不是像在其他卖场一样只购买某一件；再次，与一些家居卖场不允许消费者体验展出的产品不同，宜家卖场允许、鼓励消费者试用、体验卖场中展出的产品，消费者可以坐在客厅样板间的沙发上，可以摆弄厨房样板间桌上的餐具，这一做法能让消费者亲自体验到产品的质量，可以帮助消费者更快、更准确地做出购买决策，选购自己真正需要、真正满意的商品。

宜家的体验式营销使得消费者能够更加准确地选购适合自己的产品，在让消费者获得更好购物体验的同时获得了顾客的好感，而且体验式营销使得消费者在购买家居时第一时间想到宜家，也更加愿意前往宜家，再加上宜家的产品质量做工较好，款式设计也往往能抓住消费者眼球，通过体验式营销打开的销路配上优质的产品，给宜家带来了源源不断的客流，也使得该企业一步步成长为家居行业的领军品牌。

(资料来源：郭子赫.宜家家居的体验式营销策略分析[J].现代商贸工业，2020,41(10):36-38.)

四、价值传递

价值传递是价值提供的最后一个环节，基于不同的传递目标，利用各种渠道与媒介，可以采用多种方法有效传递价值，能够与意见领袖合作获得消费者的能力信任，也能够以平民化平台媒体取得消费者的情感信任。

1. 传递目标

营销者应当在实施营销活动之前明确传递目标，目标是对活动预期结果的主观设想，是服务于最终营销结果的，在企业进行价值提供时，并非要与最终消费者面对面接触，保证所有企业与消费者直接接触既不现实也不符合"效率—成本"的经济学原理。企业还可以只作为价值传递的一个中间环节，通过上下级合作企业完成整个价值提供流程，而满足消费者需求后带来的收益则可以由不同层级的企业分润。根据不同的传播目标衍生出不同的传递模式，价值传递的营销方法可以划分为直复营销、窗口营销和借力营销，如图6.10所示。

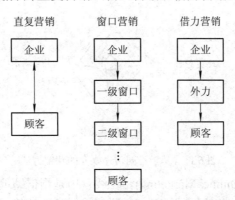

图 6.10 基于不同传递目标的营销方法

(1) **直复营销**(Direct Response Marketing)。直复营销的相关研究较多，美国直复营销协会 ADMA 对直复营销的定义是："一种为了在任何地点产生可以度量的反应或达成交易而使用一种或几种广告媒体的互相作用的市场营销体系。"起源于邮购活动的直复营销实际上的涵盖范围较为广泛，电话营销、电视营销、目录营销、网络营销等，只要能够将企业的营销努力通过正确而直接的途径向消费者有效表达，并在双向沟通中提高效率，在保证收益的情况下有效降低双方的成本，让时间成本和经济成本的降低转化为企业竞争优势的营销活动都可以称之为直复营销。

(2) **窗口营销**(Window Marketing)。窗口营销是指企业向一级窗口投放产品，再借由一级窗口向下一级窗口传递，直至最终传递到消费者手中的一种营销方法。一般以某个地区作为一级窗口，负责的区域越小对应窗口的级别越低。

(3) **借力营销**(Leverage Marketing)。借力营销是指借用外力实现自己营销目标的营销方式。外力包括一切不属于企业自身但可以利用的营销资源(如品牌、渠道等)。

2. 传递媒介

在明确了传递目标之后，营销者在种类繁多的传递媒介中找到覆盖面、传递速度、成本适中的传递媒介，权衡后使用恰当的媒介开展价值传递。由于技术环境和经济环境的更迭，加上不同时期对成本效益和可行性的综合权衡，营销者采用的主流传递媒介不尽相同。基于不同的传递媒介可以将营销方法划分为在线营销、离线营销和线下营销，如图 6.11 所示。

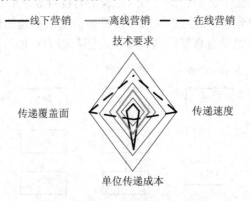

图 6.11　基于不同传递媒介的营销方法

(1) **在线营销**(Online Marketing)。在线营销是指借助现代通信技术、连通互联网进行跨时间、跨地域的交互式营销活动，是以计算机网络为主要价值传递媒介的营销方法。由于主要借助网络的力量，所以目前在线营销也被称为网络营销。这种营销方式受众广、可操作性强，能实现多渠道的量级信息交互，例如借助微信、微博、网页等渠道进行的营销活动，还有近来较为热门的网络直播带货等营销活动，这些营销活动往往覆盖面广，渗透力度大，受众群体广泛。艾媒咨询的数据显示：2019 年淘宝直播电商在线交易额达 2500 亿元人民币，2019 年天猫"双 11"期间，超过 50%的品牌商家抓住淘宝直播的新风口，"双 11"全天淘宝直播带动成交近 200 亿元人民币。随着 5G 时代的到来，在线营销将在企业营销活动中占据不可替代的地位。

 在线营销案例

优衣库与 KAWS

2019 年 6 月 3 日，优衣库与美国当代艺术家 KAWS 合作的"KAWS:SUMMER"系列正式发售，上线一分钟后便有网友在社交媒体晒图：购物车因库存不足无法购买。6 月 3 日上午的社交平台上有"哄抢"视频流出：不少顾客在优衣库开门前就已蹲守，大门刚一打开，就迫不及待地从门缝涌入，随后，柜台上的联名款被抢购一空，模特身上的此款衣服也被扒了下来……短短数小时，微博话题"优衣库联名款遭哄抢"登上热搜榜前五。

在发售之前，优衣库与 KAWS 合作的产品已经在优衣库官方平台进行预热，随后陆续公开颜色与样式，发售日前夕，KAWS 官方声称这将是双方最后一次联名。6 月 3 日开售当天，艺人井柏然在微博发布身穿同款 T 恤的社交内容，关注度被彻底点燃。图 6.12 为优衣库与 KAWS 联名的玩偶。

这不是优衣库与 KAWS 的第一次合作，早在 2016 年，优衣库就与 KAWS 联合推出 UI 合作系列，UI 系列发布的前一个月，优衣库就开始通过 KOL 向受众介绍 KAWS 及其作品受欢迎的原因。在今年的联名系列推出时，还同步推出了两款推广视频，以刺激消费者"买买买"。

图 6.12　优衣库与 KAWS 联名的玩偶

(资料来源：北木. 2019 年经典网络营销案例[J]. 标准生活，2019(11): 36-39.)

(2) **离线营销(Offline Marketing)**。离线营销是相对于在线营销而言的，是指借助媒介载体但不借助网络，只进行单向传递的营销活动的总称，这种营销方式往往具有内容不变、传递时间固定的特点，相对于在线营销而言缺乏交互性和灵活性。离线营销包括众多传统媒介，例如广播、报纸、电视等，在网络营销未曾兴起之前，离线营销是企业的主要营销传递方式。

(3) **线下营销(Off-Line Marketing)**。线下营销是针对线上营销而言的，指主要采用人员作为营销传递力量的营销方式，这种方式是最原始、应用最多的方式。包括电视、报纸、广播、杂志、互联网、电影院、户外七大媒介以外的其他营销活动，主要是不借助媒体进行营销活动，给消费者更加直观的营销展示，留下更加深刻的产品印象。线下营销活动往往能使消费者产生更大的购买意向，但由于线下营销往往成本较高，并不能作为一种长期频繁的方式，目前很多企业采取线下营销与线上营销相结合的方式，权衡成本和效益。

6.2.4 基于价值提升的营销方法

一、提升路径

从价值提升的路径来看，由"中心化"向"共享式"转化，由传统的仓-店主导转为内容主导，消费者不再使用信息搜索和备选方案评估作为购买决策的基础，企业的顾客流量获取不仅局限于单一的经济价值，而是借由社交衍生出更多的经济价值，口碑、关系、长辈的推荐、朋友的交流，绕不开的人情世故可以加速营销传播，借由人脉圈拓宽企业价值传递的路径，使得营销活动渗透力度更大、速度更快。根据提升路径的复杂程度不同，价值提升可以划分为裂变营销、病毒营销和关系营销，如图 6.13 所示。

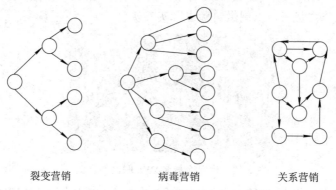

裂变营销　　　　　　病毒营销　　　　　　关系营销

图 6.13　基于不同提升路径的营销方法

1. 裂变营销

裂变营销(Fission marketing)是指首先将营销努力作用于同一处，取得单点突破后再对成功的经验进行复制，作用于下一处，形成细胞裂变式的营销传播路径的一种营销方式。

 裂变营销案例 1

趣头条的收徒机制

趣头条的迅速崛起也同样得益于裂变营销，同样采用多样的福利来诱导关注，从而获得品牌曝光度和用户。作为一个内容平台，趣头条送福利主要通过阅读赚钱和收徒机制来进行。

所谓的阅读赚钱就是阅读趣头条上的新闻可以获得一定数量的金币，金币可以按照一定的比率兑换成人民币，这对于用户来说是门槛非常低的一种赚钱方式，而除了阅读外，用户每日签到、做任务、开宝箱等，都可以获得金币。

趣头条还有一个比较有特色的活动就是收徒机制，其实本质上就是邀请好友得福利的一种形式，在内容上用户可以向好友分享二维码、邀请码，邀请其注册趣头条，注册成功后用户就能够获得金币奖励，而同时"徒弟"在进行有效阅读获得金币时，作为"师父"也可以得到一部分的"金币"进贡；而如果"徒弟"也进行了收徒，那作为"师父"也有了"徒孙"，在这一过程中"师父"也同样可以获得金币奖励。

除此之外，还有邀请好友拿现金、分享抽奖、福利社送福利券等多样的环节。通过这些活动获得利益，可以让很多人利用自己的碎片时间阅读赚钱，同时发展"徒子徒孙"获得金币，以及得到更多其他的福利。利益点的多元化，不仅让很多用户产生兴趣，传播了品牌，也很好地达到了"拉新留旧"的目的。

（资料来源：李姗. 浅析渐变式营销成功案例四则[EB/OL]. 360doc 个人图书馆，2020-01-04.）

 裂变营销案例 2

必胜客真假闺蜜活动

背景：必胜客推出新品下午茶

目标：在移动互联大环境下快速吸引目标客群的关注，抓取线上潜在用户导流线下实体店。

创意：结合当下"约"的热点话题，创造"真假好闺蜜"线上测验，共享免费券导流线下门店。

结果：一个月净增粉丝超 200 万人。活动页点击访问量近百万次，核销率近 30%。

话题：进入信息化时代，人与人之间的沟通逐渐由以往的面对面交流转移到了线上，想知道你的朋友们对你的了解究竟有几多？"不懂就约"活动将你的生活、工作、情感等现状融入试题，通过线上 DIY 的试卷来知晓朋友们对自己的知心度。必胜客下午茶走一个，吃吃喝喝聊聊，不懂就约吧！真朋友面对面！

机制：用户通过活动后台预设的 20 道题选出自己最想考验朋友的 5 题(出题后可得到免费甜品券 1 张)，分享朋友圈/发给指定好友/微信群，朋友完成答题后(也可得到免费甜品券 1 张)也出一套题给 TA 的好友们，形成种子用户裂变效果。结合当下"约"的热点，创造"真假好闺蜜"测验，抓住用户求真的好奇心。在互动测试题的同时增加了分享鼓励机制(得到额外的奖励——免费甜品券)，引发用户相互传播，从而达到一个用户带动身边 N 个(裂变)用户的目的，形成自循环种子裂变效果。采用 O2O 的模式由线上发起测试题，并提供参与活动的共享利诱，导流到线下门店。

（资料来源：林莹，徐达内，沈凤丽. O2O 裂变营销：必胜客下午茶[J].中国广告，2016(09):25.）

2. 病毒营销

病毒营销(Viral Marketing)是指借助人际关系网络，将产品信息或营销信息像病毒一样在人际间快速扩散，具备超强的裂变性的一种营销方式。互联网络的出现使社交网络复杂化，信息传播速度也呈指数性增长趋势，这有助于病毒营销的最终成效。病毒营销的核心在于找到引爆点，如何找到既迎合目标用户口味又能正面宣传企业的话题是关键，成功的病毒营销不仅成本低、速度快、覆盖面广，最终的用户转化数量也较高，因此能在短时间内获得大量客户流与现金流。

由于病毒营销是通过自发的方式向用户传递营销信息，因而其特点有别于其他营销方法。首先，推广成本低，由于其利用目标用户的热情，使得新媒体运营者的信息推广与传播的渠道成本大大降低；其次，传播速度快，病毒营销采取自发式、非强迫式、扩张式的信息推广方式，通过人际传播，传播速度相比于其他渠道更加迅速；最后，效率高且更新快，由于病毒营销的传递者是"身边的人"，克服了信息传播中的噪音，增强了传播的效果，提高了信息接收效率。

病毒营销案例

支付宝病毒式红包的成功

在日新月异的网络时代，错综复杂的网络将人类密切联系在一起。微信、QQ、微博、Facebook 等社交平台成了人们每日必需的社交工具，也给人们提供了关注社会民生、畅所欲言的场所，时时刻刻影响着人们的生活。

2017 年开始，支付宝就多次推出瓜分"红包"或"赏金"的活动。活动期间，用户只需要将二维码、活动内容、链接发给自己的亲朋好友，甚至微信、QQ 群，传播成本几乎可以忽略不计。赚赏金活动宣传方式的多样性，使它在短时间内复制传播能力极强，同时它的分享者会获得和领取者一样数额的红包，但是只有当领取者将红包支付出去，相应的赏金才会到达分享者的账户，这种简单易学、互惠双赢的设计使得全民皆用支付宝。支付宝领取红包的界面如图 6.14 所示。

支付宝在活动期间巧妙利用全球最大社交平台微博进行宣传推广，扩大了活动知名度和参与度，双方形成协同效应。支付宝在其软件中卡包里的"惠支付"中推出了发红包赚赏金营销活动，用户不仅可以自己领取支付抵扣红包，还可以邀请朋友和家人得红包，在被邀请者将红包支付后，邀请者同时会获得与被邀请者同样数额的红包用于消费，甚至附带便利店专享红包。如此双方受益的活动，使得支付宝短时间内打开以及使用次数快速上升。

图 6.14　支付宝领取红包的界面

支付宝通过"病毒式"红包方式将一部分利益回馈给消费者和商家用户。用户通过网络和通讯结合的整体，参与支付宝的各种红包活动，实现消费者与商家用户之间的互动合作和信息共享。面对支付宝豪气的一掷"亿"金，三四线城市甚至乡镇地区居民都开始积极主动用支付宝付款。

尽管投入不菲，但支付宝红包活动使得许多老用户成为支付宝的忠实用户，更开发了二三线城市乃至农村地区的新用户，大大增加了支付宝的用户群体数量，也提高了支付宝在移动支付市场中的份额和地位，从总体上是有利于发展的。

（资料来源：史振厚，邱靖涵，白占俊. 支付宝"病毒式"红包营销策略研究[J]. 经济研究导刊，2018(20):109-110，123.）

3. 关系营销

关系营销(Relationship Marketing)是将双向沟通、人际互动运用在裂变式营销中的一种营销方式。关系营销相比于病毒营销更进一步，加深了人际信息传播的联系紧密程度，病毒营销开始由单向转为双向传播，而关系营销本身就基于双向沟通、多方沟通的人际网络。

二、提升手段

企业将某种类型的价值表达做到极限后将会由于消费者的多样性需要和愈加挑剔的眼光遇到发展瓶颈，或由于产品生命周期进入衰退期导致原有消费者市场面临消失或被竞争产品抢夺的情况，企业要保持市场竞争力就要将单一价值转化为多元化价值，提升企业品牌形象和产品总价值，扩大目标消费者群体规模，增加顾客忠诚度和满意度，还要发挥企业资源和信息优势，在开发市场需求时有意识地从主动迎合消费者需求转移到主动发掘消费者需求上。根据提升手段的不同，营销方法可以划分为纵向营销、水平营销和大数据营销。

1. 纵向营销

纵向营销(Vertical Marketing)是传统意义上的营销方法，是指以需求分析为起点，经过市场调研、STP 分析等环节使企业产品成功匹配消费者需求的一种营销方法。

2. 水平营销

水平营销(Lateral Marketing)又称横向营销，是具有启发性和创新性的一种营销行为，是指利用现有资源跨越原有的产品和市场界限，在其他市场上获得额外利润的营销活动。水平营销重组已知信息，通过更富探索性、可能性、诱导性的创新思维，从微观过渡到宏观。水平营销过程产生新的方向，而纵向营销沿着一个固定的方向前进，前者具有启发性，后者具有分析性。

3. 大数据营销

大数据营销(Big Data Marketing)是指基于对多平台数据采集得出的大数据进行深入分析以挖掘顾客潜在需求从而设法满足顾客要求并最终获取收益的营销方法。该方法广泛运用于网络广告领域，以更迅速和更具针对性的方式向网络用户传递营销信息。"精准"是大数据营销的核心，但随着大数据的普及，有针对性地投放广告已经不是某些企业独有的优势，如何从海量的数据之中挖掘消费者潜在隐性的需求是大数据营销的发展方向之一，仅仅靠着数据关联性和准确性已经不足以在大数据时代保证强有力的市场地位，达成高效的营销成果。

【课后思考】

1. 谈一谈你对价值管理循环体系四个环节的理解并根据自己的理解分析一下价值管理循环的整个流程。

2. 简述新媒体时代基于价值管理循环的营销方法都有哪些，选择其中一种最感兴趣的营销方法，结合当今新媒体情境具体谈谈你对该方法的理解。

3. 谈一谈绿色营销、社会营销和公益营销三种营销方法的区别。

4. "瓶行宇宙"(BottleDream)致力于中国社会创新活动，以一年一度的"美好大会"为契机，提出特定社会议题，并集合多方社会力量共同收集全世界创新有趣的创变者与方法，实现共赢。2017 年"瓶行宇宙"联合联合国粮食与农业组织及本土具有创变精神的企业和品牌共 21 个，以"不浪费，好好爱"为主题，举办了一场不浪费的美好生活行动，直播观看累计 1100 万次，多渠道传播达 1.8 亿人。请你结合"瓶行宇宙"等公益企业的营销方法，谈一谈企业应该如何通过公益营销扩大品牌影响力。

第7章 新媒体营销的运营策略

通过前面章节的分析，我们了解了新媒体时代的传播机理与消费行为为新媒体营销的开展奠定了传播基础，同时也总结了开展新媒体营销所必不可少的营销工具与营销方法的选择，接下来就需要新媒体运营者制订具体合理可行的营销策略，以保证新媒体营销的顺利开展，从而实现营销目的。本章基于价值管理视角提出"4M营销组合"理论，将新媒体营销策略划分为营销分析、营销设计、营销执行和营销创新四个阶段，并对每个阶段的运营策略进行详细论述。

学习目标

➢ 掌握新媒体营销的运营流程。
➢ 理解新媒体营销运营策略中各个环节的具体内容。

 案例导读

"完美日记"的"完美"营销

在国内化妆品红海市场，已经形成了由外资占绝对主导、大众市场内资奋起直追、美容和个人护理市场竞争激烈的市场格局。毫无疑问，国际品牌在竞争中占有较大优势，对于国内化妆品企业而言，要想在竞争激烈的市场中取得一席之地，异常艰难。然而黄锦峰创立的"完美日记"仅成立三年，就在短时间内实现弯道超车，成为新兴国产彩妆品牌，摇身一变成为仅次于华为的、00后最喜爱的国货品牌，最新一轮企业估值高达 10 亿美元(2019 年第三季度)。自 2016 年品牌成立以来，这只新锐独角兽成为 2019 年创投圈内唯一一个以罕见速度增长的现象级案例。

"完美日记"在诞生之初就将目标消费群体定位为 18 至 28 岁的年轻女性。90 后、95 后相较于 80 后衣食更加无忧，倾向个性消费，追求个性鲜明、与众不同的产品，消费方式也从炫耀式变成如今的体验式。正是意识到这一转变，黄锦峰及其团队以更灵活的姿态针对 90 后、95 后消费群体量身打造出一套全新的彩妆形式，使之成为了"完美日记"的主战场。

除了自身产品与品牌定位之外，"完美日记"的成功很大程度上取决于其精准高效的营销策略，管理者能够很好地审时度势，借着当今"社群经济""流量经济""网红经济"的红利，依托新媒体开展各种各样的营销活动，以此成功打响品牌知名度，塑造良好的品牌形象，抢占市场份额。

1. 借力新媒体，营销多元化

小红书。随着移动社交网络的深入推广，以 90 后、95 后新一代女性为主要用户群体的小红书异军突起，成为中国美妆爱好者的聚集地。小红书是一个集海外购物、社区分享和跨境电商为一体的平台。其中，社区分享是最受广大用户青睐的部分，小红书用户在使用了某款产品后，可以通过上传图片、拍摄视频、发表心得等方式进行分享。"完美日记"的目标用户是年龄在 18 岁至28 岁之间的年轻女性，她们注重时尚，喜欢分享，认为用户的口碑营销比传统广告更具说服力。对于这个新兴国货品牌而言，小红书是最佳营销渠道，"完美日记"将它定为第一引流阵地。2018 年 2 月，"完美日记"开始以小红书为核心渠道运营，加大投放力度，规划投放速度，树立品牌知名度，培养用户心理，其销量也随之迅速上升。截至 2020 年 3 月，"完美日记"小红书官方账号已坐拥粉丝 193.2 万人，相关笔记达到 629 条，获得的点赞数超过 292.4 万个，全平台笔记数达 19 万余条。

B 站。该平台 80%以上的用户是 90 后，50%以上的用户来自一线城市，具备一定的经济基础，这与"完美日记"的目标销售群体不谋而合。"完美日记"运营团队将装有最新产品的 PR 包裹免费送给美妆博主试用，这些美妆博主在试用之后则会产出测评视频。在 B 站上搜索关键词"完美日记"，搜索结果达到了 B 站 50 页的上限。部分视频的标题有着极具诱惑力的描述，如"性价比之王""良心国货""风很大""谁能抗拒"等(注：广告用语与商品宣传用语要遵守国家相关规定)。对于早已厌倦传统植入式广告的年轻一代来说，B

站上的弹幕互动也成为吸引他们注意力的理由之一。UP(Upload) 主(上传者，亦称为阿婆主)发布关于完美日记产品的测评视频，弹幕再继续营造引导性的氛围，如此便造就了完美日记在该站颇高的营销投入产出比。

微信。完美日记通过微信公众号运营和人格化客服创建流量蓄水池。消费者在收货的同时会得到一张红包卡，方便引导顾客关注完美日记微信公众号和名为"小完子"的个人客服。比起售后客服，"小完子"看起来更像是一个时刻陪伴用户的贴心好友：在朋友圈，"小完子"勤于分享美妆、种草、生活动态，恰似一个喜欢化妆又懂化妆品的普通女孩；在微信群，"小完子"会不定时发布促销、抽奖等活动；在私聊界面中，"小完子"均由真实的工作人员回复，如此亲和又易于交流，在无形之中就拉近了完美日记与用户的距离，消费者各方面的需求得以传达，也在一定程度上引导着消费者的购买决策。通过"完子说"小程序的私域流量，完美日记成功为自己创造出蓄水池，在提升消费者体验的同时兼顾反复触达顾客的互动行为，提升转化或复购效率。

2. 携手 KOL，打造爆款

完美日记顺应网红经济与粉丝经济的火热态势，积极携手各领域 KOL，通过引爆话题讨论，打造爆款产品。例如在微博上与流量明星朱正廷共同推出小黑钻系列口红，通过"撩粉""宠粉"达到粉丝经济的最大化，小黑钻限量礼盒开卖不到五秒便被积极参与互动的粉丝一抢而空；与歌手吴青峰签约，安瓶能量大使吴青峰的粉丝群体相较于流量小生粉丝而言，平均年龄更大，消费水平更高，对于护肤的需求更强，"能量满满"的产品口号也与吴青峰的形象相吻合。

除了明星之外，美妆 KOL 也在完美日记的重点投放范围之内。时下提及美妆 KOL，大部分美妆爱好者的第一反应就是以 "Oh, my God!" 为口头禅的"口红一哥"李佳琦。在直播界里，掌握绝对话语权的口红一哥李佳琦凭借其人格魅力收获了数以千万的粉丝，被投放在李佳琦直播间的口红受到消费者的狂热追捧，2019 年"双 11"完美日记趁热打铁，联手李佳琦推出新品口红"小粉钻"。打开完美日记天猫旗舰店首页，"李佳琦亲选色"被陈列在明星单品中，其传播声量达到 2.5 万，为国货单品最高。

3. 跨界联名，乘"国潮"之风

完美日记能够收获千万年轻消费者的喜爱的原因之一就在于该品牌敢于借助跨界联名推陈出新，不断加入富于变化的创新设计，不时赠予年轻一代消费者惊喜，这就是完美日记的魅力所在。跨界联名在当下潮流中称不上新鲜事，从 LV × Supreme 再到 Uniqlo × Kaws，每次联名似乎都能引发一场新的抢购热潮。在此浪潮下，完美日记针对目标消费群体先后推出与 Discovery 探索频道、大英博物馆、纽约大都会艺术博物馆联名的彩妆产品。不仅如此，完美日记在选择推出联名产品的时机方面也极具巧思——于 2018 年"双 11"上线的大英博物馆联名眼影盘创下每 11.5 秒卖出一盘的销售佳绩；于 2019 年"双 11"上线的国家地理幻想家十六色眼影盘乘着"国潮"之势，凭借"也许一生都无法欣赏完这片你深爱着的土地，那么如果它主动奔向你呢？"等广告词深受 95 后消费群体的青睐。

（资料来源：中国管理案例共享中心，由杨代容、陈位、王海博、蒋水全撰写的《美妆新秀：看"国货之光"如何书写"完美日记"》）

7.1 新媒体营销的运营流程

笔者将新媒体营销的运营流程分为营销分析、营销设计、营销执行和营销创新四个阶段，并基于价值链的视角将其展开，分为价值识别、用户画像、价值定位、组合设计、平台引流、圈粉变现、粉丝裂变和价值创新八个环节，形成一个新媒体营销闭环，如图 7.1 所示。

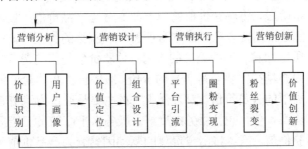

图 7.1　新媒体营销的运营流程

首先，新媒体营销分析的第一步就是价值识别，基于用户视角，分析用户需求、识别用户价值，然后利用数据挖掘技术和相关算法构建"用户画像"模型，搭建用户体系，结合自身经营情况进一步细分用户，确定目标用户，从而为营销设计阶段的价值定位和组合设计提供基础。其次，在对用户价值要素进行识别、构建用户画像、分析用户需求的基础上，结合企业自身的资源和能力进行营销设计，对所开发的产品(本章所提到的产品是广义上的产品，包含为用户提供的产品、服务、内容等)进行价值定位，并借助 4M 营销组合策略，选定产品所应具备的价值，选取合理有效的变现模式，借助相应的营销工具和营销方法，进行具体的营销组合设计。然后，在营销执行阶段通过内容、技术、场景等不同的引流方式吸引目标用户关注，开展营销推广，借助不同的变现渠道"圈粉引流"，实现变现。最后，在现有消费群体的基础上通过裂变式传播拓宽营销范围，以消费者为导向进行价值创新，挖掘新需求、新用户，再进行价值要素的识别，重新进行营销策略的制定，形成良性循环，打造良好的品牌形象，扩大品牌影响力，不断开拓新市场。

7.2 营销分析阶段的运营策略

7.2.1 价值识别

互联网时代的新媒体营销，客观资源已经不具备优势，用户的需求越来越复杂化、个性化，这就要求新媒体营销不应仅仅满足于传递营销信息，更应该尽量满足目标受众的实际需求，更精准地将产品信息传递到目标用户手中，实现企业效益和竞争力的可持续发展。因而，分析用户需求、识别用户价值是展开新媒体营销的第一步，其关键就在于识别用户的不同需求。

在营销分析阶段，将顾客价值的驱动要素分为产品价值、服务价值和体验价值，产品价值是指消费者从产品本身所感知和获得的价值；服务价值是指消费者从服务中所感知和获得的无形的价值；体验价值是指消费者在拥有、使用或消费产品时内心精神需要获得满足的价值。服务价值和体验价值中包含科特勒顾客价值分类中的人员价值，因为企业人员主要是通过为消费者提供各种服务来使消费者获得价值，并且服务态度好、服务水平高的员工能提升企业在消费者心中的体验价值。笔者将用户价值的驱动因素分为产品价值、服务价值和体验价值三类，然后针对每类因素进一步细化为具体的价值识别要素，展开价值识别，如图 7.2 所示。

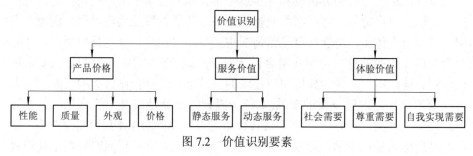

图 7.2 价值识别要素

一、产品价值

产品价值是指消费者从产品本身所感知和获得的价值，主要满足消费者对产品基本功能的需求。产品是顾客价值的载体，多数情况下消费者所感知到的价值来源于产品本身。根据属性的不同可以将产品价值分为性能、质量、外观、价格四类。

(1) **性能**。性能是指产品所具备的功能属性，例如产品的舒适性、安全性等。

(2) **质量**。质量是产品最基本也是最核心的价值，是指消费者购买某种产品在使用过程中发生故障或维修的频率及严重程度，以及对消费者正常使用的影响程度。

(3) **外观**。外观指产品的外在表现，例如规格、款式、包装、颜色、品牌等。

(4) **价格**。价格是消费者在购买过程中最为关注的要素之一，也是产品的重要属性之一。

二、服务价值

服务是指消费者在选择、购买和使用产品的整个过程中所获得的由企业提供的支持和帮助。服务价值是指消费者与企业接触过程中所感知到的价值。现如今消费者在选购产品时，不再仅仅关注产品本身的价值高低，而是更加注意产品附加价值的大小。企业向消费者提供的附加服务越完备，产品的附加价值越大，消费者从中获得的实际利益就越大，购买的总价值也就越大。良好的服务能更好地满足消费者的安全、归属和尊重等需要。服务价值可以分为静态和动态两类。

(1) **静态服务**。静态服务主要包含消费者通过触觉、视觉、听觉等感官获得的服务，如店铺的装修风格、背景音乐、员工形象等。

(2) **动态服务**。动态服务指消费者在与企业互动过程中的感受，包括售前咨询、使用服务和售后反馈等，产品的易用性、可靠性以及工作人员的专业性、体贴性等都会影响消费者对服务质量的感知。

三、体验价值

体验，就是企业以服务为舞台，以商品为道具，在消费过程中设置一些更加人性化、生动、体贴的体验性细节，围绕着消费者创造出值得回忆的活动，从而在产品价值传播的强度和深度上感染目标用户。体验价值是指消费者通过对企业所提供的产品或服务的感知所获得的内在精神需要的满足。消费者愿意为有价值的体验支付比产品、服务价值更高的溢价。根据满足精神需要侧重点的不同，可以将体验价值分为社会需要价值、尊重需要价值和自我实现需要价值。

1. 社会需要价值

社会需要价值是指消费者通过消费行为所获得的归属感、关爱等心理需要价值。如周末或者假期与家人或亲戚朋友一起外出休闲度假，需要发生交通、饮食、住宿及景点门票等消费，这些消费的目的不单是为了到达目的地、吃饱、找个地方睡觉等，更多的是为了获得一种与家人或亲戚朋友在一起的归属感、相互关爱或友情联系等心理需要的满足。

2. 尊重需要价值

尊重需要价值是指消费者通过消费行为所获得的自我尊重、知名度、社会地位等心理需要价值。在基本的物质需要和关爱需要得到满足的情况下，人们都希望获得一定的社会地位、一定的知名度，以满足人们自我尊重的需要。自我尊重的需要也可以从消费行为得到满足和体现，如穿戴名牌服饰、拥有名牌手表、用名牌笔记本电脑、开高级轿车等，在很大程度上都是为了追求一种自我尊重，这也是人们愿意为高档名牌产品支付非常高的溢价的原因。

3. 自我实现需要价值

自我实现需要价值是指消费者通过消费行为所获得的自我发展与实现等心理需要。社会需要和尊重需要更多的是关注别人的看法，是为了获得别人的认同和关注，而自我实现需要更多的是满足人们内心的需要，是对自我的一种挑战。

7.2.2 用户画像

最早提出用户画像的学者是被命名为交互设计之父的阿兰·库珀(Alan Cooper)，他认为"用户画像是真实反映用户数据特征的虚拟代表，通过对用户数据的挖掘，分析出用户的典型特征，把用户的静态数据和动态数据标签化，从而形成的一个目标用户模型"。当今的市场竞争日益激烈，产品可替代性和营销干扰因素逐渐增加、用户行为轨迹更易捕捉等变化使得"点对点"地为用户提供更精准的信息变得越来越重要，用户资源正在成为企业关注的焦点。

在营销分析阶段，通过价值识别了解消费者需求后，需要运用大数据技术对用户数据进行捕捉分析，构建用户画像，进一步对目标用户进行细分，充分了解目标用户的差异化特质，挖掘其潜在需求与价值，为接下来的价值定位提供更精确的支持。构建合理有效的用户画像需要着重解决两个问题：一是选取简洁高效的特征模型，客观地完成对用户价值的表征；二是选择合适的模型构建用户画像。

构建用户画像的具体步骤如下：

首先需要通过企业数据库以及网络获取用户数据源，对数据进行预处理后，给用户数据赋予特定的属性标签，构建标签体系，然后选取相应的数学模型和算法，在用户自主生成标签所构建的用户画像基准模型的基础之上，使用2D静态标签和3D动态标签作为补充和修正，生成用户画像模型。用户画像构建流程和用户画像实例分别如图7.3和图7.4所示。

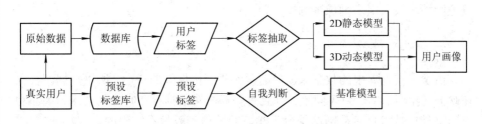

图 7.3　用户画像构建流程

图 7.4　用户画像实例

一、获取用户数据源

获取目标用户的原始数据是准确勾勒用户画像的前提。网络用户的数据可分为动态数据和静态数据。静态数据是指用户属性数据，即个人基本信息(如姓名、年龄、性别、职业、手机号等)，这些信息相对稳定，在短期内不会发生频繁的变化。动态数据是指用户行为数据，即浏览网站时的行为轨迹(如搜索、浏览、点击等)，它动态地展示了每个独立用户的行为。

企业可以通过产品前台数据和后台数据、利用网络爬虫技术追踪用户在全网的行为信息，通过第三方大数据分析、通过公司调研报告、通过用户访谈记录等途径获取数据，然后选取数据存储系统(如 SQL SEVER)，将获取的数据源整理归档，放入用户画像数据库。

二、进行数据预处理

由于真实世界中的数据来源具有复杂性、体量大的特点，所以数据源会存在缺失、噪声、不一致等问题，并且有些算法对数据存在特殊的要求，因而利用网络爬虫技术直接从网站平台上爬取的数据一般是不完整的"脏数据"，在进行标签体系构建之前，需要对爬取的"脏数据"进行预处理和标准化，将数据的各个指标处理成在同一数据级别上，便于分析。

三、构建用户标签体系

构建用户的标签体系，就是将收集的用户数据标签化，通过收集和分析用户的基本特征、社会属性、生活习惯、消费习惯等数据，抽象出一个虚拟用户的特征全貌，给用户贴上"标签"来全方位、多层次地展示用户画像的内容，是用户画像的核心。

标签通常是人工定义的高度精练的特征标识，语义化和短文本是标签的两个重要特征，其中语义化赋予标签一定的含义，便于用户理解；短文本使标签本身无需再做过多文本分析等预处理工作，方便计算机的标签提取、聚合分析过程。在对数据进行预处理后，企业可以将静态和动态数据分类，从中抽取能概括用户某种特征或属性的标签(如"铲屎官""宅男"等)，将这些标签分为相对稳定的用户属性标签(人口属性、人格属性)和受环境影响而变化的用户行为标签(行为特征)，进而形成用户画像的 2D 静态标签模型和 3D 动态标签模型。用户标签的具体构建步骤如下：

1. 获取用户画像基准模型

随着新媒体的发展，现如今很多社交媒体和网站都有允许用户自己选择生成个性化标签的功能。用户自主生成的标签是用户对"自我"的描述，是对自身特点和兴趣的更接近事实的解释，因而往往被营销者认为此标签比数据库生成的标签更具可信度，所以此标签常常被用来构建用户画像的基准模型。

虽然用户自主生成标签在理论上更接近用户的真实自我，但是由于每个人的使用习惯、表达方式等存在差异，导致在标签的表达上具有差异性，不利于计算机后续的数据处理。为了确保标签的准确性，在实践中多由企业为用户"预设标签库"，用户通过逐项选择的方式自主生成标签，如图7.5所示。

图 7.5　QQ 用户自主生成的标签

2. 构建 2D 静态标签模型

由于用户的人口属性、人格属性处于相对稳定的状态，所以可以形成静态的标签体系，通过从用户画像数据库中抽取静态标签数据，可以构建 2D 静态标签模型，如图7.6所示。

人口属性包括消费者的自然属性和社会属性，是用户的基本信息。自然属性具有先天性，包括用户的姓名、性别、年龄、身高、体重、血型等。社会属性是后天形成的人口属性，包括证件号码、职业、籍贯、手机号、文化水平等。

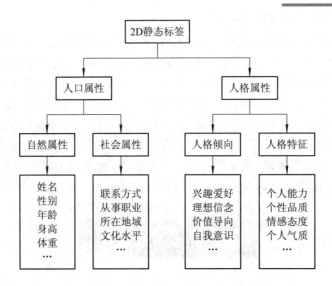

图 7.6　用户画像 2D 静态标签模型

人格属性是在遗传基础上后天形成的具有一定倾向性的心理品质或特征的总和，具有跨时间和空间的一致性，包括人格倾向和人格特征两个方面。人格倾向包括兴趣爱好、理想信念、自我意识等。人格特征包括个人能力、性格品质、情感态度等。

3. 构建 3D 动态标签模型

用户的行为特征具有动态性，应作为动态标签进行提取，构成 3D 动态标签模型，这些动态标签包括社交行为、搜集行为、购物行为、娱乐行为等所产生的数据。由于动态数据具有数据量大、稳定性差、变化迅速等特点，运营者可以结合自身需要从用户画像数据库中抽取动态数据，构建如图 7.7 所示的 3D 动态标签。

社交行为包括社交平台的访问(如注册、登录、签到等)、网上社交(如加好友、聊天、关注等)、内容发布(如发布、转发、留言等)。

搜集行为包括信息的搜索(如搜索方式、搜索持续时间、搜索渠道、相关链接点击量等)、浏览(如浏览内容属性、浏览时间、浏览次数等)、动作(如点击、关闭、复制内容、收藏等)。

购物行为包括所购买的产品品牌、产品类型、交易数量、交易时间、交易价格等。

娱乐行为包括娱乐游戏、阅读资讯或书籍、观看视频或直播等。

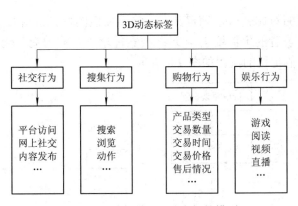

图 7.7　用户画像 3D 动态标签模型

4．生成用户画像

用户标签体系构建完成后，将 2D、3D 模型与用户自主生成的基准模型结合，生成完整的用户画像模型。用户画像模型剔除了不相关和弱相关的营销因素，对于营销策略的制定有非常重要的指导意义。企业可以借助用户画像寻找用户核心需求与产品特性间的交集，进而在交集中寻找竞争对手尚未满足的用户需求，作为企业的定位集，进行价值定位。

5．细分目标用户

为了实现更具个性化的精准营销，在用户画像模型构建完成后，企业还需要进一步按照某种细分变量从模型中提取符合条件的用户集作为细分市场进行研究，实现对目标用户的精准定位。细分用户不仅有利于实时监控用户需求的变化，及时作出营销反应，还能为接下来的精准定位和营销组合设计提供基础。

细分用户是指按照用户需求特点将总体市场划分为若干个子市场，使每一个子市场内的用户具有相似的需求，因而会对同一营销行为做出相似的反应。一方面，用户画像可以实现把相似标签存放到一个子集中，从而将用户自动分类成具有相似喜好的用户群体，即实现自动细分。另一方面，营销者可直接从用户画像集合中，按照某种细分变量(人口特征、行为特征)提取符合条件的用户集作为企业的细分市场，确定目标消费者群体。

7.3　营销设计阶段的运营策略

7.3.1　价值定位

营销设计阶段需要在营销分析的基础上进行价值定位，结合对竞争者用户价值驱动要素的对比分析，确定具有战略重要性的顾客价值要素(即用户所看中的区别于竞争者的价值要素)，这些要素能增强企业的竞争优势，开拓新的市场空间。价值定位的流程如图7.8所示。

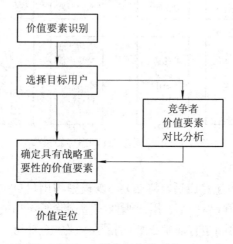

图 7.8　价值定位的流程

一、价值要素识别

识别是定位的前提，在价值要素识别阶段，将用户价值分为了产品价值、服务价值、体验价值三类，在此基础上展开价值定位。从产品价值到服务价值，再到体验价值，是一个从具体到抽象的过程，也是一个从实物感受到心理感受的过程。用户价值的驱动要素如图7.9所示。

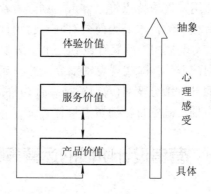

图 7.9　用户价值的驱动要素

二、竞争者价值要素对比分析

通过构建用户画像确定目标用户的同时，竞争者也就基本确定了。因而在分析企业本身用户价值驱动要素的基础上，还需分析竞争者的用户价值驱动要素，以便进行对比分析，突出顾客价值定位的竞争特色原则。对竞争者的分析重点在于区分哪些价值驱动要素与企业类似，哪些存在差异以及差异形成的主要原因是什么，即确定差异性与相似性，从而帮助企业找出市场缝隙，成为可供选择的定位要素。

三、确定具有战略重要性的价值要素

在营销实践中，由于受到企业自身资源、能力以及消费者消费能力的限制，很少能够在所有的价值驱动要素方面都做到最好，大多是进行价值取舍，区分价值驱动因素对顾客价值实现和满足的相对重要性，选择其中几个最具战略重要性的驱动要素进行产品开发，争取在这些方面提供优异的顾客价值。因此，确定具有战略重要性的顾客价值驱动要素是企业价值定位的核心，也是企业经营优势的源泉。

确定具有战略重要性的用户价值驱动要素的关键是明确衡量标准。企业需要确定衡量价值要素"重要性"的标准，并结合企业自身以及竞争者的价值驱动要素的对比分析，找到那些目标用户所关注的、与竞争者存在差异的价值要素，作为企业开发产品时定位的关键。

四、进行价值定位

确定具有战略重要性的用户价值驱动要素后，就需要企业对所选取的关键价值要素进行定位，在进行定位时要注意遵循以下原则：

1．产品价值要素的定位

产品价值就是利益与成本的比值，产品价值的大小并不是恒定的，而是由消费者需求决定的，同种产品在不同的需求和条件下有不同的价值。新媒体营销中的产品不仅仅指传统企业的实体产品，还包括内容、服务等。基于产品价值进行定位时要符合以下原则：

(1) **准确性**。准确性指要借助用户画像对目标用户需求有个深入了解，将产品的定位诉求与消费者最关心的利益点结合起来，让消费者的需求与产品的诉求产生共鸣。

(2) **适应性**。适应性指产品定位要与企业整体战略和企业能力相适应。

(3) **独特性**。独特性指产品定位要找到与不同竞争者的差异点，从而吸引消费者的注意。

(4) **一致性**。产品定位是一个长期的过程，需要保持定位前后的一致性，保持一致的产品形象，避免定位不断变化以扰乱以前定位的形象。

(5) **动态性**。随着消费者认知和需求的动态变化，为了维持产品和品牌的活力，需要动态地对产品重新定位。

2. 服务价值要素的定位

在对服务价值要素进行定位时需要注意以下三个方面。

(1) **便捷性**。便捷性是指企业提供服务的方便、快捷程度而为消费者创造的价值。在"时间就是金钱"的今天，服务的方便性和快捷性是决定消费者感知价值的一个重要因素。

(2) **专业性**。专业性是企业为消费者提供服务的能力和水平。这也是消费者对企业信任与否的一个重要方面。当消费者在产品的使用过程中遇到问题时，如果企业不能及时、快捷地解决，就会引起消费者对企业服务能力和水平的怀疑，并进而会影响企业的声誉和消费者的回头率以及引荐率。

(3) **亲切度**。亲切度是指企业服务消费者的态度和表现是否温和有礼，令人愉悦。现代社会生活节奏不断加快，人与人之间的关系趋于冷漠和世故，如果企业能用亲切的语气帮助消费者解决问题，不仅能够提高消费者的忠诚度，还能通过口碑传播吸引更多的消费者。

在新媒体时代，除了传统的静态服务，企业更要注意动态服务的提供。在动态服务过程中，消费者与工作人员和产品产生互动，产品的易用性、可靠性以及工作人员的专业性、体贴性，都会影响消费者对服务质量的感知。因而如何将动态服务与静态服务结合，营造良好的营销环境，建立沉浸式服务体验，使消费者获得高品质的服务体验，是企业要仔细揣酌的。

3. 体验价值要素的定位

在"体验式经济"时代，用户体验积极与否会决定用户是否再次使用该产品或服务，同时也就决定消费者的忠诚度。用户体验由消费者的自身经历和环境共同决定，来源于消费者的主观感受，并且基于消费者在互动过程中的期望与获得的反馈，将持续对消费者的决定产生影响。当反馈符合消费者的期望时，就会使消费者感到心情愉悦，并获得积极的用户体验；当反馈低于消费者的期望时，就会使消费者产生失望的情绪；当消费者获得超出预期的反馈时，就会有惊喜的感觉。

体验价值是对服务价值的进一步升华，服务价值体现在消费者对服务质量的内心感受上，而体验价值则体现在消费者精神需要的满足程度上。因而在对体验价值要素定位时，要始终以消费者为导向，关注如何满足消费者的内心精神需要，借助何种手段从何种方面对体验价值进行定位。

7.3.2 组合设计

新媒体时代的产品有着区别于传统意义上产品的特点，在形式上更具多样性、内容上更具多元性。传统的营销组合策略已经无法适用于新的营销情境，笔者从价值层面考虑，参考价值管理循环创造价值、衡量价值、沟通价值、传递价值四个阶段，提出了适用于新媒体营销情境的 4M 营销组合策略，其中的价值模块、变现模式、营销方法和媒介工具分别对应于价值管理中的创造价值、衡量价值、沟通价值和传递价值，如图 7.10 所示。

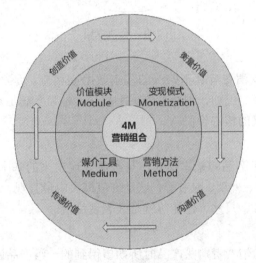

图 7.10 4M 营销组合

一、价值模块

新媒体营销中，进行营销组合设计的第一步就是确定要为消费者提供具有何种价值的产品。在价值定位的基础上，如何赋予产品价值，输出相应的产品，使其能够满足消费者需求，是开展营销的前提。笔者参考科特勒的产品五层次理论，从价值角度，由内到外、由浅入深，提出了核心价值、表现价值、期望价值、附加价值和潜在价值五个价值模块(如图 7.11 所示)，以期为企业开发产品、创造价值提供一些思路。

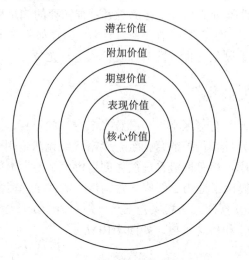

图 7.11 价值模块

1．核心价值

核心价值是指消费者真正购买的基本效用或利益，是产品应具备的最基本、最主要的内容。例如，消费者购买手机其实是为了满足基本的通讯需求，"通讯"就是手机的核心价值。

2．表现价值

表现价值是指产品的基本形式，是产品表现出来的基本功能所具备的价值，如质量、性能、外观、包装等，这是价值模块中最直观、最重要的一部分。例如，手机的型号、尺寸、性能等就是其表现价值。

3．期望价值

期望价值是指消费者购买产品时所期望得到的一组产品属性和条件，是消费者根据认知了解、互动交流以及以往的经验对所要购买产品形成的一种心理要求。期望价值是对表现价值的进一步提升，是消费者希望表现价值中各要素要达到的水平或状态。例如，手机像素的具体参数给消费者带来的价值属于其表现价值，但是不同消费者对于照相功能有着不同的心理预期，注重摄影的消费者对于手机像素的期望价值往往高于普通的其他消费者。

4．附加价值

附加价值是基本产品所具备的价值之外的附加服务和利益，即能够超越用户的期望价值，能够为企业带来竞争优势的价值。附加价值最重要的体现就是服务，例如消费者购买手机时，咨询服务、分期免息、质保延保等都属于附加价值。

表现价值、期望价值、附加价值三者都是围绕产品展开的，表现价值体现的是产品的外在特性，期望价值体现的是产品的内在特性，而附加价值则体现产品为消费者提供的增值利益与价值。

5. 潜在价值

潜在价值是指现有产品能够通过改进提高附加价值和新增加价值，最终实现产品升级或新产品的开发。潜在价值不仅仅关注于满足消费者所期望的、使其感到"满意"的产品价值，而是关注于能带给消费者"意想不到的惊喜"的产品价值。企业通过不断提升潜在价值，进而开发出满足消费者越来越高的期望的新产品。

二、变现模式

1. 内容变现

在"内容为王"的时代，优质的内容输出依旧是新媒体时代最为重要的资源。一方面，网络的普及和多元化导致了信息的过剩，在瞬息万变、信息多元的市场环境下，消费者注意力已成为稀缺资源，在令人眼花缭乱的信息中进行选择无形中加重了消费者的负担。另一方面，很多平台采取 UGC 的模式进行内容生产，虽然门槛降低了，内容丰富了，但是会带来优质内容缺乏，用户审美疲劳等隐患。因而在人人都可参与内容生产的时代，优质的内容输出是吸引用户注意力的关键，也是企业实现盈利的前提，借助优质的内容实现变现是最为常用的变现模式。

内容变现手段主要包含内容订阅、增值服务、付费打赏等。

(1) 内容订阅是指消费者想要获取所需信息就需要进行付费订阅，以此方式实现盈利，更具强制性，如有偿下载、付费观看等。

(2) 增值服务主要指会员付费，通过"免费+付费"的模式，提供给消费者额外的增值服务，以实现盈利。

(3) 付费打赏是指通过消费者主动赠送虚拟礼物或直接打赏钱的方式盈利，更具自愿性。

2. 电商变现

电商变现模式是指电商企业与新媒体平台结合，新媒体平台通过为电商企业导入流量实现变现，电商企业借助新媒体平台开展营销推广实现盈利。"新

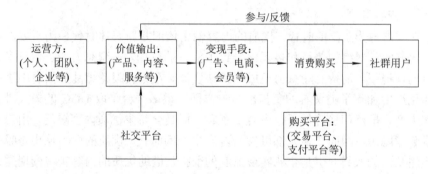

媒体+电商"是新媒体商业化的重要路径。

对电商企业而言，与新媒体合作不仅能将充沛的流量导入电商，同时还能利用社交平台加强粉丝营销和内容营销，提升用户体验，从而提高商品销量。如腾讯入股京东后，给京东在微信上添加导流入口，用户只要在微信"发现"中点击"购物"标签就会直接跳转到京东购物。

对于企业而言，电商所具有的完善的支付与物流体系可以补齐 O2O 营销的闭环，因此将用户流量向电商引流能够帮助企业更好地实现流量变现。

3．社群变现

在移动互联网时代，人是一切的中心，人与人、人与物的连接产生了大量的"关系"；关系成为了商业驱动力，催生了社群经济的兴起，社群经济的本质就是关系经济。社群变现指给具有共同兴趣、价值观的社群用户提供所需的产品或服务以满足其需求，实现盈利，并且通过社群内部的互动、沟通、交流对企业产生价值反哺从而获得相应的增值。社群变现的盈利模式如图 7.12 所示。

图 7.12　社群变现模式

不同于传统的流量变现模式注重"量"，社群变现更注重"质"。现如今的用户逐渐社群化，基于情感连接的社群结构相对稳定，一致的兴趣、情感需求、价值规范使得社群用户具有统一的价值观，使得用户黏性更强。基于关系构建起来的社群因为有了持续的互动、共同的行为规范和价值观，所以是一种多维的、双向的、协同共创的自运转系统，能够产生持久的、源源不断的价值。

4．合作变现

多种媒介融合是未来媒体发展的趋势。合作变现模式是指新媒体与传统媒体合作，实现双赢。一方面，新媒体拥有雄厚的群众基础，用户流量是传统媒体无法匹及的；另一方面，传统媒体在内容的制作方面更加成熟。因此，借助于新媒体强大的平台，两者可以实现良好的互补。

新媒体和传统媒体有多种形式的合作，既包括网络节目和传统电视节目相结合，也包括出版类书籍和线上传媒的合作。如湖南卫视与芒果 TV 联合进行各类节目、晚会的直播等。还有一些视频平台获得了电视节目的独家播放权，如许多网络剧在优酷视频、腾讯视频上的独播等。

5. 品牌变现

品牌变现模式就是打造品牌 IP。IP 经济指以高人气的知识产权作品为基础，创作文学、游戏、动漫、电影、电视节目、电视剧等系列衍生品来盈利的经济模式。虽然都是粉丝经济的表现形式，但明星、网红经济是以"人"吸引粉丝，IP 经济是借助"内容创意"吸引粉丝。因而企业借助 IP 的力量打造符合自身形象的品牌 IP，然后进行多品类开发打造衍生品，从而获取利润。

企业可以借助新媒体平台积极构建自己的品牌，通过优质的内容和多元的推广方式来进行品牌传播，吸引流量，并以此来拿到风投，进行下一步更大规模的品牌扩建，通过品牌价值的提升实现盈利。

7.4 营销执行阶段的运营策略

7.4.1 平台引流

随着互联网技术的发展，流量的价值被无限放大，如何借助新媒体平台增加用户的流量成为企业之间竞争的主战场，"引流"一词开始出现。最初的引流主要是从线上到线上，将流量吸引到目标网站或平台；随着移动智能终端、二维码、AR/VR 技术、个性化推荐技术、大数据技术的出现丰富了引流手段，实现了精准引流，逐渐打开了线下流量入口，引流转变为线上和线下流量之间的互相引导。

借助新媒体平台的引流可以分为基于内容的引流、基于技术的引流和基于场景的引流三类。根据所依托载体的不同，将基于内容的引流分为广告引流、推送引流和社群引流；根据所借助技术的不同，将基于技术的引流分为搜索引擎引流、二维码引流和 AR/VR 技术引流。

一、内容引流

1. 广告引流

网页广告是网络广告的最初类型，具有可链接性，能进行交互式操作，只要广告被上网者点击，就能进入到广告设计者希望点击者进入的页面，进而看到更详细的广告信息，并能及时做出反馈。新媒体营销下的广告引流即利用平台页面中以文本、图片、动画、视频等为内容，以按钮、横幅、弹窗等为形式的广告为广告主引流。在用户浏览页面时，其上的广告激起用户的兴趣或好奇心，使用户触发点击，以超链接的形式将其带到目标页面。用户每完成一次点击，对于广告设计者来说就完成一次引流。

此外，广告在页面中出现的位置对于营销效果而言也至关重要，合适的广告位置不仅能够增加企业曝光量，还能为企业网站或店铺带来巨大的流量，而如果广告投放在影响用户浏览的位置(比如遮挡用户浏览的关键信息)，效果就会大打折扣，甚至引起用户的反感。因而在设计广告引流时，除了注重内容之外，投放平台、展示位置、呈现形式等也需要营销者认真考虑。例如，微博平台会在用户关注的信息之间添加广告，通过用户浏览、点击为企业引流。

2. 推送引流

推送引流主要包括社交平台、电子邮件、短信等形式。推送引流最大的特点就是运营者可以主动地向用户进行营销推广，并且推荐方法比较灵活。一方面，可以利用自身用户数据库通过电子邮件、短信或者 APP 完成推送。另一方面，也可以通过在新媒体平台上发布营销信息完成推送，因而相较于广告引流的成本更低。

社交平台是目前最受欢迎的推送方式，可利用微信、微博、QQ 等社交媒体进行内容推送。移动社交时代，随着移动互联网的发展和智能移动终端的普及，社交媒体已成为互联网媒体中最为流行的媒体类型之一，其凭借用户基数大、信息传播快、互动功能强等特点，已成为网上内容传播的重要力量。社交媒体推送的重点在于如何发动更多的人转发文章，如何增加内容的曝光量，如何通过反馈优化内容。社交平台推送如图7.13 所示。

电子邮件主要是通过列表、新闻邮件、电子刊物等形式，在向用户提供有价值的信息的同时附带一定数量的广告和链接，这就是邮件推送，如图 7.14 所示。用户感兴趣

图 7.13 社交平台推送

的内容会吸引用户阅读，邮件内容的友好、新鲜、简明以及方便退订等要素，可以吸引用户有效地点击关联的链接，以此来完成引流。但是随着越来越丰富的新媒体平台的出现以及社群时代的到来，用户更多的是利用电子邮件办公学习，因而电子邮件的效果渐渐减弱，相比于其他几种引流方式，目前企业较少使用电子邮件的方式进行引流。

图 7.14　邮件推送

　　短信是随着移动智能手机的出现而兴起的引流新手段。虽然短信的内容具有限制性，且只有"文本+链接"的形式，但是相比于电子邮件，移动互联网的发展为消费者带来了更多碎片化时间和场景，使短信的曝光量更高，更符合移动互联网时代消费者的生活消费习惯，有利于形成转化。在新媒体营销中，企业在通过"用户画像"获取用户基本信息后，可以将营销信息编辑成短信形式发送给用户，增加曝光量，吸引用户点击。

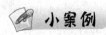 小案例

　　"双11"大促销期间商家通过"短信轰炸"向用户发送促销信息，吸引用户浏览。如图 7.15 所示即为一则短信推送。

图 7.15　短信推送

3．社群引流

社群引流即通过网络社群社区进行引流，包括网络社区(如百度贴吧、天涯论坛、小红书等)和即时通讯应用(如微信、QQ、陌陌等)。根据市场研究公司 Jupiter Re-search 的调查显示：77%的网民在线采购商品前，会参考网上其他人所写的产品评价；超过 90%的大公司相信，用户推荐和网民意见是影响其他用户是否购买的决定性因素。

网络社区是一群拥有共同兴趣爱好和需求的用户，通过群聊、论坛、贴吧等形式组成的一个网络虚拟社区，社区内的成员可以相互沟通、交流、分享信息。一方面，网络社区通过细分目标受众使得用户指向性强，因而借助社区引流能够实现企业品牌、产品信息与目标受众更精准地匹配，转化率更高。另一方面，网络社区具有高互动性的特点，成员之间信赖程度高，更容易形成口碑传播。如今的消费者更多的是有了购买意愿之后，再去对应社区通过提问方式与他人交流，听取他人的分享，这就体现了网络社区巨大的引流价值，企业可以巧妙利用网络社区的分享交流、口碑传播，达到引流的效果。

即时通讯应用具有实时互动性，企业与用户互动比较常用的即时通讯是微信，通过粉丝群聊天、公众号的后台回复功能、微信推文下方的评论功能等与用户进行实时沟通，回答用户的问题以及接收用户的反馈，通过具有亲和力的语言和高效的处理方法拉近与用户的距离，以良好的品牌形象吸引潜在用户，从而为企业增大流量。

国货美妆品牌"完美日记"利用小红书进行社群引流，如图 7.16 所示。

图 7.16　小红书社群引流

二、技术引流

1. 搜索引擎引流

早期的搜索引擎引流是通过搜索服务用超链接技术将两个文件信息连接起来。用户输入需求信息，通过搜索服务将用户从标题引向目标文件，这种引流方式完全依赖于技术，是一种基于用户主动需求的"自然引流"，具有直接性、主动性和技术性的特点。而关键词、智能检索、个性化推荐等技术和手段的出现推动了搜索引擎引流的复杂化。截止 2019 年 6 月，我国搜索引擎用户达到 6.95 亿户，占网民整体的 81.3%。有学者根据三家权威网络调查公司的数据得出"对于一个企业网站来说，平均 80%的新流量都是来自搜索引擎"。

现如今的搜索引擎利用人工智能技术逐渐构建更为完善的结构和生态，实现信息从"被动传递"给用户到"智能推送"营销信息的基因变革。搜索引擎由最初真实信息之间的对应连接转变成与关键词相关信息的智能推荐，使企业利用搜索引擎进行关键词引流成为可能。此外，用户出于自身需求利用搜索引擎搜索产品信息时，即使有时并非具有明确的购买意向，但是通过搜索透露出了其兴趣，可能成为企业的潜在用户，因而把握好搜索引擎带来的高品质流量，可以提高企业的引流效果。

2. 二维码引流

二维码引流是指二维码充当信息连接的技术并在整个过程中起主导作用的引流策略。二维码又称 QR Code，是用某种特定的几何图形按一定规律在平面(二维方向上)分布的黑白相间的记录数据符号信息的图形，其具有信息容量大、保密性高、编码范围广、译码可靠性高、纠错能力强、成本低等特性。随着移动互联网和智能移动终端的发展，二维码已经成为连接线上和线下一种重要渠道，作为吸引和汇聚消费者的有效引流工具。

随着移动互联网的不断发展和生活节奏的加快，人们获取信息的方式进入"碎片化"模式，通过扫二维码获取感兴趣的营销信息对于用户来讲更加方便快捷，受到广大用户的青睐，因而企业可以借助二维码技术进行营销推广，如图 7.17 所示。

图 7.17　二维码引流

3．AR/VR 技术引流

AR/VR 技术引流是指利用 AR/VR 技术进行的引流策略。AR 即增强现实技术，是利用计算机技术将原本现实世界难以体验到的视觉、味觉、触觉等实信息模拟叠加到虚拟环境，从而达到超越现实的感官体验的新技术。在当今移动互联网时代，AR 被视为继二维码技术之后，又一种可以连接线上与线下的技术，市场营销也成为增强现实技术最主要的应用领域之一。VR 技术即虚拟现实技术，是通过构造一个虚拟环境，使用户在虚拟环境中体验的一种仿真系统。经过计算机仿真系统形成了一种模拟的仿真环境，也是一种多种信息相互融合的三维动态影像，通过该系统仿真，人们可以深入地进入"真实的世界"。

对于企业来讲，基于 VR/AR 技术引流的价值体现在其不仅能够通过对眼动追踪、关注时长等数据的收集，更加精准有效地评估消费者行为，还能够通过增强现实或虚拟现实营造生动的场景化氛围，使消费者享受到无可比拟的沉浸式体验，进而促进企业的销售业绩。

小案例

AR 红包与实体红包有着本质的不同，用户在线下获得的 AR 红包，最终可以回到线上的服务流程里面，相当于红包与商品消费和服务实现了最大化的连接。如线下商铺可以设置 AR 红包，引导用户通过 APP 找到相应位置并扫描获得现金或折扣券等，在线上的购买、支付环节中抵扣现金，以此来为线上引流。如支付宝"集五福"活动，用户通过线下 AR 扫"福"字收集电子卡片，集齐五福便可获得现金红包，可在消费时抵扣，如图 7.18 所示。

（资料来源：笔者参考相关资料整理而成。）

图 7.18　AR 引流

三、场景引流

随着社会经济和消费形态的升级，用户自我实现的意识逐渐增强，消费模式正逐步从物品消费向场景消费转变，场景引流逐渐受到重视。传统的引流场景仅仅是通过在线下提前为消费者设置体验场景，吸引消费者的关注，激发消费者的兴趣与欲望。

随着移动互联网时代的到来，移动设备、社交媒体、大数据、传感器和定位系统等技术的成熟，场景引流是指基于用户位置的实时场景，以满足用户需求为核心，以移动终端为载体，以定位技术为支点，以情感沟通为纽带，通过洞察特定场景中的消费需求，个性化地为消费者提供实时、定向的信息和内容服务，精准地为消费者进行有价值的信息适配，利用二维码、AR/VR 等技术提供线上渠道，吸引消费者的关注，将消费者引导到线上平台。

小案例

网易云音乐"乐评专列"，如图 7.19 所示。

图 7.19　网易云音乐利用地铁场景引流

7.4.2　圈粉变现

一、内容变现

优质的内容永远是互联网下新媒体传播时代最珍稀的资源，无论是用内容黏住用户、连接社群，还是切入垂直领域满足差异化需求，其核心都是要持续输出优质内容来获取用户与流量。而内容变现是指企业借助输出内容，凭借其内容的优质性或稀缺性获得盈利。

1. 内容订阅

内容订阅是指由内容生产方制定订阅金额、订阅时长以及订阅内容，用户通过付款后才能够看到想看到的内容。但是多数用户习惯了免费信息的阅读习惯，因而付费订阅模式更针对高质量且对专业性内容有较强需求的用户，这就需要内容输出者有较好的口碑和高品质可持续的内容输出能力，要求粉丝对其的忠诚度较高。未来随着小众市场的不断开拓，优质内容对于用户的吸引力会越来越大，依靠内容售卖直接盈利也就会成为更多移动新媒体平台的选择。

(1) **有偿下载。** 有偿下载指用户需要付费才能进行下载缓存，比如：小说类平台(晋江文学、起点中文小说等)的读者想阅读小说，则需要进行充值续费；视频类平台(爱奇艺、芒果 TV 等)的用户想要下载某个电影、综艺等，就需要先充值购买，然后才能下载缓存。

(2) **有偿观看。** 有偿观看主要针对视频类平台如优酷、百度、腾讯视频等，通过购买优质版权、自制网络剧等方式打造优质内容产品进行销售，其收入类似于电影的票房，主要为充值会员付费或点播付费。对于收费视频，一般会给出 6 分钟左右的免费观看时间来吸引用户，6 分钟后，观众如果想看全片，要么付费成为会员，要么付费点播。

2. 增值服务

美国《连线》杂志前任主编克里斯安德森曾提出过一种"免费＋收费"的商业模式，即对大多数人提供免费服务，只收取少数需要特色服务的人的费用来维持企业运营。增值服务就是这种"免费＋收费"的盈利模式，它是在免费基础产品或服务之外，为用户创造价值所提供的需额外付费才能享受的增值业务，主要形式就是会员付费。会员付费指企业通过自身的产品或内容吸引消费者，进而为其提供额外的付费增值服务，建立起会员制度。

增值服务的开发不仅需要满足用户在场景中的显性需求，同时还要去发掘用户的其它需求，开发更多服务满足用户需求从而获得溢价。增值服务可以围绕某一有溢价能力的场景，开发出相关性或者一体性增值服务，不仅是线上增值服务，也可以包括线下的增值服务。正如针对跑步这一场景，跑步类移动社交应用，不仅开发了跑步手环，记录步数、路程等相关数据，同时也开发出跑步的周边产品，如运动鞋、训练课程等。

 小案例

罗振宇的《罗辑思维》在 2013 年就率先尝试了会员付费模式，通过发起一项"史上最无理"的会员募集活动,募集5000名发起会员(会费200元)及500名铁杆会员(1200元),5500个会员名额在6个小时宣告售罄,轻松入账160万元。

微博的会员功能上线之初,基本收费为10元/月,开通年费享受9折收费108元。会员可享受微博红名、专属标识、专属昵称、直播等级加速等增值服务。

微信则通过提供公众号认证服务获取盈利,公众号认证服务收费为300元/次,有效期为一年,第二年年审会继续收费。由于微信认证代表一种权威认可,多数企业品牌号会寻求认证。

(资料来源:中国管理案例共享中心,杜晶晶、王晶晶著《"得到"APP:用户赋能的新媒体运营之道》)

3. 承接广告

在新媒体出现之前,广告主往往通过报纸、广播、电视等传统媒体平台对品牌和产品进行推广,但这却存在成本高、覆盖率低、互动性弱、效果差等缺点,随着兼具媒体属性和社交属性的新媒体的出现,广告主借助新媒体平台进行营销推广,在降低营销成本的同时还能扩大宣传范围,增强营销效果。无论是PC端还是移动端,流量大、定向传播的特点吸引着广告主的视线。一方面,巨大的流量带来更宽的传播范围,能够保证广告得到最大规模的传播;另一方面,借助大数据技术构建"用户画像",精确地定位目标用户,将营销信息精准地传送给目标用户,相比于传统媒体广告,新媒体通过实施定向传播进而提高转化率。

企业可以通过承接广告的形式变现,具体分为文字、图片、语音、视频等多种形态,广告的植入形式包括软广告和硬广告两种,软广告是指在内容中"不漏痕迹"地植入与品牌或者产品相关的倾向性信息,广告意图较不明显,使用户在不知不觉中受到影响。硬广告指的是直接展现品牌或产品信息,消费者可以一眼看出广告意图。然后采用CPC(按点击次数计价)、CPT(按时间付费计价)、CPM(按每千次计价)、CPI(按实际安装计价)、CPA(按实际效果计价)、CPS(按实际销售数量计价)等收费方式获得利润分成,实现流量变现。例如,2016年Papi酱(女演员短视频创作者)走红后,其视频贴片广告拍出2200万元的价格。

4. 付费打赏

付费打赏是指用户可以根据自己的喜好认可作者,通过向自己觉得优质的内容进行打赏来表达对他人原创内容的赞同和支持。虽然从表面上看,打赏付费类似于内容订阅,但内容订阅更具强制性,必须先付费才能观看内容,而打赏付费不具有强制性，完全基于用户自主选择。对于生产者来讲要有高打赏金必须有高质内容输出，通过内容产品的直接交易来变现。

虚拟礼物打赏模式是付费打赏模式的变体，主要应用于网络直播中，由网络直播的观众付费购买虚拟礼物送给主播，平台将礼物转化成虚拟币，主播对虚拟币提现，由平台抽成。直播平台的虚拟礼物各式各样，包括鲜花、水晶、戒指等，都需要用真实货币兑换成虚拟货币购买。在一些主播的直播间中，通常会存在一批忠实的主播粉丝，他们的日常打赏成为平台盈利的部分来源。

🖋 小案例

火山小视频的"火苗系统"，用户可以通过充值获得虚拟货币"火苗"，向喜欢的短视频内容进行打赏，而创作者则可以在后台将火苗兑换成现金提出，实现内容变现。

5. 内容补贴

内容补贴也是一种内容盈利模式。随着互联网建设的不断成熟和 PGC、UGC 内容的迅速增长，越来越多的平台对产出的优质内容提供补贴，借助犒赏激励创作，如哔哩哔哩的创作激励计划。

6. 版权盈利

版权盈利主要分为线上、线下两种模式。线上的版权盈利是指内容生产者(如自媒体、IPTV)通过输出优质的原创内容，并将其授权给其他平台等从而获取相应的版权费用。对于线上模式而言，持续的版权盈利主要依赖于国家政策层面法律制度建设和行业内部规范的保障。但是当前的实际情况是未经授权直接转载的行为在互联网上属于"常态"，因此线上的版权付费仍然未能得到较好的保障。线上版权付费之路还有赖于社会各界共同努力。线下模式的版权盈利主要指将原创内容制作成实体衍生品，进行售卖从而获得盈利，其法律保障和行业约束相对于线上而言更加明晰。

二、电商变现

新媒体自带的社交属性为其与电子商务企业的结合提供了可能，通过交易分成实现流量变现是未来重要的盈利趋势。对于电商企业而言，与新媒体合作不仅能将充沛的流量导入电商，同时还能利用社交平台加强粉丝营销和内容营销，提升用户体验，从而提高商品销量。京东微信购物、手机 QQ 购物等社交电商为商家提供了一个直接与消费者建立信任关系的平台，上线后积累大量用户，成为消费者移动购物的新入口。对企业而言，电商所具有的完善的支付与物流体系可以补齐 O2O 营销的闭环。同时由于新媒体具有高度的用户黏性，让微信、陌陌等社交媒体能够将用户流量向电商引流，通过为电商引流，实现流量变现。

小案例

"微博大 V"张大奕，在 2014 年微博粉丝有 30 万时借助自身影响力，与冯敏合开淘宝店，仅仅用了一年的时间，二人合作的这家店铺就成为淘宝服装品类的销量冠军。到了 2018 年"双 11"，张大奕的淘宝店铺创造了 28 分钟销售额过亿的奇迹。

"罗辑思维"在微信商城中销售他们推荐的图书，与京东、当当等传统网络售书平台不同，"罗辑思维"卖的书都是独家销售，原价卖，不打折。因为他们不是靠低价来卖书，靠的就是粉丝对罗振宇的人格肯定。"罗辑思维"还提出了"图书包"的概念，针对读者面对浩瀚的图书海洋无从下手的情况，"罗辑思维"替读者选好书，将选好的几本书打包捆绑出售。除了书之外，"罗辑思维"的微信商城还会在中秋、春节等中国人的传统节日推出节日集市，卖节日用品或礼品。商品种类繁多，包括月饼、茶叶、杂粮礼盒、红酒、印章、腕表，设计新颖别致的小物件如充电器、水壶，以及艺术品、演出门票等。

(资料来源：笔者参考相关资料整理而成。)

三、社群变现

利用社群变现的手段进行圈粉变现的主要有广告、电商、会员费、用户付费等形式。

1. 广告变现

当一个社群聚集了一定规模的用户时，便具有了广告的价值。同时，社群的情感属性和信任体系使得其广告信息的接受度和信任度更高，传播效果更好，因而受到了品牌商家的青睐。如"逻辑思维"的广告方式就是合作商赞助，由赞助商提供物品作为给会员的礼物，如乐视电视机、小狗吸尘器、京东、乐蜂网等。不同于传统的广告投放方式，社群广告植入必须符合社群特性，将广告与社群内容、活动巧妙融合，深度植入才能避免客户反感或者被无视而过滤掉。

2．电商变现

电商变现指通过销售商品的方式实现变现。这种方式是由社群运营方提供与社群属性或价值定位相关的有形产品，通过在社群互动中推荐商品、销售商品来实现变现。如曾经吴晓波频道的"吴酒"就是依靠其个人影响力所创造的一款产品，有的成员出于对其个人的信任而愿意购买；再如"罗辑思维"的书籍订购，老罗会在"罗辑思维"的节目中推荐书籍，会员认同他的评价和推荐，便会进行购买。

3．会员制变现

会员制变现即建立会员制，通过直接收取会员费以实现变现。会员制变现最典型的就是"罗辑思维"，加入罗辑思维需要缴纳相应的会员年费，铁杆会员价 1200 元，普通会员价 200 元。四个月内两次招募付费会员，入账会员费近千万。这种方式需要社群有持续的价值输出，为会员提供较高的附加值。

4．用户付费

用户付费式圈粉变现即由社群提供高价值的内容产品，用户通过付费的形式才能获得该项产品。如订阅专栏、培训课程、演讲等。例如得到 APP 的订阅专栏就是提供一些更有价值的内容，如果用户想得到这些内容，就需要支付一定的订阅费。颠覆式创新研习社的课程培训也需要会员缴纳一定的费用才可以加入学习。这就要求社群必须提供有价值的内容产品，让用户觉得物超所值，才能促使他们产生持续付费的动力。

四、合作变现

合作变现主要有两种手段：一方面，可以借助与传统媒体融合的手段，实现流量变现。另一方面，也可以通过组建商业联盟，共享资源，抱团取暖，实现变现。

1．与传统媒体融合

1）与平面媒体融合

新媒体与平面媒体的融合，是指整合两者的内容，把传统媒体的内容放到新媒体平台上传播，其主要表现形式如在互联网上阅读、登载电子杂志和报纸。

2) 与电视媒体融合

传统媒体受到播出终端、播出时间的限制，将新媒体与传统媒体融合，就可以拓展它们发展的空间。同时，还可以用新媒体这个载体发布传统媒体内容的传媒产品，以及开办全新的网络节目。

小案例

2019 年 12 月 8 日，央视知名主播朱广权，在央视新闻 B 站官方账号上发布了一段视频，向 B 站用户官宣——央视新闻正式入驻 B 站，如图 7.20 所示。近年来，越来越多的主流媒体和政务机构选择将网络平台作为重要的宣传阵地，实现传统媒体与新媒体的融合。目前主流新闻媒体和政务机构入驻 B 站正在形成一股风潮。除了央视旗下媒体矩阵，包括观察者网、环球时报、中国日报、诸多地方共青团机构等早已入驻 B 站。

图 7.20　央视入驻 B 站

(资料来源：笔者参考相关资料整理而成。)

2. 组建商业联盟

在"内容至上"的今天，人人都是生产者，大量自媒体运营者无法保证更高的更新频率，更新频率过低不仅无法积累粉丝，甚至无法形成流量。自媒体早就过了单枪匹马、孤胆英雄闯世界的时代，内容的持续创新与输出是对大部分自媒体人的挑战。连"Papi 酱"都要用工作室来实现内容输出，连罗振宇都不能以一己之力包打天下的时候，个人的力量实在是太过渺小了，抱团取暖，建立联盟，打造矩阵的变现模式应运而生。

组建商业联盟是指由来自各个行业领域的自媒体人合作成立联盟同时选出负责人，由负责人接洽各个企业的品牌推广需求，再依据不同自媒体的特点把任务派发给自媒体个体，进行一种"栏目化"的分工。联盟内部成员可以互相借助影响力拓展自己的用户辐射范围，这种专业化分工既保证了优质内容的产出，又扩大了影响力，从而为实现盈利提供了可能。

小案例

Papitube 是知名网络红人"Papi 酱"以公司化运作模式进行短视频内容生产的平台。Papitube 通过"Papi 酱"这一节点吸引并招募优质短视频内容创作者，形成矩阵抱团成长，达到影响力的最大化。截至 2018 年 4 月初，Papitube 微博账号上的粉丝数量已过百万，签约作者达四十余位，涵盖了十余个垂直领域。"Papi 酱"以个人品牌带动后来者，这样即使"Papi 酱"今后减少内容输出，也会涌现其他的优质内容，形成新的流量入口。

（资料来源：笔者参考相关资料整理而成。）

五、品牌变现

互联网时代，品牌的打造可以分为五步：先利用口碑营销产生极致口碑；再由内而外进行品牌塑造，形成忠诚度；利用种子用户不断向外辐射，形成美誉度；进而向更大的用户群辐射，形成广泛的认知度；最后再从全民认知度提高到品牌知名度，通过线上和线下的结合，打造一个全社会有影响力的品牌。

移动互联时代的品牌需要人格化，回归人性的光辉。新媒体运营者在进行品牌 IP 的打造时，要注意品牌的人格化，当品牌具有人格和温度的时候，就不仅仅是品牌，还是消费者生活和人生的一部分，通过品牌打造让产品从简单的卖点打动上升到全面的价值说服；让产品从满足基本的生理需求过渡到激发人文和精神层面的思维共鸣，从而实现"圈粉变现"。

小案例 1

2014 年 9 月，"一条"视频创立，短短半个月的时间就在微信公众平台上集聚了破百万的关注量，这是目前微信公众平台上最引人注目的纪录，也是非常难超越的。它以杂志化的编辑方式，设立九个不同栏目，以每天一条精品视频的发布量，传达"生活、潮流、文艺"的品牌概念。"一条"品牌的建立目标明确，以视频为主来体现生活方式类的高端文化。九个栏目针对九个不同范围的受众，从这一领域的意见领袖入手营销，扩大品牌影响力，并运用资金使用广点通等营销工具，加速这种推广效果。结果是，在三个月后，一条品牌已经获得了第一轮 1000 万美元的投资，其品牌价值的急速增长得到了真正的价值体现。

（资料来源：笔者参考相关资料整理而成。）

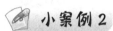 **小案例 2**

"江小白"，用"90 后思维+社群营销"，硬是将一个老白干小酒做成了一个年轻人喜欢的、有温度的品牌。传统观念认为，随着原有消费群老去，白酒消费量大大下降；而年轻消费群又没有增长，造成市场不断萎缩。但是"江小白"没有固守传统，赋予了一个小酒以态度，"江小白"是有态度、有情绪的一个品牌，能够准确地把握时下 90 后的心理，跟他们一起高兴、一起悲伤、一起 HAPPY，一起生活。"江小白"的语录、"江小白"系列公仔等成为粉丝疯狂收集的礼物，而且很多是女孩子，是根本不喝酒的 90 后女孩。江小白打造的品牌形象如图 7.21 所示。

图 7.21 江小白打造的品牌形象

（资料来源：笔者参考相关资料整理而成。）

7.5 营销创新阶段的运营策略

7.5.1 粉丝裂变

粉丝裂变是指利用用户的社交属性以及特定心理(赚钱、省钱、炫耀、求关注等)，促进用户自发地分享传播，实现粉丝裂变。裂变式营销越来越受到营销人员青睐的原因有三点：

第一，**利益捆绑**。在社交2.0时代，人们不再满足于简单的社交互动，在"分享+奖励"模式下，分享行为还可以满足人们的省钱或赚钱诉求，用户分享越多，受益也越多。在裂变营销模式下，用户与平台的关系不再是简单的消费者，而成为另一种意义的"分销商"。分享通常伴随奖励，奖励包括物质奖励(现金、折扣、实物产品)和精神奖励(荣誉等级、VIP等级)。一旦分享行为产生，每一个消费者都成了经销商，每一个经销商都是引流端，都在为平台或者产品服务引流。商家可以获得流量曝光或者销量增加；分享者获得奖励；被分享者也享有一定的优惠或奖励。因此，在分享的过程中，实现了多方共赢。

第二，**降低成本**。对企业而言，社交裂变可以发挥口碑传播优势，降低引流成本以及信任成本。相比商家的直接宣传，人们更青睐或认可同一维度熟人的推荐。在身边朋友或同事的主动传播下，人们更容易降低对产品的排斥，并围绕产品体验形成一个共同的圈子。此外，在从众心理加持下，其他人对产品的接受程度也会更高。

第三，**赋予产品品牌溢价**。企业在发展初期，持续用产品和价格优势刺激用户。在粉丝裂变基础上，认可平台模式或产品的用户会继续转化为平台的"粉丝"，继续进行主动传播。对平台而言，无需大量广告投入就实现了品牌塑造和价值增值，稳定的社交关系带来了最大化的商业价值。

小案例

2018年下半年，一家蔚蓝色调的新晋咖啡品牌——瑞幸咖啡，迅速攻占一二线城市，成为咖啡行业的有力竞争者。瑞幸咖啡之所以风靡朋友圈，除了广告宣传、市场定位、产品特色外，其独特的商业营销模式发挥了关键作用。瑞幸咖啡的营销重点是，将广告拉新成本让利于用户，迅速攻占市场，打造专属品牌。瑞幸咖啡有针对性地推出"首杯奖励、拉新奖励、咖啡请客"，利用了社交裂变，大规模进行口碑传播。以拉新奖励为例，只要把链接分享给好友，对方下载APP后，双方都可以获得一张免费券。咖啡作为一种高频、易重度消费饮品，经过第一轮在微信朋友圈的口碑分享以及宣传，加之综合性价比适宜，因此便会成功积淀一批种子用户复购。瑞幸咖啡推广界面如图7.22所示。

（资料来源：中国管理案例共享中心，郭名媛、徐艺丹著《瑞幸咖啡：咖啡新宠的营销之道》）

图 7.22　瑞幸咖啡

小案例 2

风靡一时的流利阅读、薄荷阅读等课程，引导用户每日在朋友圈打卡，即可免费享有课程。在主动分享意愿以及激励刺激下，分享行为得以扩散化。流利阅读界面如图7.23所示。

图 7.23　流利阅读

（资料来源：笔者参考相关资料整理而成。）

一、内容驱动裂变

在"内容至上"的时代，内容是让粉丝裂变倍增的核心驱动力之一，无论采取怎样的形式，优质的内容是让粉丝倍增的关键。粉丝裂变的关键是口碑，口碑是影响购买决策的重要因素。

在新媒体环境下，消费者网络口碑展现出与传统线下口碑截然不同的特点。第一，在传播范围上，网络口碑突破了空间上的限制，能够在全世界范围内进行传播。第二，在传播速度上，网络口碑依靠互联网高速传播。第三，在传播时间上，网络口碑在很长甚至是无限的时间范围内都是存在的。第四，在传播数量上，网络口碑的数量是巨大的。消费者网络口碑的这些优势使得它突破了企业的影响和控制，成为消费者获取品牌和产品真实信息的重要来源，影响甚至决定了消费者的行为和整合营销传播的效果。当企业的品牌、产品获得了大量的关注和良好口碑时，这种正面的关注和口碑就会在消费者内部自动地快速传播和发酵，形成企业的免费媒体，增强甚至是超越其他整合营销传播的效果。

因而企业想要利用粉丝裂变更有效地进行营销，就不能忽视口碑的力量，优质的内容又是好口碑的来源，因此企业需要确保输出优质内容，吸引用户关注，进而驱动用户进行正面的口碑传播。

二、利益驱动裂变

1. 转发福利式

利用消费者利己利人的心理，通过"转发分享即可得红包、优惠券"等方式，一方面借助"免费推手"扩大推广范围，将信息推送至潜在用户；另一方面，用于激励的红包、优惠券等又可以进一步刺激用户消费。这种推广的方式在资金收益允许的情况下可以长时间开展，因为用户对抵用券、优惠券的需求通常也是长期的。例如"饿了么"和"美团"长期采用分享得红包优惠的方式进行裂变营销。

2. 邀请实现式

通过邀请裂变的形式，让老客户推荐新客户加群、关注、下载等，并且无论新老客户都能享受一定优惠或福利，借助口碑的力量实现"一传十、十传百"的裂变效果。例如瑞幸咖啡，老用户邀请新用户下载注册，各自都可以获得一杯免费咖啡。

3. 拼团折扣式

由用户发起拼团信息，借助更多的渠道拉进一定数量的人成团，拼团成功则可以享受更优惠的价格。例如拼多多、美团，开展几人拼团的活动，设置拼单价和普通价，如果用户拼团成功，则享受更为优惠的拼单价。

4. 游戏炫耀式

游戏炫耀式的营销方式是在近几年手游兴起的基础上出现的，用户在游戏中获得乐趣之余，通过在朋友圈中炫耀游戏成绩，产生一种额外的愉悦、满足感，进而吸引新的用户，掀起全民游戏炫耀的热潮。这种推广方式实质上利用了人们寻求社会认同感的心理。

5. 互动分享式

互动分享式的营销方式通常是通过创意性的活动吸引用户积极参与互动分享，同时用户参与互动分享可以额外获得奖励。

6. 集赞优惠式

集赞优惠式指通过运营者发布活动内容，用户集得一定数量的点赞后可以获得相应的报酬或者奖励。例如集赞 50 个会得到奖品，集赞 100 个则可享受折扣优惠等，这种方式利用福利的吸引让用户自发地转发、分享信息，最快速地曝光活动信息，使营销信息在短时间内快速传播。

7.5.2 价值创新

生意最终的本质都是"价值创造"的问题。彼得·德鲁克说过"企业唯一的使命就是创造客户"，价值创新就是指从消费者的角度出发，通过为消费者创造新的价值来不断地获取新的客户进而取得竞争优势，而不是单纯提高企业的技术竞争力来赢得企业的成功，这是现代企业竞争的一个新理念。价值创新力图使消费者和企业的价值都实现飞跃，原因在于它并非着眼于竞争，而是通过提高消费者满意度开辟一个全新的、非竞争性的市场空间。价值创新是将价值和创新看得同样重要，不可顾此失彼，没有创新的价值仅仅意味着提高购买群体的整体利益或在渐进范围内进行价值创造。没有价值的创新就会过于战略化或过于受技术的驱使，而失去了价值创造的市场基础，当然这其实毫无价值可言。

价值创新的基本特征可以归纳为以下两点：

一是价值创新不是瞄准某个既定的细分市场、只求得在这个市场上更好地满足消费者的需求，而是在更广阔的范围内开发消费需求，最大限度地利用消费者的共同点，进而实现重新划分市场的创新活动；

二是价值创新的目标是努力超越现有产品和服务的价值标准，使新产品或服务的价值曲线显著不同于以往产品和服务的价值曲线，因此具有激变型创新的特点，价值创新的成功是以消费者最终接受这种独特的价值标准为标志的。

结合新媒体时代的特点，将新媒体营销的价值创新分为发掘用户需求、创造新的消费需求和开展跨界合作。

一、发掘用户需求

传统营销中企业在寻找市场的过程中往往只关注现有消费者，并习惯于通过市场细分来拓展市场，这种观念会造成目标市场过小的危险。因此，运营者应同时关注现有用户以及非用户，寻找新的目标用户，发掘新的用户需求。非顾客是指现有顾客之外的顾客群体。它可划分为三个层次：准非顾客、拒绝型非顾客、未探知型非顾客，如图 7.24 所示。

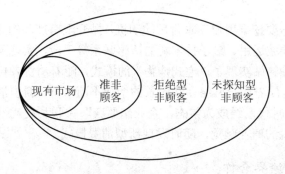

图 7.24　非顾客群体

准非顾客离企业现有的市场最近，他们出于需要而最低限度地购买产品或服务，但一有更好的选择他们便会随时转移到另一个企业的市场中。因而企业要关注这些用户之间的共同点，吸引其注意力，从而扩大市场范围。

拒绝型非顾客往往拒绝使用企业的产品或服务，因为市场现有的产品或服务不可接受或超过他们的经济承受能力。这是一个未经发掘的需求群体，企业可以瞄准他们的共同需求，通过改进产品或服务，从而将其转变为用户。

未探知型非顾客离现有市场最远。通常企业并未将其看作潜在消费者，但是这类非顾客通常数量庞大，如果能通过价值创新来满足他们的共同需求，那么获得的新市场将非常可观。

企业可以通过关注这些非顾客，深入了解其需求，动态地制定针对性的营销策略，发掘用户需求，将其转化为目标用户。此外，在选择非顾客的需求时，不仅要关注每个层次的共同需求，也要跨越不同层次探究这三个层次的非顾客是否有重叠的共同需求，从而选取规模最大的需求市场。

二、创新消费需求

企业可以以顾客价值为导向尝试改变现有用户的需求，颠覆其原有的消费习惯，进而创造新的消费需求，实现价值创新。从用户口中得到的需求往往具有局限性，许多用户总是基于现有的产品或服务体验提出抱怨和建议。而多数用户并非专家，对产品和服务的理解不够深刻，如果这样的用户需求不经分析而被采用，那么最终产品和服务只能是渐进式的创新，而品牌要想获得用户的赞赏需要的是颠覆式的创新。例如在汽车被发明出来之前研究用户需求，得到的结果只是用户需要更快的马，其实用户需求背后的动机是更加快速便捷的出行方式，如果不理解这一点，只是着眼于培育更快的马，汽车就永远无法发明出来。

因而企业需要挖掘用户需求背后的动机，抛开现有产品的束缚，通过创新思维、技术跨领域运用、赋予技术新的情感联系等手段，实现颠覆式创新。例如淘宝、京东等网站实现了"宅式购物"的模式，随着消费者传统消费习惯的变革，消费量也随着用户网络在线时长的增加不断上升，新型消费需求的产生在"互联网+"时代已经成为常态，企业想要获取关联利润就得走在价值链的前沿，具备敏锐的商业触觉，随时发掘新型消费模式。

三、开展跨界合作

在新媒体大数据的背景下，单一平台、单一媒体、单一地域已经无法满足企业营销的需要，企业现在意义上的整合营销传播呈现跨平台、跨媒体、跨地域，甚至是跨国界的新形态。跨界合作通过新媒体行业之间的相互渗透和融合、品牌之间的相互映衬和诠释，实现了品牌从平面到立体、由表层进入纵深、从被动接受转为主动认可、由视觉听觉的实践体验到联想的转变，使企业整体品牌形象和品牌联想更具张力，对合作双方均有裨益，让各自品牌在目标消费群体得到一致的认可，实现"1+1>2"的效益。通过与不同行业的企业或品牌之间的跨界合作，拓展更大的营销传播空间，开创更大的市场空间，正在成为越来越多具有远见卓识企业的共识。

星巴克坚持"咖啡体验"的营销策略，通过咖啡体验向喜欢咖啡的人们传递感情与思想。当前跨界社交文化在中国非常流行，星巴克通过星粉与宠物结合，进行星粉宠物店的营销策略，开设不同于传统门店的宠物友好店，如图7.25所示，每一家店都满怀心意为萌宠准备了独特的饮品和专属空间。另外，星巴克还给宠物准备了专属的活动空间、专属垃圾箱，以及不定期开展咖啡教室和宠物派对，让喜欢宠物的人们可以尽情享受咖啡与宠物的乐趣。星巴克宠物友好店这样的跨界社交营销创新策略获得了很多消费者的喜爱，宠物友好店的销售额和销售业绩比传统店铺好，而且人气很高。星巴克利用了当下消费者的消费行为与消费心理，通过制定精准、有效、创新的社交跨界营销策略让品牌呈现新的活力。

图 7.25　星巴克营销

　　(资料来源：陈迪，钟景清. 跨界社交下零售企业营销创新策略[J]. 商业经济研究，2020(5)：72-75.)

 小案例 2

　　国货品牌在近两年来的每一次跨界都给用户带来惊喜。2018 年的"双 11"，"完美日记"推出与大英博物馆联名款十六色眼影盘，通过与大英博物馆的携手，让艺术走出博物馆，来到普通人的身边，同时共同传递美可以不受时间、空间限制，增加了品牌的文化内涵。如图 7.26 所示，2019 年 3 月份，"完美日记"与全球知名频道 Discovery 合作推出探险家十二色眼影盘，打造更具魅力的野性特色妆容。这款眼影盘分别以小鹿、斑虎、小猪、大熊猫、冰狼、鳄鱼等野生动物为灵感，配色大胆。这款动物眼影刚一推出就成了爆款，在网络上掀起了浪潮，同时这款眼影荣获了"ELLE 2019 年度美妆之星创意跨界实力奖"。2019 年国庆节，正值中华人民共和国成立 70 周年，"完美日记"携手《中国国家地理》推出联名款眼影，将中国特色景观融入其中，以中国传统颜色命名，分别为"赤彤丹霞""粉黛高原""碧蓝湖泊""焕彩梯田"。其文案"赤色顷染澎湃山丘，灿烂如散落的霞光""粉色彩霞席卷辽阔山脉，与群山黛色交相辉映"将中国之美贯彻到底。

"完美日记"跨界成功的原因很重要的一点在于它不是为了跨界而跨界，而是根据自身的需求寻找合作方，从而突出自身特色，丰富品牌内涵。其先后与大英博物馆、Discovery 频道、中国国家地理联名，不仅提高了品牌的知名度、影响力以及品牌调性，而且还让消费者看到"完美日记"未来的无限可能。

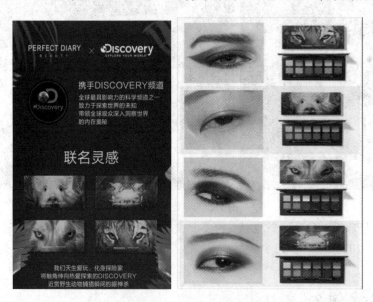

图 7.26　"完美日记"营销

(资料来源：王卓慧. 国产美妆品牌的崛起："完美日记"营销策略分析[J]. 传媒论坛，2020, 3(4): 143, 148.)

【课 后 思 考】

1. 请结合你的理解从 APDC 管理循环的角度谈一谈新媒体营销的具体运营流程。

2. 搜集资料并选择一个你感兴趣的且开展了新媒体营销实践的企业，结合本章内容分析一下该企业都采取了哪些运营策略以及效果如何。

3. 现如今越来越多的企业纷纷开展新媒体营销活动。在美妆界，本土的国产彩妆品牌如雨后春笋般相继出现，在国外品牌备受欢迎、国内竞争异常激烈的美妆市场中，"完美日记"凭借其一系列出色的新媒体营销策略在短短几年内"杀出重围"，成为当之无愧的"国货彩妆新秀"。究其原因，强大的品牌营销创新力是其取得成功的重要原因之一。有鉴于此，其他企业应该如何进行价值创新以期能在激烈的市场竞争中占据一定的优势，请谈一谈你的看法。

第8章　新媒体时代的隐私保护

　　互联网的飞速发展正在改变着世界，新媒体所依托的大数据技术在不断发展的同时也带来了无可避免的隐私问题，隐私与新技术变革之间的冲突贯穿着整个信息技术的发展史。互联网环境为隐私侵权行为的发生提供了一定的便利性，致使新媒体时代的隐私侵权行为频频发生，如何合理有效地对用户的个人隐私权进行保护是各方需要共同考虑的问题。本章从隐私权的界定与构成、隐私侵权行为出发，对国内外隐私权保护的现状以及当前的困境与突破展开分析。

学习目标

> ➢　理解新媒体时代的隐私权。
> ➢　把握新媒体时代的隐私侵权行为。
> ➢　了解国内外隐私权保护的现状、遇到的困境以及如何突破。

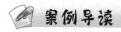 案例导读

Facebook 泄露门

　　2018 年 3 月 17 日，美国《纽约时报》和英国《卫报》发出报道称 Facebook(脸书)约有 5000 万的用户数据被一家名为"剑桥分析"(Cambridge Analytica)的公司泄漏，并用于为美国总统大选投放、推送针对性极强的政治广告，以此来左

右选民的投票意愿。泄密事件一出，Facebook 又一次地站在了舆论漩涡的中心。消息一出，众多网民在另一个社交平台 Twitter(推特)上频繁发文，呼吁"删除脸书"，由此可见，Facebook 的隐私泄露事件引发了广大用户的信任危机。除了用户的不信任外，Facebook 近来麻烦不断，股价在一周之内累计下跌超过13%，市值蒸发 750 亿美元；美国和欧盟的一些法律机构也开始对它的隐私泄露事件着手进行调查，如果证明它确实在此次隐私泄露事件中承担主要责任，则 Facebook 有可能面临巨额罚款。

然而，"剑桥分析"是如何获得 Facebook 的个人信息的呢？这就源于 Facebook 于 2007 年开始推行的"开放平台"计划，像我国现在好多平台的做法一样，引入大量第三方独立的 APP，给平台客户提供更丰富的体验。这其中就有剑桥大学心理学教授——科根(Aleksandr Kogan)于 2013 年开发的一款据说能够测试个人性格的 APP——"This is your digital life"。该 APP 通过获得被测试人与 Facebook 好友之间的互动信息来勾勒出其性格，因此不止需要被测试人向其开放关于个人喜好的信息，而且允许其抓取被测试人好友的相关信息。最初与科根教授的 APP 签约的有 27 万名用户，以每个用户平均拥有 160个好友计算，科根教授获取了大约 5000 万 Facebook 上的用户信息，而现在这个人数估计已经上升到 8700 万人。隐私保护问题在数字经济时代受到前所未有的关注，就是因为数据泄露会以几何级的速度增长，影响巨大。如果只是一款供人消遣的 APP 获得如此大量个人数据也还不足为惧，更重要的是科根教授把这 8700 万个人数据分享给了"剑桥分析"，一家专为政党选举推送政治广告的公司，据说在特朗普总统竞选过程中起到了关键作用。Facebook 用户感到自己被利用了，因此对平台不负责任地让别有用心的第三方公司获取自己的信息感到愤怒。

Facebook 在业内本是处于全球领先地位，却仍然无法避免用户信息被泄露的危机，通过分析可以得出造成这种局面的主要原因：首先，这次 Facebook 泄密事件的罪魁祸首是其于 2007 年 5 月开放 API，为第三方 APP 搜集数据信息提供了土壤；其次，这次泄密事件最可怕的地方在于科根仅仅通过 32 万人的授权就轻而易举地获得了超过 5000 万条用户个人信息数据，而这 32 万人却对自己及好友的隐私权被严重侵犯这一事实浑然不知。这充分体现了新媒体时代用户的隐私保护意识仍旧比较缺乏。

在新媒体时代的背景下，技术的发展和隐私的保护似乎天生是一对矛盾。互联网的快速发展改变了传统的信息传播方式和传播环境，成为人们生活中的必需品，但也在摧毁着人们的隐私壁垒，隐私保护的问题迫切需要得到人们的关注与重视。

(资料来源：弓永钦. 从 Facebook 个人信息泄露事件看平台的隐私保护责任[J]. 北京劳动保障职业学院学报，2018,12(2):31-34.)

8.1 个人隐私权的界定及构成

8.1.1 什么是隐私与隐私权

一、隐私

1. 隐私的定义

"隐私"一词的产生最早可追溯到我国周朝初年，时至今日，隐私包含一切不愿或不便为他人所知晓、干涉、侵犯的与私人相关的事务，包括个人信息、个人私事和个人领域。在互联网时代的今天，隐私的范围有了更大的拓展，包括政治信息、社交信息、健康信息、财务信息等。不同的业务领域，用户的隐私也不同，比如金融行业，用户的银行卡号、收入支出记录、账户余额、信用档案都属于隐私；而对于医疗行业，患者的病历信息、各种检查结果、用药记录、身体健康状况等都属于隐私范畴。对"隐私"这一概念的界定，学界目前并没有形成较为统一的观点，学者们对其都有不同的理解，目前比较受认可的观点有两种，一种是张新宝在《隐私权的法律保护》中提出的"隐私，又称私人生活秘密或者私生活秘密，是指私人生活安宁，不受他人非法干扰，私人信息保密不受他人非法搜集、刺探和公开。"另一种是王利明教授在《人格权法新论》中所指出的"隐私是一种与公共利益、群体利益无关，当事人不愿意他人知道或他人不便知道的信息，当事人不愿意他人干涉或他人不便干涉的个人私事，以及当事人不愿意他人侵入或他人不便侵入的个人领域。"本书倾向于后者的观点，因为其能够更加全面精确地概括出隐私的内涵与外延。

2. 隐私的构成

个人隐私可以大致分为四个类型，分别为信息隐私、空间隐私、个人选择隐私和相互交往隐私。

(1) 信息隐私。根据表现形式的不同，信息隐私可以分为有形和无形两类，有形的信息隐私指图片信息、录音录像信息等；无形的信息隐私指由行为或事件产生的感性的知识，例如患者在医院体检所产生的疾病信息。随着新媒体时代的到来，大数据技术的广泛引用使得信息隐私在个人隐私中所占据的比例越来越大。

(2) **空间隐私**。空间隐私主要是指与个人空间以及所处环境相关的隐私，关系到由个人控制和支配物理空间的隐私权利。在自然界，无论是人还是动物，都存在一种占据一定领域空间的本能需求，而对个人领地空间的占据也为其精神上的独立提供了物理上的基础。空间隐私也可以分为身体隐私、不动产隐私和个人财产隐私三种。身体隐私指身体上不受伤害、屈辱和接触的利益权属，它反映了人类身体尊严的神圣不可侵犯性。不动产隐私指的是个人有权利拒绝他人进入其私人住宅、办公室以及其他的个人不动产设施当中。个人财产隐私是指除了不动产之外的其他财产空间也不容侵犯。

(3) **个人选择隐私**。个人选择隐私是指个人的自主决策和个人行为自主方面的隐私权利。例如判断是否要加入某一团体或组织、自主选择信奉或不信奉某种宗教、决定与某人交往或不交往，人们对于这些行为发生与否的选择具有自主性和控制性，不容他人侵犯。

(4) **相互交往隐私**。相互交往隐私与亲密关系理论密切相关，这种隐私所关系到的既不是物理空间本身，也不是信息本身，而是涉及某种关系状态及关系过程的隐私权益，但关系本身是一个无形的东西，需要通过物理空间、信息形式等方面表现出来。

二、隐私权

个人的隐私或秘密不愿意让他人知晓或公开，这是法律赋予人们的一种权利，也即我们通常所说的"隐私权"。事实上，"隐私权"是一个"舶来品"，最早于 1980 年由美国哈佛大学的两位教授路易斯·布兰迪斯和赛缪尔·沃伦在《哈佛法学评论》上提出，标志着现代意义上隐私权理论的诞生，是被后世广泛引用的经典作品之一。他们认为："在任何情况下，每个人都有被赋予决定自己所有的事情不公之于众的权利，都有不受他人干涉打扰的权利，并认为保护私人著述及其他智力和情感产物的理念，就是隐私权的价值所在。"此后，国内外学者们纷纷对"隐私权"展开了理论研究，对"隐私权"这一概念的界定持有不同的观点。在我国，目前比较受认可的观点是王利明教授在其书中提出的"隐私权是自然人享有的对其个人的与公共利益无关的个人信息、私人活动和私有领域进行支配的一种人格权"。除此之外，还有一些学者持有不同的想法，如张新宝教授则认为"隐私权是对个人信息和个人生活进行法律保护，未经隐私主体允许不得随意侵犯的一种权利"。魏永征教授将其定义为"隐私权是自然人依照法律法规维护个人隐私权不受非法侵害的权利"。

此外，通过对现有文献资料整理分析发现，目前学者们对于"隐私权"的理解大致可分为三类，一类是将其作为一种财产权，一类是将其看成人格权，还有一类是将其看作人格与财产兼有的权利，本书倾向于第三种观点。一方面，隐私被侵犯的直接后果就是对当事人内心与情感的伤害，因此隐私权属于人格权的范畴；另一方面，当事人的金融信息、联系方式与住所等信息受到侵犯后，会导致其财产的损失，因而隐私权又包含于财产权的范畴。所以，本书认为"隐私权"是指自然人享有的对与公共利益无关的个人信息、个人活动和个人空间的控制与支配的权利，是一种不被他人非法收集、利用、公开和侵犯的权利。

然而，"隐私权"的定义并非一成不变。众所周知，时代在发展，社会在进步，互联网的出现以及大数据技术的兴起促进了网络社会的形成，"隐私权"的内涵与外延也在不断扩大。因此，在新媒体时代背景下，我们有必要与时俱进，以辩证的目光重新对"隐私权"的概念进行界定。

8.1.2 新媒体时代的隐私权

一、新媒体时代隐私权的界定

新媒体时代的到来，在给人们的日常生活带来极大便利性的同时，也引发了许多隐私信息被侵犯的问题，给隐私权的保护带来了挑战。新媒体时代下隐私权的侵权方式与侵权类型逐渐呈现了多样化的趋势，所造成的危害也越来越严重，对其的保护难度也在不断增大。随着移动互联网技术和数字技术的发展，大数据、云计算、人工智能等新兴技术兴起，为当今时代新媒体体系的形成提供了技术支持。然而，与传统媒体不同的是，在依托互联网技术的新媒体情境下，信息的传播更为方便快捷，"信息流"成为当今时代的重要特征之一，各种各样的信息从传播者出发，借助互联网渠道能够实时地被传递到各个接收方手中，信息传递的便利性使得人们无时无刻不暴露在充斥着各种各样纷繁复杂信息的网络之中，由此带来的隐私问题更为严峻，致使隐私权的内涵与外延也发生了一定的变化。

目前学界对于新媒体时代隐私权的研究尚未完善，对其概念的界定并未形成统一且一致的意见。大部分学者针对网络隐私权展开了研究，对于网络隐私权的定义大都是在传统隐私权的基础上进行的。国内网络隐私权研究的先行者李德成律师在其所著的《网络隐私权保护制度初论》一书中提出"网络隐私权是指公民在网上享有私人生活安宁和私人信息依法受到保护，不被他人非法侵犯、知悉、复制、利用和公开的一种人格权；也指禁止在网上泄露某些与个人相关的敏感信息，包括事实、图像以及诽谤的意见等。"潘亚楠认为"网络隐私权是隐私权在网络环境下的扩展，是指民事主体的个人信息在网络空间不被他人非法搜集、泄露、利用和公开的一种人格权，其内容涉及知情权、控制权、支配权、安全请求权和赔偿请求权。"由此可见，新媒体时代的隐私保护不仅仅局限于保护个人隐私权，而是在个人信息收集使用过程中保障数据主体的个人信息自决权利，也就是说，是在传统隐私权的基础上加以个人对其所有资料的自主支配和控制，自由决定其是否公开以及公开范围大小的权利。

通过对学者们观点的整理分析可以发现，网络隐私权的概念有广义与狭义之分：狭义的网络隐私权主要针对网络时代的数字化特征进行界定。网络空间作为数据处理和通讯的媒介，其技术核心就是数字化，主要用来实现数据信息的传递、共享和利用，因此对网络隐私权进行界定不可避免地就会涉及传统隐私权中的个人信息隐私层面。因而，狭义上的网络隐私权仅仅是指个人对其个人信息加以控制和支配，决定是否公开以及公开范围的权利。也就是说，狭义的网络隐私是指与传统隐私权中信息隐私相对应的网络空间中的数据隐私。广义上的网络隐私权在内涵上与传统隐私权并无二致，不仅包括信息层面的隐私，还包括空间隐私、个人选择隐私和相互交往隐私这些传统隐私权所具有的内涵，是这些隐私表现形式在网络环境下发生变化后的体现。

综上所述，本书认为在对新媒体情境下的隐私权进行界定时，可以参考学者们对网络隐私权概念的定义，基于新媒体时代的互联网背景，从全局的视角出发界定隐私权保护所涵盖的隐私范围，不仅要考虑个人信息隐私，还要考虑空间隐私、个人选择隐私与相互交往隐私等多个方面的隐私。

二、新媒体时代隐私权的特点

1. 隐私信息数据化

在新媒体时代，随着网络技术和数字技术的发展，隐私的主要载体逐渐转变为个人数据，即涉及个人的已被识别的和可被识别的任何资料，如个人的自然情况和识别信息，如姓名、性别、年龄、出生地、身高、体重、病史、种族、籍贯、住址、电话号码、电子邮件地址、身份证号码等；社会与政治背景，如受教育程度、工作经历、宗教信仰、哲学观点、政治主张和党派倾向、财产和收入状况等；生活经历和习惯，如婚姻恋爱史、消费习惯等；家庭基本情况，如婚姻状况、配偶、父母及子女的情况等。与传统隐私权相比，新媒体情境下隐私权保护的中心转移到对个人数据的控制和利用上。这种个人数据的内容和范围十分广泛，与个人相关的所有信息资料都可能会成为隐私权保护的对象。

2. 保护范围扩大

隐私权保护范围的扩大既有技术进步的原因，也有公民认识进步的因素。在新媒体时代到来之前，隐私的客体主要是私人事务与私人空间不受他人窥视、非议与评价，技术的欠缺以及较少数量的网络用户使得网络的数据量较小，收集范围也存在局限性，因此个人隐私权的保护范围也较小，主要是指与生活紧密联系的私人领域，如性别、年龄、身份证号码、家庭住址、工作单位等。而进入新媒体时代之后，随着互联网、新媒体的广泛应用，海量的数据接踵而来，人们逐渐意识到个人信息的重要性，有些原本不属于个人隐私保护范围内的个人信息，因为经过分析后能够得出具有商业价值的个人信息，例如购物记录、浏览记录等信息，会被不法商人买卖而侵犯个人的权利，这些信息就成了个人隐私，这就使得应纳入隐私保护范围的数据较以往大大增加，从而导致对隐私权保护的客体范围随之扩大。

新媒体时代的隐私问题不仅牵涉到个人信息的利用，同样也延伸到了实体的空间范围。现代社会中的每个人身边都充斥着各种电子设备，这些设备通常能够在不同的场合与时间记录个人信息，增大隐私泄露的风险，破坏了人们所处空间的私密性。作为"第五媒体"中移动媒体的代表，手机在带给人们便利的同时也带来了隐私隐患，容易暴露人们的活动轨迹和行为信息。此外，遍布街头的监控摄像时刻也在监视着人们的行踪与活动路径，这些零散的图像、语音、行进轨迹、消费记录能够借助大数据技术将人们的生活还原出来，使得隐私权的保护范围被逐渐扩大。

3. 经济价值增加

传统时代的隐私权具有更为浓重的人格色彩，隐私被侵犯的主要危害表现为名誉受损，即使存在经济损失也通常是按照精神损害赔偿标准进行。然而在新媒体时代，隐私被侵犯而带来的经济损失有时甚至完全脱离人格损害而存在。因为大数据技术的发展也在一定程度上带来了经济效益，所以隐私权的经济价值愈发凸显，越来越多的企业想要通过精准营销来提高经济效益，而个性化的精准营销需要收集大量的用户个人信息，这就间接增加了个人信息的经济价值，提高了个人隐私信息泄漏的风险。经济价值的增加主要表现在两个方面：一种是将隐私直接作为财物进行交易，另一种则是对隐私内含经济价值的发掘。前者是指违法者利用大数据技术获取他人隐私信息，敲诈勒索当事人或者贩卖牟利。而后者是指利用大数据分析的结果可能包含了隐私主体的财产信息，如账号信息与密码等，利用这些信息就可以窃取隐私主体的个人财产或者利用身份信息冒名顶替开展经济活动或实施违法行为，同样会给隐私主体带来严重经济损失；亦或部分隐私信息可能内含重要的内幕信息，利用大数据分析得出内幕信息而从中获利，损害其他投资者的合法权益。由此可见，在新媒体时代，大数据技术的发展有利也有弊，在改变人们生活方式的同时也带来了隐私安全问题，给了一些"投机取巧"之人以"可乘之机"，使得隐私权的财产性质逐渐增强。

4. 保护难度提高

首先，在经济利益的诱惑下，侵犯他人隐私的主体范围在不断扩大，越来越多的主体参与到对个人信息的获取、发掘与利用中来，致使实施侵害的主体范围逐渐扩大。例如以前侵犯个人隐私的主体多为工商、电信、金融等特殊行业的人员通过职务之便获取个人隐私，而现在越来越多的人能够借助大数据技术挖掘个人信息，使得隐私保护的难度增加。其次，基于互联网的新媒体时代使得隐私泄露所造成的危害程度与范围在不断增加。传统媒体时代，隐私泄露多数情况下仅在小范围的社交圈内传播，而在"信息大爆炸"的今天，互联网的出现打破了时空限制，在对信息传播带来便利的同时也大大增强了信息被泄露所造成的危害与后果。此外，对隐私的二次利用会给被侵犯主体带来持续不断的伤害。在大数据时代，一旦隐私数据被数据技术分析出来，信息主体就很难再对这些隐私进行控制与支配，隐私侵犯所带来的不可逆性也会进一步增强。总而言之，新媒体时代人们被暴露在宽广的互联网海洋之中，任何隐私被侵犯的后果都有可能会被无限放大，致使对于隐私的保护难度不断提高。

三、新媒体时代隐私权的构成

1. 个人信息

个人信息是指新媒体用户在参与网络活动过程中存储在或者提供给网络系统的、反应个体特征的、具有可识别性的信息，包括姓名、性别、年龄、职业、手机号码等个人信息。按照用户参与网络活动的类型，可以将个人信息大致分为以下几种类型：

(1) **用户身份信息**，包括用户在申请注册时所提供的姓名、性别、年龄、职业、电话号码、身份证号、家庭住址、受教育程度、收入水平等详细的个人身份信息。

(2) **用户财务信息**，包括收入情况、财务账单、消费记录、交易账号与密码等有关金融理财的信息。

(3) **用户社交信息**，包括使用各种社交网站的信息、电子邮箱地址、各种APP 的账号密码等。

(4) **用户行为信息**，包括在进行搜索、浏览、消费等行为时所产生的有关行为轨迹的信息。

2. 个人活动

现如今，互联网的出现催生了新媒体的产生，改变了人们的消费形态与生活方式，互联网逐渐深入到人们生活的方方面面，使得人们的生活更加便利，人们的衣食住行都能够通过网络得到解决，例如网络购物、网络教育、网络看病、网络外卖等等。对于个人来讲，有些网络活动是公开的，而有些则不愿意被公开，属于个人隐私，对于这类活动，个人享有不被他人知晓或不公开的权利。

3. 个人空间

传统的个人空间主要是指有形的空间，例如住宅、工作地点、私人场所等，而网络中的个人空间则是在此基础上进行了扩展，包括无形的空间，例如个人网站、电子邮箱、游戏账户、网络云盘等个人领域，个人对这些虚拟空间享有支配与控制的权利，有权将其作为个人隐私、选择不公开。

8.2 新媒体时代的隐私侵权行为

8.2.1 隐私侵权行为的定义

众所周知，任何一样事物的出现都有利也有弊，对于"新媒体"来说亦是如此。在传统媒体时代，由于受到技术的限制，对个人隐私侵权的行为相对来说发生的概率较小。但在新媒体情境下，信息数据化、互动社交化、万物互联化在带给人们便利的同时，也带来了一些负面的影响，滋生了许多不良现象的产生，其中最为显著的危害就是随着互联网与新媒体的广泛应用，侵犯网络隐私权的行为大量发生，这类侵权行为不断挑战着人类道德、法律和社会秩序的底线，为当今的社会秩序带来了极大的理论与实践挑战。新媒体的数据化、社交化、高度互动性、超文本、超时空等特性使得针对新媒体用户个人隐私而进行的侵权行为相比于传统媒体时代发生了一定的变化，因而需要对这类侵权行为的概念重新进行界定。

目前学者们对于新媒体时代隐私侵权行为的研究相对来说还不完善，对其概念的定义大都倾向于在互联网背景下展开。参考学者们的观点，本书认为新媒体时代的隐私侵权行为是指在互联网背景下借助一定的技术手段非法收集、泄露、利用他人隐私，侵犯他人隐私权的行为。

8.2.2 隐私侵权行为的成因

一、个人因素——隐私意识的缺乏

新媒体时代人们的价值标准出现偏差。新媒体的出现改变了人们的消费观念与生活方式，人们的思想观念、价值取向等方面也发生了变化，信息的数据化使得人们对于价值判断的标准逐渐弱化，导致人们的价值标准在一定程度上出现了冲突与缺失。一方面，互联网平台为某些人通过窥探他人信息或对虚拟网络中的事物进行善恶判断来获得满足感带来便捷，最终导致其价值标准在新媒体环境中的缺失。另一方面，新媒体所具备的开放性使得人们会不断面临来自不同地域、不同文化、不同民族的价值观的冲击，价值观的多元性会使得人们对于价值判断的标准产生冲突，致使其价值标准在某种程度上出现偏差。

此外，人们的隐私意识也存在不足。在当前日渐复杂的数据环境下，人们尊重他人的隐私与保护自我隐私的意识都有所欠缺，导致个人隐私随时都可能遭受非法侵犯，且当隐私被侵犯时不知道如何去应对。

二、技术因素——侵权行为更便捷

在新媒体时代下，信息的数据化、数据的海量性与混杂性以及数据分布的广泛性等特征都会为隐私侵权行为的发生提供技术方面的支持。此外，人们在使用新媒体时会产生海量的信息，这些信息类别多种多样、鱼目混杂，给隐私保护带来了巨大的挑战，也为隐私侵权主体侵犯他人隐私提供了技术支撑与隐蔽条件。由于对于数据信息的处理需要一定的技术门槛，导致个别服务商在对用户数据信息进行处理分析时有缺陷，存在被人利用的漏洞，使得用户信息的安全无法得到很好的保障，进而产生隐私侵权问题。

三、经济因素——隐私让位于利益

近几年，随着新媒体的快速发展，越来越多的企业纷纷开拓新媒体渠道，开展新媒体营销。在营销开展的过程中，企业为了更好地实施精准营销战略，往往需要搜集大量的用户信息来制定用户画像，这就使得用户的个人信息具备了更高的经济价值。数据的海量性和经济性给了一些不法分子以可乘之机，个人信息所包含的巨大的经济效益会驱使企业或个人通过侵犯他人隐私来获取高额的回报，谋取经济利益。

四、环境因素——监督机制不完善

(1) **隐私保护机制缺乏**。新媒体时代，网络监管机构的缺失更容易让不法分子拥有可乘之机。同时，我国也相对缺少对有关信息安全防范工作的投入，监管人员和机构缺乏，使得隐私侵权现象频频发生。

(2) **行业自律不足**。从事相关工作的人员需要掌握更多的技术支持和信息资源来打造全新的商业模式，为了掌握更多的信息来满足消费需求，就需要其通过消费者的消费记录、浏览痕迹来把握当前市场动态，如若相关人员的自律性不足加之行业缺乏相应的制度约束，就会导致隐私侵权行为的发生。

五、法律因素——保护力度不充足

目前，网络隐私权保护面临的最大难题是我国当前的法律体系缺乏对隐私权独立的立法保护以及对网络中个人隐私信息的界定较为模糊。在2009年《侵权责任法》颁布之前，隐私权只是作为人格权受到法律的保护。直到2017年3月15日，我国颁布《中华人民共和国民法总则(草案)》，个人信息保护的相关内容被写进民法总则，我国民事基本法才对个人信息的保护首次得以明确规定。尽管对隐私权进行了立法保护，但也还是将其融入名誉权之中，一定程度上削弱了公民维护隐私权的权利，并且在隐私侵权行为的认定时设置了一层阻碍。

8.2.3　隐私侵权行为的特点

基于网络技术、数字技术等新媒体技术的新媒体使得信息传播、用户行为等都发生了一定的变化，因而在对隐私侵权行为进行分析时，要从侵犯网络隐私权与侵犯传统隐私权行为的异同上把握其特点。

一、隐私侵犯产生的频发性

正如前文所提到的，借助互联网技术依托于虚拟网络平台的新媒体具备交互性、数据化、超时空、开放性等特征，使得人们的个人信息更容易被侵犯，此外一旦隐私内容被公开则很容易被传播扩散，这也让网络隐私权侵权行为变得更加容易。对于侵权主体来说，网络隐私侵权行为基本上不会对其造成任何负面的负担，这些因素都使得网络隐私侵权行为频繁发生。

二、隐私侵犯场所的特殊性

张新宝教授认为，网上侵权最主要的特征就是加害行为是在网络空间上实施的，侵权行为的发生必须以网络作为载体，有别于现实环境中的隐私侵权行为。与线下实体环境不同的是，网络环境是一个虚拟空间，互联网的虚拟性、开放性和隐匿性使得网络侵权行为在许多方面都与传统实体环境有所区别，其发生的场所具有一定的特殊性，往往是在网络虚拟空间里进行的。

三、隐私侵犯主体的多元性

新媒体情境下的网络空间具有开放性、隐蔽性、匿名性等特点，使得用户的个人信息会遭到各种组织机构或不明身份个人的收集与利用，导致网络隐私侵犯行为的发生日趋常态化。隐私侵犯的主体也从最初单一的个体转变成由个人数据的采集者、信息的传播者与数据处理利用者共同组成的链条式的主体组合。此外，作为当今时代的主旋律，社交媒体在近几年越来越受到人们的追捧，不同身份的新媒体用户也有可能在有意或无意中成为侵犯他人隐私的主体，从而导致隐私侵犯行为随时都有可能发生。新媒体时代下隐私侵犯的主体大致可以分为以下几种：

1. 网络服务商

网络服务商是指通过信息网络向用户提供信息或者为获取网络信息等目的提供服务的机构。根据所提供服务的不同，网络服务商又可以大致分为网络接入服务商、网络平台服务商、网络内容及产品服务商等。网络接入服务商是指提供网络接入业务的电信运营商，如中国联通、中国电信、中国移动等；网络平台服务商主要是指提供搜索引擎、空间存储、信息分享、电子商务、社交平台等内容的服务商，如谷歌、百度、腾讯、淘宝等；网络内容及产品服务商既指提供包括文字、图片、音频、视频等内容的信息咨询类门户网站，如新浪、腾讯、网易、搜狐等，也指提供某类专门服务或产品的营利性网站，如各类游戏平台、电商平台等。这类网络服务提供商都有可能成为隐私侵权的主体，主要表现为未经用户授权就记录用户的行为与轨迹、私自制作用户的个人信息档案，或者未经用户许可擅自将其信息出租或出售给第三方以牟取暴利。

2．政府部门及社会职能机构

政府与社会职能机构为了提高工作效率与决策质量，需要大量收集公民的个人信息，例如公安部门收集户籍信息、房产部门收集住房信息、交通部门收集车辆信息和出行信息等，这就可能涉及用户的个人隐私问题。这些部门与机构在收集用户个人信息时有必要告知用户所收集信息的用途，保障用户的选择权，进而更有效地为人民服务，受人民监督。政府部门侵犯个人隐私的行为中最具代表性的就是美国"棱镜门"事件，"棱镜"计划涉及监视监听民众电话、监视民众网络活动两个项目，包括中国在内的多个国家都在监听对象当中。

3．商业公司

新媒体时代的个人信息拥有巨大的商业经济价值，在此推动下诞生了一批以贩卖他人信息谋取利润的商业公司，这些商业公司利用数据技术，在未经用户授权的情况下擅自搜集他人的信息，并廉价出售给有需求的第三方个人或企业。这些购买者利用此信息以电话和短信的形式对用户进行敲诈勒索，使用户不堪其扰、身心俱疲，有的甚至被骗上当遭受严重的经济损失。这类"隐私市场"的存在对用户信息安全产生了巨大威胁，侵犯了他人的隐私，损害了他人的利益，在社会上造成了极其不良的影响。

4．网络用户

新媒体打破了信息传受双方的界限，用户不仅是信息的创造者，也是信息的接收者，还是信息的传播者。随着移动互联网的普及与新媒体的应用，新媒体用户的规模逐渐扩大，信息交流愈发频繁，不可避免地导致用户在进行网络活动时会触犯到他人的隐私，有意无意地产生隐私侵权行为。此外，"黑客"作为一类特殊的网络用户，会利用网络技术刻意侵犯他人的隐私以从中获取利益。

四、隐私侵犯对象的双重性

新媒体时代所发生的隐私侵权行为的对象具有双重性，也即所侵犯的人们的隐私权既属于人格权，也属于财产权。大数据技术的发展使得信息存储成本持续暴跌而数据分析工具越来越先进，采集和存储数据的数量和规模呈现爆发式增长，致使新媒体时代的个人隐私被赋予了极高的商业价值，经济利益的驱使已经逐渐替代窥探他人隐私的好奇心成为隐私侵权行为频繁发生的真正动机。正如前文所述，隐私权是一种兼具人格权与财产权的权利，在新媒体时代到来之前，人格权可能占据更大的比例，而在新媒体时代的今天，财产权毫无疑问逐渐超过人格权并占据了隐私权中很大的比重。与传统媒体时代不同的是，新媒体情境下隐私权的财产权属性是无形的、虚拟的，是个人的无形财产。

五、隐私侵犯手段的智能性

以互联网技术为核心的第三次科技革命极大地改变了人们的生活方式，由此诞生的互联网就是依托各种通信技术、网络技术和数字技术而形成的一个技术平台，因而网络隐私侵权行为的发生从本质上来说更加依赖技术手段。近些年随着大数据、云计算、人工智能技术的飞速发展，为隐私侵犯主体提供了新的技术平台，从而导致侵犯隐私的手段愈发智能化。例如，侵犯主体在收集用户个人隐私时只需要借助智能设备通过一定的算法技术就能自动地、不露痕迹地完成对个人隐私数据的收集、记录、存储与分析。隐私侵犯手段的逐渐智能化使得用户个人隐私被侵害的危险性增大，也为受害人后期追踪隐私侵害主体造成了一定的技术障碍。

六、隐私侵犯方式的隐蔽性

现如今，在互联网大数据时代，个人的信息数据呈现爆发式增长的态势，新媒体用户的各类搜索、浏览、消费、聊天、评论等个人信息都属于人们不愿意公开或为他人所知的隐私，因此大多数网络行为均采取匿名的形式，网络的虚拟性使得用户可以不公开自己的真实身份，隐私侵犯的方式也越来越不易被发觉，这就为某些不法分子带来了可乘之机，为其找到了"隐身之处"，使其能够于无形之中搜集用户信息，侵犯他人的个人隐私。这种隐私侵权行为的隐蔽性以及目前技术手段的缺陷性往往使得用户很难察觉出来甚至难以迅速准确地追踪到。此外，由于隐私侵权的证据多存储于电子设备中，不法分子在侵权之前往往已经想好了消灭其行为痕迹的办法，隐蔽性更强，因此导致被侵犯主体在追踪时更加困难。总的来说，在新媒体情境下，尽管目前的信息技术手段在不断改进与升级，但对于隐私侵权的行为，仍然难以在第一时间迅速找到侵害现场以及侵害发生的时间，甚至是侵权的证据，加上目前对于网络隐私权保护法律的缺失，最终导致没有真正保护到被侵权主体的合法权益。

七、隐私侵犯后果的严重性

如果能将新媒体技术运用得当，则会成为帮助企业进行合理的营销决策的有力武器；如果运用不当，则可能会带来隐私泄露的不良影响，轻则损害用户利益，重则带来人身安全的威胁。隐私侵权行为的频发不仅给用户个人带来了无尽的烦恼，也可能会激化社会矛盾、扰乱公共秩序。近些年，随着各类新媒体技术的升级与革新，隐私侵犯事件频频发生，这类行为不仅危害了个人的隐私安全，也对社会的和谐稳定造成了一定威胁。

八、隐私侵犯认定的困难性

相比于传统媒体时代，新媒体时代对隐私侵权行为的追责更加困难。首先，网络的虚拟性使得网络成为隐私侵权主体保护自身身份的盾牌，在侵犯用户隐私时能够不留痕迹，即使会留下痕迹，也很难被用户发现，等到用户发现时，证据也早已被修改或删除掉，甚至可以变换不同的身份，使得侵权的证据难以收集。其次，隐私侵权行为往往借助先进的技术手段来实施，这些技术手段本身就是以隐秘的方式来窃取用户的隐私，目前技术手段的缺乏导致对责任主体难以判定，这些因素都导致了对新媒体情境下隐私侵犯行为的认定具有一定的困难性。

九、隐私侵犯影响范围的广泛性

互联网的出现使得人类社会成为一个名副其实的"地球村"，让信息能够实时传送到世界的每个角落，扩大了信息传播范围，使得信息传播更具广泛性。网络成为信息传播的最佳平台的同时也为隐私侵犯行为提供了相对便利的平台。不同于以前传统的隐私侵权行为，当今世界网络隐私侵权行为一旦发生，就会借助互联网渠道将相应信息迅速传递到更为广泛的范围，其所造成的不良影响在很短的时间内就能得以迅速扩散。传统的隐私侵权行为所产生的影响往往只能够在一定范围内散布，如果超出某个范围人们就不容易了解到所侵犯的具体隐私内容。但在新媒体时代，互联网打破了传统隐私权的空间界限，一旦被侵犯的隐私内容被公开或披露，其他网民或用户能够通过网络迅速知晓，在一定程度上加速了隐私的扩散，扩大了隐私的传播范围。

8.2.4 隐私侵权行为的表现

按照新媒体时代隐私侵权行为侵权内容的不同，可以将隐私侵权行为划分为侵犯个人信息、个人空间和个人活动三种表现形式。

一、针对个人信息的侵权行为

在"信息大爆炸"的今天，网络中存储了大量的个人信息，其所带来的巨大的经济效益使得隐私侵权行为频频发生，目前针对网络中个人信息的侵权行为主要包括不合理收集信息和不合理利用信息两种类型。不合理收集行为是指利用非法手段在不知不觉中获取用户的个人信息。不合理利用行为是指无论是否正当手段获取的个人信息，都有可能被用于其他目的如出售给第三方，使得个人信息被不当利用。

不合理收集行为包括过度收集与非法收集等形式。过度收集主要是指在收集获取用户信息时有目的地获取详尽的与用户所需产品、服务或内容无关的个人信息。非法收集主要是指侵权主体在未获得用户授权允许的情况下非法收集用户的个人信息数据，包括通过用户在各种平台的注册进行非法收集、通过追踪浏览记录等行为非法收集、通过黑客技术侵入他人电脑进行非法收集。

不合理利用行为包括二次利用、不当泄露、非法交易等形式。二次利用是指侵权主体开始也许只是为了某一目的或用途收集用户信息，但由于各种不可控的因素最终在未征得被侵犯对象同意的情形下，对获取的数据进行了二次利用甚至多次利用，从而使得用户的个人信息被第三方甚至多方使用，产生数据的滥用。非法交易是指隐私侵犯主体通过非法交易并循环使用用户的个人信息从中谋取利益。不当泄露则是指未经用户同意授权就将其个人信息泄露出去的行为。

二、针对个人活动的侵权行为

对个人活动的侵权行为主要表现为对他人的网络活动，如网上购物、浏览搜索、即时通讯、社会交往等行为的记录、监视、分析和利用。典型的针对个人活动的侵权行为有大型公司给员工的电脑中安装监视软件，监控员工的网络活动。

三、针对个人空间的侵权行为

针对个人空间的侵权行为主要表现为采用非法手段侵入他人的个人网络虚拟空间，即私人的虚拟领域，如侵入他人网络云盘行为、网络地图服务侵权行为、电子邮件隐私侵犯等。与传统的实体环境相同的是，这种对于个人虚拟空间隐私的侵犯同样也会对被侵犯对象的心理精神层面造成一定的伤害。

8.3　隐私权保护的研究及实践

8.3.1　隐私权保护的理论研究

纵观国内外关于新媒体时代的隐私保护，大都经历了以下三个阶段：由新闻媒体报道相关隐私泄露事件开始，逐渐引发社会的关注与公开讨论，最后行业自律组织与政府部门制定规则，进行规范化管理。尽管目前国内对隐私权的认识还不够深刻、相关法律法规还不成熟，但来自信息法学、广告学、传播学、营销学等多个领域的专家学者逐渐参与到相关研究中，颇具建设性的对策建议和行之有效的举措正在不断涌现，引领着我国的隐私权保护进入崭新的阶段。

通过对国内外有关隐私保护的相关文献进行梳理与分析发现，目前关于隐私权保护的研究较为丰富，本书选取部分具有代表性的文献进行整合分析，以求能够更好地了解学术界关于隐私权保护的动态，把握当前隐私权保护问题的研究现状。

一、国外研究现状

1. 国家层面的隐私保护模式研究

国外有学者曾指出"美国过分地依赖于行业式的自律和技术解决措施，而美国的分析家则认为欧洲模式构成了不适当的沉重负担和官僚主义"。还有学者指出，美国隐私法关注的重点是矫正对消费者隐私产生侵害的行为，在隐私保护与有效率的商业交易之间找寻平衡，而欧盟则将隐私视为一项超越了其他权利的基本权利。

2. 个人信息隐私的保护路径研究

帕梅拉·萨缪尔森建议采用一种契约性方法，利用商业秘密法的某些元素保护个人信息，可能会促成个人信息许可默认规范的出现，从而保证个人保留其对信息的控制权利。这样做比僵硬的信息隐私权体系更具灵活优势，而且是建立在已经认可的机制上的，并非依赖负责的新法律工具。利特曼认为在数据滥用方面，基于违反保密义务的侵权原则而构建的保护个人信息的路径可能会受到法院的青睐。她认为违反保密义务的侵权法模式存在许多重要的优势，它不仅能避免可转让性的陷阱，还能避免成为个人数据市场的推动力，且其救济方式更为灵活，使法院能够自行定义它的适用范围。

3．技术层面的隐私保护方法研究

国外关于技术层面的隐私权保护研究较多，视角集中在"匿名化""Cookies""大数据技术""云计算技术"等方面，其中有些是研究相关技术在保护用户隐私中的应用和突破，另外一些学者则研究相关技术失效给隐私权保护带来的挑战。

二、国内研究现状

随着新媒体、大数据时代的到来，国内学者对隐私权保护的关注度不断攀升，笔者通过国内权威文献数据库"中国知网"以"隐私保护"为关键词进行检索，可以检索到相关中文文献总数 7728 篇，最早的 3 篇出现于 1999 年，随后逐年递增，整体呈现上升趋势，2018 年和 2019 年发表的相关文献分别为 1037 篇和 1102 篇。足以见得，进入新媒体、大数据时代以来，我国各领域学者对隐私保护问题的研究逐渐上升，意味着个人隐私数据的泄露已经成为困扰社会大众的一个普遍性问题，这也从一方面说明，关于解决新媒体时代对个人隐私权的保护是一个系统性的问题，并非是单纯依靠立法部门或者行业自律协会能够解决的，需要大量的理论和实践研究来厘清、斧正，从而探索出一套适合我国国情的隐私保护发展模式。通过分析发现学者们主要从以下三个角度对我国的隐私保护问题展开探究。

1．从时代背景角度进行研究

部分学者基于大数据时代背景，对隐私保护的相关问题开展了研究。中国人民大学教授匡文波在《大数据时代的个人隐私保护》中指出大数据是把双刃剑，他认为随着大数据的出现个人隐私保护问题会变得更加突出，包括窥视与监视、隐私信息披露与未经许可的商业利用、歧视、隐私信息的恶意使用，并指出手机以及不断兴起的可穿戴通讯设备将会使用户隐私泄露问题日益严重。

2．从法理学角度进行研究

胡颖、顾理平指出了我国在现有网络隐私权的立法保护存在的若干问题，认为我国对网络隐私权的地位不够明确，界定不够统一，保护不够具体，救济不够到位，并提出了关于网络隐私权立法保护的相关改进策略。

3．从伦理学角度进行研究

吕耀怀和熊节春提到隐私权的保护不应该只靠法律，还应该依靠道德，从而弥补法律在保护个人隐私时所表现出的不足，以适应我国社会快速发展的需要，保护我国公民的个人利益，维护国家的安宁。

8.3.2 隐私权保护的社会实践

一、国外隐私权保护现状

1. 欧盟的 GDPR 与被遗忘权

作为个人信息保护的发祥地，欧洲个人隐私权保护在互联网时代信息保护探索和实践中都占有重要地位。欧盟的网络信息隐私保护视个人信息隐私为基本的人权问题，主张通过严格的立法方式保护个人信息。欧盟各国认为个人数据是个人权益，有着极强的保护价值；对信息隐私保护的方式，倡导制定严格与统一的标准。通过设立的特别委员会，敦促各国以立法的形式来保护网络隐私权，以促成各国互相认可的信息隐私保护规范，达到保护信息在各国之间的自由流通。

公众对强有力的数据隐私保护的迫切需求和情绪，是欧盟采取行动使监管现代化并加强监管的重要原因。2018 年 5 月 25 日，欧洲联盟出台《通用数据保护条例》(General Data Protection Regulation，简称 GDPR)在法律层面对公民数据隐私权进行严格的保护。GDPR 的前身是欧盟在 1995 年制定的《计算机数据保护法》。GDPR 法案一经推出，就被公认为目前全球对用户个人数据保护最严格的法案。该法案规定，对违法企业的罚金最高可达 2000 万欧元或者其全球营业额的 4%，以高者为准。

根据欧盟委员会的解释可知，只要数据的收集方、数据的提供方(被收集数据的用户)和数据的处理方(比如第三方数据处理机构)有任何一方是欧盟公民或法人，就将受到该法案管辖。这也意味着，任何企业只要在欧盟市场提供商品或服务，或收集欧盟公民的个人数据，都在这部法律的管辖范围。例如，如果一家中国在线销售公司的网站上，使用"面向欧洲的特惠产品""欧洲区包邮"的字样，或者标注了商品的欧元价格，就可以被视为在欧盟市场提供商品或服务，并受到管辖。

在关于个人数据所有权上一直存在争议，欧盟也较早意识到这一问题并以立法的方式将这种权力更多地赋予公众。1995 年欧盟颁布的《个人数据保护指令》第 12 条首次提出"删除权"，规定会员国应当确保每个数据主体皆能处理不符合本指令规范的资料，尤其针对资料本身不完整或者不正确的资料，有更正、消除和阻绝的权利，而后 2012 年欧盟提出该指令的更正法案时首次提出"被遗忘权"，将其定义为"数据主体有权要求数据控制者永久删除有关数据主体的个人数据，有权被互联网所遗忘，除非数据的保留有合法理由"。

被遗忘权的初衷是赋予用户自主控制个人信息展示与否的权力以及彻底删除个人网络数据的权力，但是众所周知数据一旦上传到网络是不可能被彻底删除的，即使服务商删除了用户在平台发布的信息，因为这些数据可能因为被转载而存在于其他的服务器之上。尽管如此，被遗忘权表达了公众对个人隐私权的追求和欧盟对公众的责任，也为其他国家和地区的数据隐私保护提供了具有指导意义和借鉴价值的方案。

2. 美国的 GDPF 与行业自律

与欧盟全面的《通用数据保护指令》不同，美国没有采用全面的联邦立法来保护个人数据隐私，而采取了分行业的做法保护个人数据隐私。美国联邦一级的立法主要是在特定行业范围内保护数据，即依靠联邦和州两级的法律，肖恩·玛丽·波恩(Shawn Marie Boyne)将行政法规以及行业特定的自律监管准则的组合概括为通用数据保护框架(General Data Protection Framework，简称GDPF)。美国的隐私保护是针对特定行业的，并且存在于众多立法工具和判例法中，这些法规仅适用于特定行业，如医疗、教育、通信和金融服务，或者是适用于儿童的在线数据收集。

在立法层面，美国最早的数据隐私立法是 1970 年 5 月颁布的《公平信用报告法》(FCRA)。FCRA 旨在对消费者信用报告行业中的数据共享施加限制，尤其是使个人更容易更正报告错误。FCRA 为随后的数据保护立法建立了三方模型，该模型向消费者通知了特定类型的数据记录，建立了由政府机构管理的行政补救程序并且定义了在什么条件下执法部门可以通过满足各种举证标准来访问数据。

在监管层面，美国的主要数据保护方法是基于消费者保护法规，并专门设置一个负责保护消费者的美国独立执法机构——联邦贸易法委员会(FTC)，现已成为主要的隐私执法机构。但是，由于 FTC 的主要法律权限来自《联邦贸易委员会法》第 5 条，因此 FTC 的管辖权仅限于对那些其信息实践被视为"欺骗"或"不公平"的组织提出的侵犯隐私权的挑战。该法案并非专门针对数据隐私法，而是广泛的消费者保护法体系，该体系"已被用来禁止涉及披露个人信息和保护个人信息的安全程序的不公平或欺骗性做法。"

美国对特殊领域的信息隐私采用了较为严格的立法，而对电子商务领域中的网络信息隐私保护采取了网络企业行业自律模式。行业自律模式采取政府引导、鼓励网络企业通过行业自律，规范对网络使用者个人信息的处理；同时通过分散立法，监督行业自律的实施。自律模式对网络服务商与网络企业采取较为宽松的政策，通过网络机构的自我规范、自我约束与行业协会的监督，保护个人信息的流动与使用安全。

美国行业自律模式主要包括三个方面：一是制定建议性行业指导。鼓励行业自发成立相关的行业组织或联盟，为行业内成员提供广为接受的网络隐私保护指导建议和原则。这些自律原则是以美国隐私原则为核心，要求其成员必须采纳、张贴和执行的行为规范。其目的仅是指导，不监督行业成员的遵守情况，也不制裁违反行业指导的行为。二是制定网络隐私认证计划。这是一种私人行业机构和实体(认证组织)，致力于实现网络隐私保护的自律形式，要求那些被许可张贴其隐私认证标志的网站必须遵守在线资料收集的行为规则，并且服从多种形式的监督管理，其中最为有名的是电子信任组织和商业促进局在线组织。这一源于民间自发组织的第三方独立的监督执行机制包含了申诉机制、评估机制、争端解决机制、制裁机制等，以保障行业自律的公信度和执行力度。三是技术保护方式，或者称为隐私保护技术架构。

二、国内隐私权保护现状

根据中国互联网协会发布的《中国网民权益保护调查报告 2016》显示，我国网民因为垃圾信息、诈骗信息、个人信息泄露等遭受的经济损失为人均133 元，总体经济损失约 915 亿元。调查结果显示，54%的网民认为个人信息泄露严重，其中21%的网民认为非常严重。84%的网民亲身感受到了由于个人信息泄露带来的不良影响。在缺乏强有力的法律保障的情况下，如何保护消费者隐私数据不受侵犯成为当今时代备受关注的问题。目前如何保护社会公众的隐私权已经成为亟待解决的权益保护问题，也说明了我国对个人隐私权保护的缺乏和滞后。

1. 国家法律法规层面的保护

进入新媒体时代以来，政府在不断尝试通过新增、修订相关的法律条例来赋予公民更多的隐私保护权力，同时规定和约束互联网服务商的用户数据获取权力范围，相关部门对违法违规侵权行为加强了监管，加大了处罚力度，越来越多的互联网公司被工信部约谈、整改并处以巨额罚款，一些违规应用直接被勒令强制下架。

2017 年 6 月起我国《网络安全法》开始施行，其中第 22 条规定"网络产品、服务具有收集用户信息的功能，其提供者应当向用户明示并取得同意；涉及用户个人信息的，还应当遵守本法和有关法律、行政法规关于个人信息保护的规定。"《网络安全法》不仅在一定程度上明确了个人信息保护相关主体的法律责任，还提高了公民个人对隐私信息的管控程度。例如第 43 条规定"个人发现网络运营者违反法律、行政法规的规定或者双方的约定收集、使用其个人信息的，有权要求网络运营者删除其个人信息；发现网络运营者收集、存储的其个人信息有错误的，有权要求网络运营者予以更正。网络运营者应当采取措施予以删除或者更正。通过引入删除权和更正制度，进一步提高个人对隐私信息的管控程度。"

2018 年 11 月在中国消费者协会发布的《100 款 APP 个人信息收集与隐私政策测评报告》中，每 100 个用户常常使用的 APP 之中，就有 91 款 APP 存在过度收集用户信息的行为。手机中的重要资料会被肆意查看，如果随意访问联系人、短信、记事本等应用，还会造成银行卡账号、密码等信息泄露，造成经济损失。针对这些进入新媒体时代以来的隐私泄露问题，国家先后颁布了《信息安全技术移动互联网应用(APP)手机个人信息基本规范》《APP 违法违规收集使用个人信息行为认定方法》《移动互联网应用程序(APP)收集使用个人信息评估指南》等多部法规，足见监管部门规范行业发展的决心。

2020 年 5 月 28 日，第十三届全国人大三次会议表决通过了《中华人民共和国民法典》(简称《民法典》)，成为互联网时代推进数字治理的里程碑。《民法典》适应数字时代发展趋势，在数据、网络虚拟财产、电子合同、个人信息保护与网络侵权责任等方面进行了规定，回应了近年来网络生态治理过程中的诸多问题，为规范网络空间中不同主体的行为，提高网络综合治理能力提供了法律依据。

2. 行业自律规范方面的保护

在行业自律规范方面，中国广告协会互动网络分会在 2014 年 3 月 15 日公布了《中国互联网定向广告用户信息保护行业框架标准》。该框架标准适用于所有互联网定向广告的相关行为，它一方面希望推动各单位加强自身的商誉建设，提升行业透明度；另一方面，它也力图实现互联网用户对自身信息的控制权。

在大数据时代，互联网行业深谙用户数据的经济价值，期望在最低程度侵犯个人隐私权的基础上，获得最大的商业利益和数据价值。为了消除公众对隐私可能泄露的担心，互联网公司往往会制订相应的隐私权保护政策。隐私政策的性质属于互联网公司与用户双方之间的协议。用户有提交个人资料的义务，同时也有要求条款提供者提供互联网服务的权利，而条款提供者有按照条款规定保护用户隐私、提供服务的义务，同时也享有合理使用个人隐私资料的权利。

3．互联网运营商层面的保护

新媒体时代，用户足不出户即可通过智能手机、PC 端等享受在线办公、阅读、订餐、购物、叫车等便捷服务，且使用频率很高，而随着这些使用场景中用户隐私泄露问题日益突出，互联网服务商敏感地意识到"隐私权保护"正在成为提升用户体验的新突破点。占据甚至垄断细分市场的互联网巨头拥有足够的技术实力和资本可以在每一个使用环节保护用户隐私，例如在互联网订餐业务中，外卖平台默认开启对商家和骑手隐藏用户真实电话的"隐私号"服务，同时在单据上也采取隐藏配送地址等举措，在酒店预订业务中，酒店接单之前无法获取预定人的姓名和电话，接单后只能看到被随机分配的用户"隐私号"，订单结束之后也无法查看。

此外，社交平台是公认的隐私泄露重灾区，国内主流的社交媒体平台在隐私权保护方面都有不同的政策和解决方式，但总体的思路不外乎：用户可以自主选择设定动态的可见范围、展示日期范围，以及是否向通讯录中的好友推荐自己。这些保护方式更多的是将权力交给用户本身，然而由于用户的自我保护意识参差不齐，对于自我展露意愿极强而又缺乏数据隐私保护意识的这部分用户，平台对隐私权保护的解决方法显然有些捉襟见肘。实际上，除了少数互联网巨头以外，很多互联网服务提供商并没有足够的实力去提供更多技术层面的数据保护，尤其是一些传统行业向互联网转型的企业，出于经济效益的考虑，他们更多地依赖于第三方网络安全产品服务开发供应商来保障用户数据安全，显然这种保护模式也存在较大的弊端。

8.4　隐私权保护的困境及突破

8.4.1　隐私权保护的困境

一、缺少完善的隐私保护法律框架

我国隐私保护相关立法起步较晚，许多法律法规对保护个人隐私仅做了原则性的规定，虽然陆续出台了诸如《网络安全法》《侵权责任法》《电子商务法》等法律来解决互联网时代的国家网络安全和公民个人信息安全问题，也尝试对企业使用个人数据范围进行规范，对个人的隐私权力进行界定，但由于缺少相关立法经验和深入的研究，现存的有关隐私权保护的法律条文对于公民信息的归属界定依然十分模糊，对于隐私权力的范围也不明晰。在物联网、人工智能

发展迅猛的当下，数据成为技术发展的重要基础，海量的用户数据究竟归属于谁？基于大数据的新媒体时代，互联网企业调用用户数据的安全边界在何处？要回答这些问题，需要构建专门针对隐私权保护的法律框架来进行更加有针对性的指导和监管。

因此，在相关隐私法律无法适应新媒体时代对用户隐私权保护需求的今天，如何解决这一矛盾成为立法机构和相关部门需要合力解决的问题。

二、缺少清晰的隐私权力范围界定

受我国隐私保护观念落后以及相关立法经验不足的影响，在早期法律制定过程中，有关公民隐私权的法律层面保护是空白的，近些年在一些相关立法中逐渐提出隐私权，但由于只是提及而没有全面解释和深入解读，零散分布在诸多法律条文中的隐私权保护过于空泛，可执行性较差。在新媒体时代个人隐私遍布个人领域及公共领域，造成隐私范围和隐私权侵权行为的界定困难。

首先，在使用智能应用或设备时，用户首先要将自己的信息上传，智能服务提供者对数据进行收集、分析和处理，有时会将用户的数据与其他应用共享，在这样多次的交换中，原本明确属于用户个人的隐私数据，因为交换致使边界模糊，不得不面临被服务提供者利用的风险。例如，谷歌的街景地图，为了更好地为大众提供地图服务而采取了实景拍摄，但这在无意中也会记录下一些路人的行迹，并且没有对路人进行模糊处理，使得他人在使用该应用时可以获取路人当时的行踪记录，给路人带来了隐私泄露的风险。

其次，人工智能技术的自动化应用决定其也会暴露用户的偏好。智能应用及设备通过算法对用户的数据及使用操作进行分析，得到用户的特征，进而根据这些特征对用户进行相关内容的推送。这一行为一方面会便利用户的挑选，但另一方面各种推送也会对用户造成困扰。但这种对用户私生活的骚扰，一方面对用户的生活安宁造成困扰，另一方面也造成了用户内在隐私偏好泄露的风险。

三、缺乏完善的行业自律隐私政策

完全依靠法律的约束和政府部门的监管是非常有限的，随着互联网技术的不断革新，数字时代信息二次传播变得无迹可寻，很多互联网公司的隐私侵权行为是不被用户自身和监管部门所知的，此时监管部门技术不足，就会使得对网络服务商的监管和控制鞭长莫及，此时行业普遍遵循的自律公约和标准统一的隐私政策尤为重要。

我国绝大部分互联网服务商都会在一定范围内与第三方合作商共享平台

所拥有的用户个人信息，但并非所有的互联网公司都会在隐私政策中明确标注并提示用户，一旦用户拒绝这些要求则无法享受和使用相关网络服务；较少网站明确表明不会出售用户个人信息；且大部分网站没能明确告知用户不使用有关服务时的退出机制。

四、公众薄弱的隐私权意识和能力

新媒体平台用户对自己的隐私安全不够重视是导致隐私泄露的一个重要原因，根据企鹅智酷发布的《2018 中国网民个人隐私状况调查报告》显示，仅 16.1％的网民仔细阅读"条款协议"，大体浏览一下的受访者和直接勾选同意的受访者比例相近，均占四成以上。不可否认，很多条款繁琐冗长，内容专业性强，用户理解难度大，这就促使用户"不明就里"地做出选择。多数用户为了使用便捷非常轻易地答应了对方的要求，给出了自己的数据。为了获得互联网提供的便捷服务而让渡隐私或许是用户采取的一种看似经过权衡的理性行为，隐私信息被后台获取后所带来的后果却是用户无法想象的。

"支付宝 2017 年度账单默认勾选"事件是一个非常典型的涉嫌泄露用户隐私的案例。很多用户在朋友圈"晒支付宝账单"以满足好奇心或虚荣心，殊不知在享受这项服务的同时，以"默认勾选"的方式授权给了支付宝平台可以采集用户的芝麻信用数据。目前，很多 APP 手机应用程序正是以这种"搭便车""默认选择"的方法过度索取、收集用户信息数据，利用的恰恰是用户自身缺乏足够的隐私保护意识。

五、风险未知的大数据技术变革

进入新媒体时代以来，公民隐私权的范围和边界开始变得模糊，个人数据的泄露时有发生，除了传统意义上的个人隐私信息在黑色交易链条上被非法交易外，随着大数据平台的建立，以生物特征识别、智能医疗、自动驾驶为表现的人工智能新型产品在为人们带来便利的同时，也对个人信息的保护带来了极大挑战。

大数据背景下，用户的每一个行为都会留下相应的数据痕迹，经过专业的数据挖掘和数据分析后，即成为重要的信息资源。这些数据在带来商业利益的同时，也将我们的隐私信息收入囊中。当云计算、人工智能赋能大数据，对数据整合、分析与挖掘所产生的效果前所未有，社会和个人均因大数据的使用而获益，然而不容忽视的问题是隐私风险的存在。大数据背景下由于各种挖掘和整合技术的使用，导致个人的兴趣爱好、行为模式、社会习惯等隐私信息暴露。大数据如同一把双刃剑，在带来便利的同时隐藏着风险，可以被利用的、公开的数据并不意味着它可以被任何人使用和消费。"抖音"作为一款现象级短视频应用受到越来越多的青年群体的喜爱，然而其对用户数字隐私的保护却饱受诟病，因为在某种程度上，短视频平台了解用户胜过用户自己，用户在使用过程中不断输入样本供算法进行学习，而算法通过不断的学习和迭代，已经洞悉用户的偏好和使用习惯，从而输出激发用户兴趣点的内容。平台获得海量用户的行为模式画像，用户在平台面前变成了透明人，只能被动接受更深层的营销信息，即使有些诉求是用户并不希望为人所知的。

8.4.2　隐私权保护的对策

一、政府完善隐私保护法律框架

(1) 明确隐私数据归属问题，依法赋予个体用户权利。

在完善隐私保护法律体系之前，最重要的莫过于明确数据权属问题。用户在使用互联网服务过程中会产生大量的隐私数据，那么用户对自己所产生的哪些数据拥有权利就涉及数据权的问题。欧盟出台的《通用数据保护条例》明确了隐私数据属于用户，谁来使用、何时使用、如何使用等都是用户的权利。同时又规定了用户对自己的数据至少有三种最基本的权利：第一种是知情权，用户要知道平台掌握了自身的哪些数据；第二种是修改权，用户可以修改自身的数据；第三种是被遗忘权，用户有权要求平台把自身的相关数据删除。

我国目前的法律条文并没有对用户上网时产生的个人隐私数据所有权进行明确说明，关于隐私数据的权属问题是新媒体时代隐私权保护的关键问题，只有明确了个人数据信息的所有权，才能去规范企业使用数据的范围和方式，公民才能在数据隐私保护的博弈中占据主动位置，相关的行业法规才会向着保护用户隐私的方向发展，而不是由互联网服务商单方面制定规则。随着信息传播模式改变，新媒体时代用户隐私的内涵不断延展，其覆盖的范围变广，表现形式更多元，这也给个人隐私权的界定带来了困难，相关部门要综合各领域专家的意见，结合目前移动互联网发展以及公众对个人隐私保护的实际需要，制定出一套具有指导意义的隐私数据归属权确定策略，为立法、执法提供前提条件。

(2) 制定隐私保护专门法律，依法处罚隐私侵权行为。

目前我国还没有完善的法律法规对隐私侵权行为进行惩治，致使隐私泄露事件丝毫不减。新媒体时代要使隐私所有者的合法权益受到保护，政府部门就应该加快立法进程，完善保护用户隐私的法律法规，比如尽快启动《个人信息保护法》的立法。第一，明确侵权者应承担的法律责任，完善惩处措施。第二，对网络服务商的行为予以限制。

(3) 设立统一隐私保护机构，依法监督行业数据保护。

目前我国已有许多法律条款涉及了个人信息的保护，但在相关监督执行过程中，一般由多部门联合，权责不够明晰，因此在司法实践中，法律法规的执行效果并不理想。我国应当建立一个专门的管理组织特别机构，由该机构实施或监管实施个人信息保障法。机构专业人员秉持有效的管理原则，定期或不定期地查验用户和网络服务供应商，运用高科技和法律来保障个人隐私权，以构建规范、健康的网络秩序。

二、行业加强自觉自律监督机制

(1) 制定隐私政策标准，尊重用户的隐私权。

目前互联网行业内的绝大多数企业都制定了隐私保护协议，用户在使用其提供的互联网服务之前均需要勾选同意相关隐私政策，否则无法享受相关服务。互联网企业的核心是活跃用户与用户数据，如果不能够获得和使用用户数据，其盈利模式几乎是行不通的，但是由于市场目标的不同，各垂直领域的网站、APP 隐私政策大不相同，缺少统一的标准。

因此，在规范行业内各公司隐私保护方面，首先要统一隐私政策标准，从协议的名字、到对用户基本信息的获取，再到用户行为信息的记录、还包括统一写明是否会、以何种方式、将数据出售给哪些第三方公司、作什么用途使用。其次，在隐私政策的勾选与否问题上，要采取温和的策略，为统一让渡隐私数据的用户和不能够全面同意隐私政策的用户提供不同的互联网服务，尊重用户的隐私权和选择权。最后关于隐私协议的展示，要有统一的规定，例如要求网站或 APP 在进入页面提供详尽的政策解释，向用户明示可能被收集的个人数据，以及数据泄露的可能带来的隐私侵犯风险，而不是将隐私政策置于登录注册页面的底部，甚至需要再次点击进入。另外需要改进的是关于隐私政策的篇幅冗长，无法快速抓住重点的问题，互联网公司应自觉地突出重点部分，让用户快速了解隐私保护相关问题，做出信息正当合法利用的声明。

(2) 新媒体营销需谨慎，求效益更要负责任。

新媒体营销颠覆了传统的营销模式，企业利用新媒体平台进行精准营销能够最快接触到目标客户群，新媒体营销最重要的一环是基于新媒体平台海量用户行为数据的智能精准营销方式。企业应在隐私保护与数据利用的天平上放上社会责任的准绳。在尊重客户隐私的基础上有限利用大数据精准营销，引导企业正确践行社会责任营销理念。在没有足够的能力进行深度且精准的用户数据挖掘时，要先学会尊重用户的隐私权，提高用户体验，不要急于短期变现，考虑用户对企业的长期价值。

新媒体正日渐成为一个有着巨大能量的工具，逐渐改变着消费者的生活方式与企业的营销模式，给消费者带来较多生活便利，也带来了消费者信息泄露、营销信息真实性和完整性降低以及企业间无序竞争等问题。企业社会责任缺失是现阶段新媒体营销受到诟病的根本原因，要充分发挥新媒体营销的潜在作用，企业就应承担起社会责任，做到经济责任与社会责任相结合，展现诚信负责的品牌形象。

(3) 设计隐私保护功能，阻断隐私泄露源头。

企业应根据实际情况设计切实可行的隐私保护方案，将用户隐私信息保护作为重点工作对待，从用户长期价值和深度体验出发，解决用户在使用网络服务过程中可能遇到的隐私泄露问题，例如美团、饿了么等外卖平台上线的"隐私保护"功能为行业提供了思路，可以将隐私泄露的行为控制在源头。用户可选择隐藏自身的真实号码，号码对商家和骑手均不可见，双方通过美团外卖提供的"虚拟隐私号码"相互联系，有效降低用户被骚扰的风险，保护个人信息。电商平台也在尝试推出"匿名购买"功能，帮助消费过程中的用户隐藏真实身份，避免个人隐私数据泄露。

三、公民提升个人隐私保护意识

(1) 提高个人隐私认知，增强隐私保护意识。

加强对个人隐私重要性的认识，要求用户能够区分哪些是个人隐私、哪些是可以公开展示的。例如在电商平台中，用户需要事先填写姓名、手机号码、地址等信息，这些看似是可以提供给商家的信息，却恰恰是用户隐私的组成部分，这些信息一旦泄露，会产生不可预知的危险，然而目前的电商模式下，用户只能被迫习惯于提供给平台这些信息，而信息同时会传送给商家和物流公司，用户常常接到商家的骚扰电话，要求给予商品好评，这是比较常见的在线购物过程中的个人隐私泄露。

加强对个人隐私保护的意识，要求用户在平时上网浏览信息时养成良好的使用习惯，不轻易点击违规网站，尽量避免在非官方网站上填写个人信息。在上网过程中，用户面临着无数种可能的信息泄露、隐私泄露风险，网络服务商能提供的保护是有限的，因此用户不能完全依靠平台和设备所提供的安全防护措施，要从自身的使用习惯出发，建立隐私保护意识这第一道防火墙，避免因隐私泄露而带来不必要的损失。

(2) **正确认识隐私权利，敢于维护自身权益。**

生活中隐私泄露事件时常发生，大多数用户选择沉默，多一事不如少一事地被动接受。这很大程度上助长了隐私侵权行为的发生，近年来，随着媒体相关报道、用户维护自身隐私权的新闻进入大众视野，才逐渐引起相关部门的重视。这不是坏事，反而是社会文明进步的表现，人类文明总是在发展的过程中发现问题、解决问题、进入新的阶段。因此用户生活中的隐私泄露往往映射着整个互联网行业发展的弊病，政府需要倾听用户的声音，关注隐私侵权现象，从而将意见采纳到立法程序中，进而服务大众。互联网企业也需要在批评声中进步和改变，营造一个更加良性循环的营销环境。

四、依靠技术进步保障隐私安全

(1) **深入大数据安全技术研究，利用大数据支持信息安全。**

与传统的隐私侵权行为不同的是，新媒体情境中的侵权手段更加隐蔽和智能，侵权形式多种多样，并且造成的影响也越来越大。例如手机克隆，用户在支付宝账户点击某一链接或者打开某一抢红包页面，就会使得用户信息被完全克隆至另一手机，进行信息盗用。计算机网络技术的发展让大数据的搜集和分析更加便利，随着大数据产生的速度和其对人们造成的影响越来越大，大数据的安全技术的研究就更为紧迫。我们可以利用大数据对数据安全的发展提供支持，通常网络黑客或是网络攻击都会留下一些蛛丝马迹，可以从大数据的存储和应用等过程层层把关，具有针对性的应对数据安全的侵害。企业通过研究反侵害技术或者更为成熟的软件技术使得用户信息的安全得到有效的保障。

(2) **加快区块链安全技术落地，归还用户隐私信息控制权。**

随着大数据产业的发展，企业、政府部门和其他主体掌握着大量的数据资源，但由于缺乏数据共享交换协同机制，"数据孤岛"现象逐渐显现。如何在现有互联网基础上不断优化用户体验和服务质量并有效避免隐私信息泄露等问题，成为困扰互联网企业的难题。在此背景下区块链等技术开始被使用，区块链的本质是一个分布式的数据库，其数据结构是由包含交易信息的区块按照从远到近的顺序(时间顺序)有序链接起来。这种技术构建了一个强大到能够储存海量交易数据的数据库，同时又在没有第三方中央可信任机制下保证其安全性。在区块链中所有数据都是相互关联、有据可循的，可以让用户保留对个人隐私信息的控制权，实现了将信息的所有权和使用权进行分割。

【课 后 思 考】

1. 新媒体时代的隐私权是指什么？请谈一谈你的认识。

2. 结合日常生活实际谈一谈新媒体时代侵犯隐私的行为都有哪些。

3. 2018 年支付宝推出"年度账单"功能，人们纷纷晒出自己的支付宝账单和年度关键词。然而这次账单活动很快就使支付宝陷入了隐私侵权的危机，原因在查看账单的下滑页面有一个默认勾选"同意《芝麻信用协议》"的选项。随后，支付宝迅速就此事发布了道歉信，蚂蚁金服也回应将全面排查、专项整顿。新媒体时代隐私侵权的现象屡屡发生，作为一名消费者，你认为我国目前在保护公民隐私权方面还存在哪些问题以及应该如何解决这些现存的问题？

※※※ 总　结 ※※※

　　近年来，随着网络技术、数字技术、大数据技术、人工智能技术等新兴技术的革新，媒体形态也由"旧"逐渐走向"新"，以微博、微信、短视频、网络直播等为代表的新媒体出现在人们的视野中。具备互动性、社交性、超时空、超文本、数字化等特点的新媒体在改变营销传播的模型(模式)与机理的同时，也在很大程度上改变了人们的消费观念与消费方式，消费者在购买过程中的行为与决策发生了转变，个性化需求、体验式消费、裂变式分享等现象是新媒体时代赋予人们的新的消费形式。当前消费背景下，"顾客至上"依然是这个时代的主基调，在纷繁复杂的海量信息中，消费者注意力成为了稀缺资源，随之而来的则是企业之间为了争夺流量和入口纷纷转变营销思路，开拓新媒体渠道，开展新媒体营销。

　　为了帮助企业更好地制定合理可行的营销策略，开展行之有效的新媒体营销，笔者在对营销传播模型进行整合分析后提出了SPREAD营销传播模型，以解释新媒体情境下的消费者购买路径，并通过分析消费者行为与决策的变化进一步深入了解新媒体时代消费者的观念与方式的改变。此后，针对企业开展具体的新媒体营销实践，本书从营销工具、营销方法、营销策略以及隐私保护四个方面展开详细探析。首先，将新媒体营销工具梳理整合为知识资讯类、搜索工具类、电子商务类、社交社群类、综合平台类、影音娱乐类，并针对五种主流的新媒体营销工具进行了深入的分析，从而为企业选择合适的营销工具提供思路。其次，基于价值视角提出了价值管理循环，并在此基础上对新媒体营销方法展开梳理分析。最后，从 APDC 管理循环的营销分析、营销设计、营销执行和营销创新四个阶段出发阐述了开展新媒体营销的运营流程及策略，对新媒体情境下的隐私保护问题也进行了分析，对企业开展营销实践具有一定的指导意义。

现如今，无论是科学技术还是消费形态，亦或是社会经济环境，都在不断的发展与革新之中，因而新媒体时代的营销不再仅仅是简单地向消费者兜售商品，更是要顺应时势，随着新媒体的发展与时俱进，开展全方位、多角度的个性化精准营销。路漫漫其修远兮，对于企业而言，如何在当今激烈的市场竞争中借助新媒体营销杀出重围，提升品牌的综合竞争力，仍然"任重而道远"。

著　者

2020 年 11 月

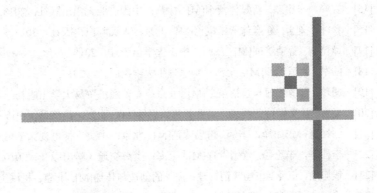

参 考 文 献

[1] 菲利普·科特勒(Philip Kotler),凯文·莱恩·凯勒(Kevin Lane Keller). 营销管理[M]. 何佳讯,于洪彦,牛永革,等,译. 上海:上海人民出版社,2016.

[2] 简·梵·迪克. 网络社会:新媒体的社会层面[M]. 蔡静,译. 北京:清华大学出版社,2014.

[3] 王松,王洁. 移动互联网时代的新媒体概论[M]. 上海:上海交通大学出版社,2018.

[4] 谭辉煌,刘淑华. 新编新媒体概论[M]. 重庆:重庆大学出版社,2018.

[5] 李鹏,舒三友,陈芊芊,等. 新媒体概论[M]. 西安:陕西师范大学出版总社,2018.

[6] 李淮芝. 新媒体概论[M]. 西安:西安交通大学出版社,2017.

[7] 宫承波. 新媒体概论[M]. 北京:中国广播影视出版社,2016.

[8] 周丽玲,刘明秀. 新媒体营销[M]. 重庆:西南师范大学出版社,2016.

[9] 刘行芳. 新媒体概论[M]. 北京:中国传媒大学出版社,2015.

[10] 林刚. 新媒体概论[M]. 北京:中国传媒大学出版社,2014.

[11] 蒋宏,徐剑. 新媒体导论[M]. 上海:上海交通大学出版社,2006.

[12] 李桂鑫,张秋潮,等. 电子商务实战基础:新媒体营销实战[M]. 北京:北京理工大学出版社,2019.

[13] 褚亚玲,强华力. 新媒体传播学概论[M]. 北京:中国国际广播出版社,2018.

[14] 郭庆光. 传播学教程[M]. 北京:中国人民大学出版社,2011.

[15] 吉峰,牟宇鹏. 新媒体营销[M]. 徐州:中国矿业大学出版社,2018.

[16] 秋叶,刘勇. 新媒体营销概论[M]. 北京:人民邮电出版社,2017.

[17] 谭昆智. 营销管理[M]. 广州:中山大学出版社,2018.

[18] 陆军. 营销管理[M]. 上海:华东理工大学出版社,2017.

[19] 胡玲. 营销管理与营销策划[M]. 北京:对外经济贸易大学出版社,2017.

[20] 晏青. 社交媒体营销战:商业营销新思维[M]. 北京:经济日报出版社,2016.

[21] 闫红巍,张如泽,李娜. 市场营销[M]. 北京:中央广播电视大学出版社,2014.

[22] 李桂华,李惠瑶. 营销管理[M]. 上海:上海交通大学出版社,2010.

[23] 钱旭潮,王龙. 市场营销管理:需求的创造与传递[M]. 北京:机械工业出版社,2016.

[24] 喻晓蕾,苑春林. 网络营销[M]. 北京:中国经济出版社,2018.

[25] 刘兵. 直播营销:重新定义营销新路径[M]. 广州:广东人民出版社,2018.

[26] 舒建武,苗森. 网络营销[M]. 杭州:浙江工商大学出版社,2017.

[27] 邓少灵. 网络营销学教程[M]. 广州：中山大学出版社，2015.

[28] 韩小红. 网络消费者行为[M]. 西安：西安交通大学出版社，2008.

[29] 沈宏平. 价值管理理论与实践[M]. 广州：中山大学出版社，2017.

[30] 王利明. 人格权法[M]. 北京：法律出版社，2004.

[31] 张新宝. 互联网上的侵权问题研究[M]. 北京：中国人民大学出版社，2003.

[32] 李德成. 网络隐私权保护制度初论[M]. 北京：中国方正出版社，2001.

[33] 魏永征. 中国新闻传播法纲要[M]. 上海：上海社会科学院出版社，1999.

[34] 张新宝. 隐私权的法律保护[M]. 北京：群众出版社，1997.

[35] 周汉华. 中华人民共和国个人信息保护法(专家建议稿)及立法研究报告[M]. 北京：法律出版社，2006.

[36] 陈刚，沈虹，马澈，等. 创意传播管理[M]. 北京：机械工业出版社，2012.

[37] 万寅佳. 信息科技与媒体产品的融合[M]. 北京：中国水利水电出版社，2019.

[38] 刘江鹏. 企业成长的双元模型：平台增长及其内在机理[J]. 中国工业经济，2015(06): 148-160.

[39] 吴瑶，肖静华，谢康，等. 从价值提供到价值共创的营销转型：企业与消费者协同演化视角的双案例研究[J]. 管理世界，2017(04): 138-157.

[40] 孙婧，王新新. 网红与网红经济：基于名人理论的评析[J]. 外国经济与管理，2019, 41(04): 18-30.

[41] 金婷. 浅析政务新媒体的发展现状、存在问题及对策建议[J]. 电子政务，2015(08): 21-27.

[42] 匡文波. 论新媒体传播中的"蝴蝶效应"及其对策[J]. 国际新闻界，2009(08): 72-75.

[43] 孟小峰，张啸剑. 大数据隐私管理[J]. 计算机研究与发展，2015, 52(02): 265-281.

[44] 徐海玲，张海涛，魏明珠，等. 社交媒体用户画像的构建及资源聚合模型研究[J]. 图书情报工作，2019, 63(09): 109-115.

[45] 邱云飞，张伟竹. 基于网络结构和文本内容的群体画像构建方法研究[J]. 图书情报工作，2019, 63(22): 21-30.

[46] 胡颖，顾理平. 我国网络隐私权的立法保护研究[J]. 新闻大学，2016(02): 115-121, 152.

[47] 谭天. 新媒体经济是一种关系经济[J]. 现代传播(中国传媒大学学报)，2017, 39(06): 121-125.

[48] 肖芃，高森宇. 社会化网络中"粉丝经济"的营销分析[J]. 现代传播(中国传媒大学学报)，2015,37(10):118-121.

[49] 黄炎宁. 新媒体知识沟与数字鸿沟的融合[J]. 当代传播，2012(06): 31-35.

[50] 程明，周亚齐. 从流量变现到关系变现：社群经济及其商业模式研究[J]. 当代传播，

2018(02): 68-73.

[51] 徐敬宏. 网站隐私声明的真实功能考察：对五家网站隐私声明的文本分析[J]. 当代传播，2008(06): 67-70.

[52] 程明，周亚齐. 社群经济视角下营销传播的变革与创新研究[J]. 编辑之友，2018(12): 20-26.

[53] 申琦. 我国网站隐私保护政策研究：基于 49 家网站的内容分析[J]. 新闻大学，2015(04): 43-50.

[54] 李康化. 粉丝消费与粉丝经济的建构[J]. 河南社会科学，2016, 24(07): 72-78.

[55] 吕耀怀，熊节春. 我国隐私权保护问题的伦理辩护[J]. 江西社会科学，2012, 32(03): 157-162.

[56] 方兴，蔡明峰. 用户体验创新驱动品牌升级的方法研究[J]. 包装工程，2020, 41(16): 274-278.

[57] 陈真，黄沛. 新媒体对整合营销传播的影响及对策研究[J]. 未来与发展，2019, 43(08): 61-64.

[58] 许瑞. 搜索引擎技术的发展现状与前景[J]. 中国新技术新产品，2017(04): 20-21.

[59] 王军，蒋佳臻. 网络空间的隐私保护及治理研究[J]. 新闻爱好者，2019(7): 36-38.

[60] 崔瑜琴. 基于 AIDMA 的惰性广告效果评估模型构建[J]. 商业经济，2011(21): 39-40.

[61] 冯彩云. 基于移动社交平台下的社群营销模式探究[J]. 生产力研究，2020(01): 153-156.

[62] 陈春琴. 网红直播营销现状及对策研究[J]. 新媒体研究，2019, 5(19): 10-13.

[63] 潘亚楠. 网络时代隐私权保护问题研究[J]. 法制与社会，2019(11): 41-42.

[64] 尹倩. 价值创新视角下的"互联网+"时代商业模式探析[J]. 中国商论，2016(31): 129-131.

[65] 李红霞，张佩璐. 实现可持续发展：价值创新是企业战略的精髓[J]. 价值工程，2006(01): 24-26.

[66] 邓代玉，张锦波. 互联网下半场，品牌如何玩转新媒体营销[J]. 传播力研究，2019, 3(19): 111.